U0782521

新时代大学生多元素养教育研究

卜舒慧　著

天津出版传媒集团

天津科学技术出版社

图书在版编目（CIP）数据

新时代大学生多元素养教育研究 / 卜舒慧著.
天津：天津科学技术出版社, 2024. 6. -- ISBN 978-7
-5742-2273-1

Ⅰ. G640

中国国家版本馆CIP数据核字第2024CF1681号

新时代大学生多元素养教育研究

XIN SHIDAI DA XUESHENG DUOYUAN SUYANG JIAOYU YANJIU

责任编辑：田　原

责任印制：兰　毅

出　　版：天津出版传媒集团
　　　　　天津科学技术出版社

地　　址：天津市和平区西康路35号

邮　　编：300051

电　　话：（022）23332377

网　　址：www.tjkjcbs.com.cn

发　　行：新华书店经销

印　　刷：河北万卷印刷有限公司

开本 710×1000　1/16　印张 15.25　字数 224 000
2024年6月第1版第1次印刷

定价：88.00元

前　言

21世纪是一个信息化、全球化和多元化的新时代。在这个时代，大学生是国家和社会的未来，对大学生的培养和教育无疑占据了特殊和重要的位置。传统的教育模式已经难以满足这一新时代的需求，因此，对大学生进行多元素养教育显得尤为重要。本书正是基于这样的背景和时代需求，对新时代大学生多元素养教育进行深入研究和探讨。

首先，需要明确什么是"素养"以及它的重要性。素养不仅仅是对知识和技能的掌握，更重要的是一种能力和态度，是一个人面对问题和挑战时的思维方式和行为模式。在新时代，大学生需要具备的素养已经远远超出了传统教育所强调的那些内容。他们需要具备信息素养、道德素养、人文素养、心理素养、创新素养、创业素养、职业素养和法治素养等多种素养，以适应这个日益复杂和多变的世界。

本书的第一章对大学生素养进行了概述，深入探讨了素养及其相关概念、素养教育的目标与意义以及新时代下的素养教育变革。第二章到第九章，本书分别对新时代大学生的各种素养进行了详细的研究和分析。每一章都深入地探讨了相关素养的内涵、重要性以及教育方法和策略。本书第十章对新时代大学生素养进行了展望，分析了他们面临的新挑战与机遇以及未来素养教育的趋势与方向。总体来说，本书旨在为教育者、学生和其他关心大学生教育的人提供一个全面而深入的研究视角，帮助他们更好地理解新时代大学生的多元素养，为大学生教育的研究和实践提供有益的启示和参考。

目 录

第一章　大学生素养概述

第一节　素养及其相关概念

一、素养的定义

在 21 世纪的教育背景下，素养通常被视为个体在特定情境中展现的知识、技能和态度的综合体现。国际学生评估计划（the Programme for International Student Assessment，PISA）将素养定义为"学生在生活情境中应用相关知识和技能的能力"。这一定义突出了素养的应用和实践性质，强调了它不仅仅是学到的知识，更多是如何使用这些知识。宾克利（Binkley）等人在他们关于 21 世纪技能的研究中，将素养描述为知识、技能和态度的融合。他们强调，这三者是不可分割的，并且在不同的文化和社会背景中都具有普遍性。在高等教育的背景下，大学生的素养涉及更为广泛的范围。巴内特（Barnett）提出，大学生的素养不仅包括学科专业的知识和技能，还包括批判性思维、伦理意识、跨文化沟通等多元素养。这强调了大学教育的目标不仅仅是传授知识，更重要的是培养学生的综合素质和全人发展。此外，随着全球化的深入，跨文化素养的培养逐渐被提上议程。跨文化素养不仅涉及对其他文化的了解和尊重，更关键的是具备跨文化沟通和协作的能力，这在当今多元文化背景的社会中显得尤为重要。古往今来，不同的文献和学者对素养的定义有所不同，但大多数都强调了其多维、综合的特性，随着社会和教育的变革，人们对素养的理解也在不断深化和拓展。

二、素养的构成要素

素养作为一个多维度、综合的概念，在不同的学术文献和教育实践中，其构成要素可能存在差异。然而，总体上，素养主要包括以下几个核心要素。

（一）知识

在素养的各个构成要素中，知识被誉为最基础的一环。它涉及个体所学习和掌握的信息、事实、概念和理论。这些知识可能来自正式的学术研究、日常生活的经验或多种其他来源。但仅仅拥有这些知识并不足以代表个体具备深厚的素养。真正的知识不应局限于简单的记忆和重复。相反，知识的真正价值体现在对这些信息和概念的理解和应用上。理解知识意味着能够解释、比较、归纳和推断这些信息和概念。它要求个体能够看到知识之间的联系，能够对已知的信息进行反思，从而开展更高层次的认知活动，如分析、评估和创造。而知识的应用，则涉及将这些理论和概念运用到实际情境中，解决实际的问题。这不仅需要对知识内容的深入掌握，还需要策略性地运用知识，将其与现实生活的挑战和需求相结合。此外，随着时代的发展，知识在不断地更新和进化。因此，知识不仅仅是一个静态的储备过程，更是一个动态的过程，涉及持续学习、反思和创新。这也强调了在当今社会，知识不仅要被学习，更要被活用和更新。

（二）技能

技能作为素养的核心组成部分，代表着个体运用所学知识来实践、操作或达成特定目标的能力。这种能力不是局限于某一具体领域或任务，而是可以跨越各种情境，展现其普适性和适应性。技能分为多种类型，其中最为基础的是认知技能和操作技能。认知技能涉及高级的思维过程。例如，批判性思维让人们对信息和观点进行客观评价，避免受到误导；分析能力使人们可以将复杂的信息或数据分解，以更深入地理解其内涵；解决问题的能力不仅要求人们识别问题，还需要人们运用有效策略来寻找解决方案。操作技能则更侧重于具体的行动和实践。例如，写作技能不仅是将思想表达为文字的能力，更是组织和传达信息的技巧；沟通技能不仅关乎言辞的表达，还涉及倾听和反馈，确保信息被准确地传递和理解；与他人合作的能力强调了团队合作中的互助和协同，促进共同目标的达成。

（三）态度和价值观

在个体的整体素养中，态度和价值观占据了不可或缺的地位。这两者深深地植根于人们的情感、信仰和经验中，构成了人们对世界的认知和反应的核心框架。态度是个体对某一对象、情境或概念持有的情感倾向或评价。它可能是积极的、消极的或中立的，并且可以深受文化、家庭、社区和个人经验的影响。例如，一个人对教育的态度可能来源于其家庭背景、个人经历或所受的教育。这种态度进而决定了他对学习的热情、对教育的投入以及与教育者的互动方式。价值观，则是一套更深层、更持久的信仰和观点，它们指引和塑造了人们的行为和决策。价值观通常与道德、伦理和文化传统有关，为人们提供了在复杂世界中导航的罗盘。例如，一个重视诚信的人在面对道德困境时，可能会选择开诚布公，而不是隐瞒真相。当态度和价值观相互作用时，它们共同决定了个体如何看待世界、如何评估与之相互作用的人和事以及如何在日常生活中作出选择和决策。这些选择和决策反映了个体的道德观念、伦理标准以及对周围世界的承诺和责任感。

（四）自主性和自我管理

在快速发展、信息爆炸的 21 世纪，个体的能力不再局限于获取和掌握知识，更关键的是有效地管理、筛选这些知识，并将其转化为有意义的行动。自主性和自我管理在这一转化过程中起到了至关重要的作用。自主性强调个体的内在动机和能力，让他们能够独立地设定目标、寻求资源并主导自己的学习和发展过程。这并不意味着孤立自己，而是指在没有外部压力或直接指导的情况下，能够积极地、有目的地追求知识和技能。自主的学习者不等待机会，而是创造机会，不被动接受，而是积极探索和质疑。自我管理则涉及更具体、更实际的技巧和策略。这包括时间管理、资源分配、自我监控和反思等。能够高效地管理自己的时间和资源，意味着个体可以在有限的环境中最大化地实现其目标。同时，对自己的行为负责，不仅是对外部环境的承诺，更是对自己的尊重。在一个不断变化的世界中，自主性和自我管理为个体提供了稳定的支撑。它们帮助个体适应不确定性，应对挑战以及在各种情境中保持稳定的心态。因此，培养自主性和自我管理能力，被视为 21 世纪素养的核心和关键。

（五）文化和社交意识

在全球化日益深入的今天，各种文化和背景的碰撞和交融变得日益频繁。面对这样的大背景，文化和社交意识不仅是跨文化交往的必需品，更是 21 世纪素养的关键组成部分。文化意识涉及对不同文化背景、价值观和行为习惯的理解和认知。这并不仅仅是了解其他文化的风俗习惯或节日，更是一种深层次的、对文化差异的敏感和尊重。在日常互动中，这意味着能够理解和预测来自不同文化背景的人的行为和反应，从而避免误解和冲突。社交意识则更侧重与他人的互动和沟通。在多元文化的背景下，有效的社交不仅需要语言和沟通技巧，还需要对多样性的尊重、开放和包容。这样的尊重并不是对所有文化的盲目赞美，而是一种深入了解和客观评价的能力。随着技术的进步和人口的流动，人们现在比以往任何时候都更容易与来自世界各地的人接触。在这样的环境中，具备文化和社交意识不仅可以增强个体的交往能力，还可以为社会的和谐与进步作出贡献。因此，培养这一意识，对于任何希望在全球舞台上取得成功的人来说，都是不可或缺的。

（六）道德和伦理

在一个人的生命历程中，其行为、选择和决策往往是由深层次的价值观、信仰和道德观念所指导的。在这样的指导下，道德和伦理成了衡量个体素养的重要标准，尤其是在当今这个充满挑战和多样性的时代。道德关乎一个人对于"对"与"错"的基本判断，这种判断常常基于个体的文化背景、教育经验和生活环境。道德不仅是一种个人的内在信仰，它还影响到个体与周围环境的互动以及个体如何评估和回应各种社会现象和问题。伦理，与道德相似，但更侧重行为的规范和准则。在某些情境下，特别是职业环境中，伦理为个体提供了在复杂、模糊的情况下作出恰当决策的参考。例如，医学伦理、商业伦理和研究伦理都是为特定的领域和情境设定的行为标准和指引。在面对复杂和多面性的问题时，只靠单纯的知识和技能往往显得力不从心。这时，一个人的道德和伦理就显得尤为重要。它们不仅帮助个体识别并处理困境，还确保其在作出决策时能够考虑到各方的利益和权益。这种平衡和公正的处理方式，无疑是个体深厚素养的最好体现。

（七）持续学习和适应能力

随着社会的发展和技术的飞速进步，人们所面对的世界已经不再是单一、稳定的。新的知识、技能和技术层出不穷，而过去的经验和学习可能迅速失去其价值。在这样的背景下，个体的能力不再局限于他们已经学到的知识和技能，更重要的是不断地学习，以适应这个瞬息万变的世界。持续学习不仅是一种能力，更是一种心态。它要求个体对新知识和信息保持开放的态度，积极寻求学习的机会，并乐于挑战自己的现有观念和方法。这种学习不仅包括正式的教育，也包括日常的经验、实践和反思。与此同时，适应能力成了每个人都必须拥有的核心能力之一。它涉及如何在不同的环境和情境中迅速找到自己的定位，如何有效地处理新的问题和挑战以及如何与他人建立有效的沟通和合作。这种能力不仅要求个体对外部环境有敏锐的观察和洞察，更要求他们对自己的情感和心理状态有足够的认识和管理。在这个时代，持续学习和适应能力不再是选择，而是生存和发展的必要条件。只有具备这两种能力的个体，才能在快速变化的世界中立足，不断成长，并为社会的进步作出贡献。

这些要素不是孤立存在，而是相互关联、相互促进。例如，良好的沟通技能可能基于丰富的知识、正面的态度和明确的价值观。同样，有效的自我管理可能基于认知技能和情感调节能力。

三、素养与能力的区别与联系

素养和能力是两个经常被提及的概念，尤其在教育领域。虽然它们之间存在明显的关联性，但它们的含义、特点和作用却有所不同。理解这两者之间的差异和联系，对于深化教育改革和推动学生全面发展都具有重要的理论和实践意义。

从定义上看，能力是指个体所具有的、能胜任某种活动的实力，或者是指能够开展或胜任某一项工作的技术能力。这种能力可能是先天的，也可能是后天通过学习和实践习得的。能力的核心在于"做"，关注的是操作和实践。相比之下，素养则是一个更为宽泛的概念，它包括了知识、技能、态度、情感和价值观等多个维度。素养强调的是"为人"和"为事"，关注的是个体的整体素质和修养。

从结构上看，能力往往是相对独立和特定的，它关注的是某一方面的技术或技巧。例如，阅读能力、计算能力或者组织协调能力等。而素养则是多维度、多层次和整体的，它融合了知识、技能、态度和情感等多个要素。这也解释了为什么能力是素养的一部分，但素养却不仅仅是能力。

从功能上看，能力是为了完成某一特定的任务或工作，它更偏向于实践和操作。而素养则是为了个体的全面发展和社会的和谐进步，它更偏向于人的成长和修养。一个人可能具备很高的能力，但他的素养却可能并不高。相反，一个人的素养很高，他的各方面能力也往往会更加出色。

综上所述，能力和素养既有区别，又有联系。能力是素养的一部分，但素养的内涵远远超过能力。在教育实践中，教育者应该注重培养学生的综合素养，而不仅仅是某一方面的能力。只有这样，学生才能在复杂多变的社会中更好地生存和发展。

四、素养在大学生成长过程中的关键作用

大学生活被广泛认为是个体发展的关键时期，是一个为期四年的转型和成长过程，大学生从青少年期进入成年期，从受教育者成为生活和职业的主体。在这样的转型阶段，大学生的知识、技能、态度、价值观等都经历了深刻的变化，而素养在其中起到了关键的作用。

从学术的角度看，大学旨在培养学生深厚的学术基础和批判性思维。而素养作为一个涵盖知识、技能、态度和价值观的综合体，为大学生提供了一个框架，帮助他们在学术领域内进行有效的知识构建、技能培养和态度形成。通过系统的学术训练，大学生不仅学到了知识和技能，更重要的是，他们学会了如何进行学术研究，如何与他人交往和合作以及如何对待知识和学术。

在社交和人际关系方面，大学生活为大学生提供了一个与不同背景、信仰和价值观的人交往的平台。这需要他们具备一定的文化和社交意识，能够理解和尊重差异，构建和谐的人际关系。素养在这里起到了桥梁和纽带的作用，它帮助大学生建立和维护与他人的关系，通过有效的沟通和协作，实现共同的目标。①

对于职业和生涯规划来说，大学是一个为未来职业生涯做准备的阶段。在这里，素养不仅关乎大学生当前的学习和生活，更关乎他们的未来。它帮助大学生明确自己的职业目标，为实现这些目标提供必要的知识和技能，更重要的是，它培养了大学生的职业态度和价值观，为他们未来的职业生涯打下了坚实的基础。

此外，面对日益复杂和多变的社会环境，大学生需要具备一定的自主性和自我管理能力。这需要他们能够独立思考，制订和实施自己的学习和生活计划，对自己的行为负责。素养在这里提供了一个框架和指导，帮助大学生建立和维护自己的学习和生活习惯，实现自我管理和自我发展。

---

① 张军琪. 当代大学生成长规律研究 [D]. 成都：西南交通大学，2022：35.

第二节 素养教育的目标与意义

一、素养教育的总体目标

21 世纪，教育的核心已经从单纯的知识传授转变为培养学生全面的素养，以使他们能够适应和参与日益复杂和多变的社会。素养教育的总体目标在于构建一种教育模式，旨在深化学生的知识体系，培养技能，塑造积极的态度和价值观，并且培育他们在多种情境中有效应用所学的能力。

在知识的深化与拓展上，素养教育不仅是希望学生掌握基础知识，更希望学生能够对所学知识进行深入的探索和反思。这意味着学生不仅要学会回答"这是什么？"的问题，还要思考"为什么？"和"怎么做？"的问题。在这个过程中，教育的焦点转向了如何帮助学生建立批判性和创新性思维，使他们能够对所学的知识进行独立的分析和评估。

技能的培养方面，素养教育重视的不仅是学生的学术技能，更加强调他们的生活技能、社交技能和职业技能。这要求学生不仅能够在学术领域内有效地应用所学，还要能够在日常生活、人际交往和未来的职业生涯中展现出自己的能力。为了实现这一目标，教育需要提供多种学习机会和实践经验，使学生能够在真实的情境中应用所学，并且培养他们的团队合作和领导能力。

态度和价值观的塑造是素养教育的核心部分。这意味着教育要帮助学生建立积极的学习态度，培养他们的自主性和自律性，并且引导他们形成健康的人生观和价值观。这需要教育者和学生建立深厚的信任，为学生提供充分的支持和引导，并且激发他们的内在动机。[①]

最后，素养教育的目标还包括帮助学生建立自己的学习策略，培养他们

[①] 徐占品，迟晓明.意义、目标和路径：创新创业背景下的大学生媒介素养教育 [J]. 新闻知识，2020（1）：76-81.

的自主学习能力和持续学习的习惯。在这个过程中，教育不仅仅关注学生当前的学习，更关注他们未来的学习。这要求学生能够对自己的学习进行自我评估和反思，制订合理的学习计划，并且在学习中积极寻求帮助和资源。

二、素养教育对于个体的意义

（一）促进个人全面发展

素养教育不仅强调培养学生的知识和技能，更强调个体的态度、情感和价值观。这种教育模式对于促进个体的全面发展具有不可估量的意义。

从知识的角度看，素养教育不止于传授给学生一系列事实和概念，而是着重培养学生的知识深化和拓展能力。这样的知识构架使得学生在面对新的信息和挑战时，能够更为灵活和批判性地思考，而不是仅仅依赖于机械记忆。此外，通过引导学生主动地探索和反思，他们更可能在日后遇到相似情境时，运用既有知识进行决策和解决问题。

技能方面，素养教育旨在培养学生的综合能力，这包括了学术技能、生活技能和社交技能。在真实世界中，单一的技能往往难以满足复杂的要求。而素养教育所培养的技能组合，可以确保学生在面对多种任务和挑战时，都能够灵活应对。例如，良好的人际交往技能不仅仅是与他人沟通的能力，更包括了理解和尊重多样性以及有效合作的能力。

态度和价值观可能是素养教育最为关键的部分。一个人的知识和技能再高超，如果其态度和价值观有偏差，那么这些知识和技能可能无法得到有效的应用，甚至可能带来不良的后果。而素养教育通过培养学生的积极态度和健康的价值观，确保他们在使用知识和技能时，能够作出正确和负责任的决策。

此外，素养教育还重视个体的自主性和自我管理能力。在日常生活和工作中，学生经常需要独立完成任务，制订计划以及面对各种不确定性。而素养教育通过培养学生的自主学习和持续学习的习惯，确保他们在未来能够有效地管理自己的学习和生活。

（二）增强自我管理与决策能力

在一个日益复杂和多变的社会环境中，个体面临的挑战和决策也日趋复杂。在这样的背景下，一个人的自我管理与决策能力显得尤为重要。素养教育，作为一种注重全面发展的教育方式，为提升学生的这两种能力提供了坚实的基础。

自我管理能力涉及个体如何有效地管理自己的时间、情感、行为和资源。传统的教育方式可能更多地强调知识的掌握和技能的熟练，但往往忽略了学生如何主动地运用这些知识和技能来管理自己。而素养教育恰恰重视这一点，它鼓励学生深入了解自己，明确自己的目标，同时培养他们制订并实施计划的能力。[①] 在这样的教育模式下，学生不仅学会了如何高效地学习，更学会了如何在日常生活中，如何对自己的行为、情感和想法进行管理。

决策能力是另一重要技能，特别是在这个信息爆炸的时代。面对大量的信息和选择，作出明智和有力的决策变得尤为关键。素养教育为此提供了有力的支持。它不仅提供了丰富的知识和技能，还培养了学生的批判性思维。这样，学生在面对各种信息和选择时，不仅能够准确地分析和评估，还能够根据自己的价值观和目标，作出合适的选择。这种决策过程不是简单地基于直觉或情感，而是基于深入的分析和思考，确保决策的质量和效果。

自我管理与决策能力的培养，还为个体在面对生活中的各种挑战提供了支持。无论是在学术、职业还是个人生活中，这两种能力都是关键的成功因素。它们不仅帮助个体实现自己的目标，还确保他们能够在复杂和不确定的环境中，保持平衡和稳定，实现持续的成长和进步。

通过素养教育，学生被赋予了更大的责任和自主权。他们被鼓励自主地探索、学习和成长，而不是仅仅依赖于外部的指导和帮助。这种教育方式不仅为学生提供了丰富的知识和技能，还帮助他们奠定了坚实的自我管理和决策基础。这样，他们在面对未来的挑战时，不仅拥有了充足的资源，还有了足够的信心和能力，确保他们能够实现自己的梦想和目标。

---

① 陈凯.新时代背景下高职院校学生自我管理能力的培养 [J]. 现代职业教育,2023(29): 169–172.

（三）提高创新与批判性思维

在现代社会中，面对日益增长的信息和知识更新速度，创新与批判性思维的培养显得尤为关键。这两种思维方式为个体应对复杂、不确定的环境以及创造新的知识和价值提供了关键的工具和策略。

素养教育重视对学生的综合能力和全面素质的培养，而不仅是知识的传授。其中，创新思维是素养教育的核心内容之一。创新思维不仅是指发明新的东西或创造新的方法，更多是一种解决问题、应对挑战的新思路和新策略。素养教育鼓励学生跳出传统的框架，勇于尝试新的方法和途径，培养他们的创造力和适应力。在这样的教育背景下，学生不仅能够灵活地运用所学知识，还能够在面对新问题时，提出新的解决方案和策略。

批判性思维是另一个素养教育中不可或缺的部分。它要求学生不仅要接受和记忆知识，更重要的是能够分析、评估和批判知识。在面对大量的信息和知识时，学生需要有能力区分事实与观点，辨识正确与错误，评估信息的价值和可靠性。这样，他们在接受知识的同时，能够形成自己的观点和判断。素养教育提供了一种全面、深入的学习方式，帮助学生培养批判性思维。

创新与批判性思维的培养，为个体提供了在复杂、多变的环境中立足和成长的关键工具和策略。[①] 它们不仅丰富了学生的知识和技能，更重要的是培养了他们的思维习惯和方法。在这样的背景下，学生不仅能够应对现有的挑战，还能够预测和应对未来的挑战，实现持续的创新和进步。这种教育方式为学生提供了一种全新的学习和成长的视角，确保他们在未来的学习和工作中，能够持续地创新和进步，实现自己的价值和梦想。

---

① 陈珍.批判性思维在高校创新型人才培养中的应用 [J].现代交际，2018（24）：194，195.

三、素养教育对于社会的意义

（一）培养有责任感的公民

在复杂多变的现代社会中，个体不仅需要具备专业知识和技能，更需要具有强烈的社会责任感，这样才能成为对社会有益、能够积极参与公共事务的公民。素养教育正是在这一背景下应运而生，它不仅注重对学生知识和技能的培养，更重视对学生的社会责任感、道德情操和公民意识的培育。

社会责任感首先是一种深刻的社会意识。它要求个体认识到自己是社会的一部分，自己的行为和选择不仅影响自己，还影响到他人和社会。这种意识使得个体在面对各种选择和决策时，会自觉地考虑到其对他人和社会的影响，从而作出有益于社会、符合社会价值观的选择。

素养教育鼓励学生从小培养这种社会意识，通过各种教育活动和实践经验，使学生在实际生活中体验到自己的行为对他人和社会的影响，从而自觉地培养和加强自己的社会责任感。例如，参与社区服务、环境保护活动等，都可以帮助学生实际体验到自己为社会作出的贡献，从而深化自己的社会责任感。

除了社会意识，社会责任感还包括一种深厚的道德情操。它要求个体在面对各种选择和决策时，不仅考虑到其对社会的影响，还要考虑到其对他人的道德责任。这种道德情操使得个体在面对各种困难和挑战时，能够坚守道德底线，作出正确的选择。素养教育通过道德教育、价值观培育等方式，帮助学生建立起正确的道德观念，从而培养他们的道德情操。

最后，社会责任感还体现为一种积极的公民意识。它要求个体不仅关心自己的权益，更关心社会的公共利益，积极参与公共事务，为社会的进步和发展作出贡献。素养教育通过公民教育、法律教育等方式，帮助学生了解自己的权利和义务，培养他们的公民意识。

（二）为社会发展提供创新人才

在当前的知识经济时代，创新已经成为驱动社会发展的核心力量，而产生创新的关键在于人。因此，如何培养具有创新精神和创新能力的人才，已经成为教育领域和社会发展的重要议题。素养教育作为一种对个体全面发展的教育模式，恰恰为这一议题提供了答案。

素养教育不仅包括对学生传统知识和技能的培养，更重视对学生的创新意识、批判性思维和解决问题的能力的培养。这是因为，创新不仅仅是基于已有知识的应用，更多的是基于对已有知识的批判和超越。而这种批判和超越，需要学生具备独立思考、敢于质疑和勇于创新的精神。素养教育通过各种教学方法和教育活动，培养学生的这种创新精神。例如，鼓励学生对传统知识进行批判性思考，鼓励学生在面对问题时，不只是寻找现有的解决方案，更要探索新的解决路径。同时，素养教育注重培养学生的跨学科思维和协同合作的能力，这使得学生在面对复杂的社会问题时，能够跳出传统的思维框架，从多个角度和多个领域进行综合分析和解决。而这种对创新能力的培养，并不是简单地加强科技教育或提高学生的学术研究能力。相反，它更多是培养学生的创新文化和创新习惯。因为，创新不仅仅是一种能力，更是一种习惯和文化。素养教育通过培养学生的好奇心、探索精神和持续学习的习惯，使学生在面对未知和不确定时，积极探索、勇于尝试，而不是回避和放弃。这种对创新的培养，为社会发展提供了大量的创新人才。这些人才不仅仅具备专业知识和技能，更具备开放的思维、灵活的策略和敢于挑战的精神。他们在各个领域，都能为社会发展提供新的思路、新的方法和新的方向。

（三）促进和谐社会关系的建立

在多元化、高度互联的现代社会中，和谐的社会关系显得尤为重要。这涉及个体与个体之间以及个体与社会环境之间的互动与协调。为此，教育不仅仅需要为学生提供知识和技能，更需要为他们提供一种可以顺利融入社会、与他人和谐相处的素养。这种素养，涵盖了对自我、对他人、对社会的认知、情感和行动三个维度，是建立和谐社会关系的关键。

素养教育注重培养学生的自我认知和自我管理能力。当学生对自己有了更深入的了解，知道自己的优点和缺点，知道自己的情感和需求，他们就可以更好地调控自己的性格，与他人和谐相处。更重要的是，这种自我认知还帮助学生增强自尊和自信，使他们在社会中更有主见，更有魅力。

素养教育还重视培养学生的人际交往能力和团队合作精神。在与他人的互动中，学生不仅要学会尊重他人、理解他人，更要学会与他人合作、协调。这种人际交往能力和团队合作精神，不仅是一种技能，更是一种态度和文化。它要求学生不仅要看到自己的需求和利益，更要看到他人的需求和利益，从而在互动中实现双赢。

这种对人际交往能力的培养，并不局限于学校内部，更延伸到学校与社区、学校与社会的互动中。通过各种实践活动，如社区服务、公益活动等，学生可以实际体验到自己与社会的关系，从而培养出一种对社会的责任感和归属感。

最后，素养教育还关注培养学生的全球视野和跨文化交往能力。在全球化的背景下，学生不仅要与本国人民和谐相处，更要与来自不同国家、不同文化背景的人和谐相处。这要求学生具备开放的思维、包容的态度和灵活的策略，能够跳出自己的文化框架，理解和尊重其他文化，从而实现真正的跨文化交往。

四、素养教育在全球化背景下的意义

随着全球化进程的加速推进，各国之间的交流与合作愈发频繁，国际社会变得越来越像一个有机整体。在这种情境下，人们不仅面临着与本国文化、社会背景相联系的挑战，更需面对多种文化、多元价值观之间的交融与冲突。因此，培养出能够适应这种复杂背景，具备跨文化交往能力与国际视野的公民，已成为当今教育面临的重要课题。而素养教育，恰恰为这一课题提供了深刻的答案。

在全球化的浪潮中，单一的知识和技能远远不足以应对各种挑战。更为关键的是一种综合性的素养，这种素养不仅涵盖了知识和技能，更包括情感、态度和价值观。[①] 素养教育正是基于这一认识，致力培养学生的综合性素养。它不仅关注学生的学术成就，更关注学生的全面发展，将他们培养成具有国际视野、跨文化交往能力和全球责任感的公民。

在这种教育模式下，学生被鼓励探索和理解不同的文化和价值观，从而建立起一种对多元文化的尊重和欣赏。他们不仅学会了如何与来自不同文化背景的人沟通和合作，更学会了如何在多元文化的背景下，维护自己的文化身份，同时能够包容和接纳其他文化。

此外，素养教育还强调培养学生的批判性思维和创新能力。在全球化的背景下，信息和知识的流通速度远超过了传统的教育模式所能跟上的速度。因此，学生不仅要学会获取知识，更要学会批判性地思考和应用知识。这种能力使得学生在面对复杂的全球问题时，能够进行独立思考，提出有创意的解决方案。

而这种对全球问题的关注和参与，进一步加强了学生的全球责任感。他们不仅是某个国家或某个文化的公民，更是全球社会的公民。他们关心全球的公共利益，积极参与全球的公共事务，为全球的和平与发展作出贡献。

第三节　新时代的素养教育变革

一、新时代下的教育环境与挑战

（一）技术进步与数字化的影响

随着技术的飞速进步，特别是数字技术的广泛应用，新时代的教育环境正经历前所未有的变革。这种变革不仅改变了教育的形式和内容，更深入地影响了教育的本质和目标。

---

① 　赵丹，李新宇. 文化自觉：全球化背景下高校图书馆信息素养教育的新担当 [J]. 电子世界，2012（20）：17–18.

技术进步，尤其是数字化技术，为教育带来了广泛的资源和无限的可能性。传统的教育资源，如教科书和教案，正逐渐被数字化资源所取代，如在线课程和数字教材。这种资源的数字化，不仅提高了教育的效率和质量，更为学生提供了个性化和定制化的学习体验。学生不再被局限于固定的教材和教学方法，而是可以根据自己的兴趣和需求，选择和组合各种资源，实现真正的自主学习。

这种技术进步也带来了新的挑战。其中最大的挑战是确保教育的质量和公平性。在数字化的环境下，教育资源的获取和使用变得越来越自由和开放，这可能导致教育的碎片化和泛滥。学生可能沉迷于无休止的信息流中，失去了对知识的整体和深入的理解。此外，虽然数字化技术为所有人提供了平等的学习机会，但资源的不均衡和能力的差异，可能导致教育的不公平。那些拥有更好的技术和资源的学生，可能获得更好的学习体验和成果，而那些缺乏这些条件的学生，可能被边缘化和排斥。

另一个挑战是适应和利用这种技术进步。传统的教育模式，如讲授和考试，可能不再适应数字化的环境。教育者需要重新思考和设计教育的方法和评价体系，确保学生在数字化的环境下，仍然能够进行有意义和有效的学习。这要求教育者不仅具备数字化技术的知识和技能，更具备创新和批判性的思维，能够从根本上重新定义和实践教育的目标和方法。技术进步也改变了教育的社会和文化背景。在数字化的环境下，教育不再是孤立和封闭的系统，而是与社会、文化和经济紧密相连的网络。学生不仅在学校学习，也在家庭、社区和网络上学习。这种学习不再是单向和被动的，而是双向和互动的。学生不仅是知识的接受者，也是知识的创造者和传播者。这要求教育者不仅关注学生的学术成绩，更关注学生的社会和文化素养。

（二）多元文化背景下的教育需要

在全球化的大背景下，人们生活在一个日益多元化的世界中，各种文化、价值观和信仰交织在一起。这种多元文化的现实对教育系统提出了新的挑战和机遇。在这样的背景下，教育的目标不仅是传授知识，更重要的是培养学生的跨文化沟通能力以及对不同文化的理解和尊重。

多元文化背景为教育带来了丰富的资源。不同的文化传统、历史故事和生活方式为学生提供了丰富的学习材料。通过学习这些材料，学生可以更深入地了解和欣赏不同的文化，建立起一种跨文化的视野和思维方式。这种跨文化的学习不仅增强了学生的文化素养，更培养了他们的创新和批判性思维。

不同的文化可能有不同的教育观念和方法，这可能导致教育的冲突和分歧。例如，一些文化可能强调个人的自主和创新，而另一些文化可能强调集体的合作。在这样的背景下，如何平衡和融合不同的教育观念和方法，成为教育者面临的重要问题。多元文化背景还对教育的内容和形式提出了新的要求。传统的教育内容，如历史和文学，可能难以满足学生的需要。学生需要学习更多关于不同文化的知识，如宗教、艺术和哲学。同时，传统的教育形式，如讲授和考试，可能不再适应学生需求。学生需要更多的互动和实践的学习机会，如小组讨论、项目研究和实地考察。

为了应对多元文化背景下的教育需要，教育者需要具备跨文化的知识和能力。他们不仅要了解不同的文化，更要理解和尊重文化的差异。他们需要具备跨文化的沟通和协调能力，能够与来自不同文化背景的学生和家长建立良好的关系。他们还需要具备创新和开放的思维，能够尝试和探索不同的教育方法和策略。

（三）知识更新速度的加快及其带来的压力

当今的信息时代，科技的飞速发展和社会的快速变革导致了知识更新的速度不断加快。这种现象在各个学科领域中都有所体现，无论是自然科学还是社会科学，新的研究成果和理论观点都在不断涌现。对于大学生这个群体来说，这种知识更新速度的加快为他们带来了明显的挑战和压力。

在大学阶段，学生正处于形成和确立专业知识体系的关键时期。然而，随着知识更新速度的加快，过去的知识和理论可能很快就会被新的研究所取代。这意味着，大学生不仅要掌握大量的专业知识，还要时刻关注学科的最新发展动向，不断更新和完善自己的知识体系。这对他们的学习能力和适应能力提出了更高的要求。知识更新速度的加快也对大学生的心理和情感产生了压力。在面对持续的知识更新时，他们可能会感到困惑和不安，担心自己跟不上时代的步伐，感到自己的努力不够。这种心理压力可能会导致他们对学习产生厌恶感，对未来感到迷茫和不自信。

知识更新速度的加快也为大学生提供了宝贵的机会。在这个充满变革的时代，他们有机会接触到前沿的知识和技术，培养自己的创新能力和批判性思维。这为他们在未来的职业生涯中，提供了更多的选择和可能性。在这种背景下，大学生的素养教育显得尤为重要。素养教育不仅关注学生的知识掌握，更重要的是培养他们的学习能力、适应能力和创新能力。它帮助学生建立起积极的学习态度，培养他们的持续学习和自主学习的习惯。它还鼓励学生关注学科的前沿发展，培养他们的跨学科和综合性思维。素养教育还关注学生的心理和情感健康。它帮助学生认识和管理自己的情感，培养他们的心理韧性和应对压力的能力。

二、创新性素养教育方法与策略

（一）项目制学习与实践导向

在知识经济和数字化社会的背景下，教育界迫切需要寻找更为创新的方法来满足时代的需求和挑战。项目制学习与实践导向教育作为一种前沿的教育策略，正逐渐在全球范围内受到关注与推广。

项目制学习，作为一种学生中心的教学方法，鼓励学生在真实或模拟的环境中，解决具有实际意义的问题。通过这种方法，学生可以自主选择学习的内容和路径，同时在解决问题的过程中培养自己的独立思考和创新能力。与传统的课堂教学相比，项目制学习更加注重学生的主动性和参与性，它提供了一个开放和灵活的学习环境，让学生在探索和实践中获得知识和技能。

实践导向教育则强调学生在真实的社会和职业环境中进行学习和实践的重要性。它鼓励学生与社会、企业和其他组织建立紧密的联系，通过实地考察、实习和项目合作等方式，获取实践经验和应用知识。实践导向教育不仅可以帮助学生加深对学科知识的理解，还可以培养他们的职业素养和社会责任感。

项目制学习与实践导向相结合，为大学生提供了一种全面的学习体验。在这个体验中，学生可以在真实的情境中进行探索和实践，与社会和企业建立紧密的联系，培养自己的创新能力和实践能力。此外，这种教育方法还可以促进学生之间的合作与交流，培养他们的团队精神和沟通能力。

要开展项目制学习与实践导向教育，教育机构和教师需要进行一系列的改革和调整。他们需要重新设计课程和教学活动，与社会和职业界建立合作关系，为学生提供充足的资源和支持。同时，他们需要改变自己的教育观念和方法，培养自己的创新能力和实践能力，成为学生学习的引导者和伙伴。

（二）互联网与远程教育的利用

互联网的迅速普及和远程教育的兴起为教育领域带来了前所未有的机遇和挑战。在这种背景下，大学生的素养教育也迎来了新的转型期，与传统的面对面教学相比，互联网和远程教育资源为学生提供了更为广泛和深入的学习机会。

互联网已经深刻改变了信息的获取、传播和交互的方式。对于大学生而言，互联网不仅是一个搜索知识的工具，更是一个开放、多元和互动的学习平台。通过网络，学生可以自由选择学习的内容和路径，与来自不同文化和背景的人进行交流和合作，培养自己的跨文化交往能力和全球视野。此外，互联网还为学生提供了丰富的数字化资源和工具，如在线课程、电子图书、虚拟实验室等，帮助他们更为高效和深入地学习和实践。

远程教育作为一种新兴的教育形式，消除了地理、时间和空间的限制，为大学生提供了更为灵活和个性化的学习选择。通过远程教育，学生可以参与到全球范围内的优质课程和项目中，与顶尖的教育机构和专家建立联系，获取最新的学术研究和行业动态。同时，远程教育强调学生学习的自主性和参与性，鼓励他们在网络环境中独立思考和创新实践，培养他们的自主学习和研究能力。

互联网和远程教育也为大学生的素养教育带来了新的问题和挑战。例如，网络环境中的信息过载、知识的碎片化、学生的分心和缺乏自律等，都可能影响学生的学习效果和素养培养。因此，教育机构和教师需要对互联网和远程教育进行合理的规划和管理，为学生提供清晰的学习目标和路径，建立有效的互动和反馈机制，培养他们的信息筛选和批判性思维能力。

（三）跨学科与综合性教学模式

在知识日益丰富和复杂的今天，传统的学科划分和单一的教学模式已经难以满足大学生的学习需求和社会的发展要求。跨学科与综合性教学模式应运而生，旨在打破学科的边界，整合不同领域的知识和技能，为大学生提供更为广泛和深入的学习体验。

跨学科的教学模式鼓励学生在不同学科之间建立联系和对话，探索知识的交叉和融合。例如，生物学、化学和物理学可以联合探讨生命的起源和演化；文学、历史和哲学可以一起分析人类的文化和思想。通过这种模式，学生可以从多个视角和维度理解和应用知识，提高综合分析和创新思维能力。

综合性教学模式则更加注重知识的实际应用和实践。它不仅包括理论学习，还涉及实验、项目、实习和讨论等多种教学方法。学生需要将所学的知识与现实生活和工作相结合，解决实际的问题和挑战。例如，环境科学专业的学生可以进行实地调查和研究，分析环境问题的原因和影响，提出切实可行的解决方案。这种模式有助于培养学生的实际操作和团队合作能力，强化他们的社会责任感和职业素养。

跨学科与综合性教学模式的推广和实践，需要教育机构和教师进行深入的研究和探索。首先，教育目标和课程设置应当与时俱进，反映学科的发展和社会的变化。其次，教学资源和设施应当得到充分的利用和更新，满足学生的学习和实践需求。最后，评价和反馈机制应当更为灵活和多样，鼓励学生的自主学习和创新。

第二章　新时代大学生信息素养教育

第一节　信息素养概述

在信息化时代，人们日常生活中与信息技术的交互愈发频繁，尤其是新时代的大学生。他们成长在一个充满数字信息的环境中，面对海量的信息资源，鉴别、筛选、处理并合理使用信息成了一个重要的技能。这种技能通常被称作信息素养，是当代大学生面对复杂信息社会所必需的能力。信息素养教育旨在培养学生的这一关键能力，确保他们在学术、职业甚至日常生活中都能够有效地处理和应用信息。

信息素养不仅仅是简单的计算机或技术操作技能，它更多地涉及批判性思维、问题解决和决策制定。信息素养是一个多层次、多维度的概念，涵盖了信息的识别、检索、评估、应用和创新等方面。对于新时代的大学生来说，信息素养意味着能够熟练地利用各种信息资源，如数字图书馆、在线数据库和社交媒体等，来获取、分析、整合并获取新的知识。而随着科技的进步，信息的获取渠道和形式也在不断地变化和拓展。新时代的大学生需要具备的信息能力不再局限于传统的文献检索和书面报告编写，大学生还需要掌握多媒体呈现、数据分析和数字传播等新型技能。这也意味着大学生需要具备跨学科的思维和灵活的学习策略，以适应不断变化的信息环境。新时代大学生的信息素养教育不仅是一种技能培训，更是一种思维方式和生活态度的塑造。一个具备高度信息素养的大学生，会自觉地对待每一条信息，不轻信、不盲从，会通过独立思考和批判性评估来形成自己的观点和判断。同时，他们会更加珍惜信息的价值，注重信息的保密性和版权等法律与道德问题。

当前大学生的信息素养教育面临着一些挑战。一方面，由于信息技术的迅速发展，教育者需要不断地更新教学内容和方法，确保教育与实际相结合，避免知识过时。另一方面，学生本身的信息习惯和态度也存在一定的问题。一些大学生过于依赖网络搜索引擎，缺乏深入研究和创新的意识，容易满足于表面的信息。因此，新时代的大学生信息素养教育需要进行深入的探索和革新，强调实践与反思，注重培养大学生的主体性和创造性。教育者应当充分利用现代教育技术，如虚拟现实、大数据和人工智能等，为大学生创造一个真实、丰富和有挑战性的学习环境。同时，教育者需要与大学生进行互动和沟通，了解他们的真实需求和问题，为他们提供个性化的指导和帮助。

第二节 大学生信息素养教育的对策

一、信息素养教育措施

信息素养不是一个短期目标，而是每一个生活在信息社会中的人必须具备和终身追求的基本能力。对这种能力的教育和培养，正是教育改革的核心方向。特别是在如今这个数字化的时代，我国需要在信息技术教育的基础上，更加强调信息的处理、伦理道德和创新能力的培育。这意味着在学校的各种课程中，教育者不仅要教大学生如何使用技术，还要培养他们的伦理观念、文化认知和社会责任感。

教育者要鼓励大学生养成批判性和创造性的思维方式，使他们具备实际解决问题的能力。对于网络上的信息，大学生需要学会如何自我控制，如何筛选和过滤那些可能对他们造成伤害的不良信息。这样，大学生才能够真正与这个信息化的世界进行有效的互动，并使终身学习成为一种习惯。

但这样的教育并不是单靠学校就可以完成的。它需要全社会的共同参与和合作，无论是教育领域、图书馆、信息产业，还是政府和普通公众，都应该在其中发挥自己的作用。只有通过这种跨界、跨地区甚至跨国的广泛合作，才能更好地推动信息素养教育的研究和实践，确保每一个大学生都能在这个信息时代中健康成长。

（一）加强信息素养理论研究，完善信息素养评价标准体系

随信息技术的快速进步及社会环境的转变，如何适应信息化的需求、深入探索和应对大学生信息素养培养中出现的新挑战，寻找新的信息素养教育方法，以促进信息素养教育的深度发展，已经成为一个紧迫和关键的议题。在这样的网络时代中，大学生需要将从网络上获取的最新信息与传统教材中的内容有效结合，持续关注并掌握各个领域的最新趋势，以此来拓宽知识边界和激发思考。因此，大学生的信息素养培养必须跟随时代步伐，注重从理论上进行研究和探索，以引导和适应信息化教育的实践需求。信息素养评估指标体系作为信息素养教育理论研究的一个关键部分，为进行信息素养的评测提供了关键依据。这一体系能够为教育者提供对于个体信息素养能力的详尽和客观描述，可以更为明确地了解大学生的实际信息素养水平，从而更精确地制定教育策略，提高大学生的信息素养。因此，我国的高等教育机构和相关部门应当积极组织各地的专家和学者，结合我国的实际情况和高等教育的特点，制定出既具有权威性又能够适应数字化时代的、具有中国特色的信息素养评价标准体系。在构建信息素养评价标准体系时，应遵循以下几个原则。

1. 要科学、合理

建立评价体系不能基于个人的主观判断或一时的情绪。评价体系必须基于教育的客观发展规律，不能被短期的社会趋势或风潮所影响，而是要确保评价标准能够真实、公正地反映大学生的学习进展和成果。一个优秀的评价体系必须能够经得起时间和实践的检验。这意味着它不仅在当前的环境中有效，在未来也能适应各种变化，持续为教育工作者和大学生提供有价值的

反馈。这也意味着评价体系不应该是一成不变的，而是需要不断地更新和完善，以适应教育领域的发展和变革。

2. 内容要全面、系统

评价体系作为评估大学生的学习成果和能力的重要工具，其内容必须是全面和系统的。这意味着，评价体系不应仅仅关注大学生的某一方面，而是要涵盖大学生在学习过程中的各个方面，确保每一个重要的领域都得到了适当的关注和评估。首先，评价体系必须全面地涵盖大学生需要掌握的信息概念、基本知识、技能和态度。这不仅包括传统的学科知识，还包括大学生在信息化时代所需要的各种技能和能力，如信息检索、数据分析、数字媒体制作等。其次，评价体系还应该系统地考虑大学生的信息素养。这意味着评价不仅要关注大学生的知识和技能，还要检验他们的信息态度和价值观，如对信息的批判性思考、信息的合法使用、对信息源的评价等。

3. 具有可行性和开放性

评价体系在实施时必须具备可行性与开放性。首先，可行性意味着评价体系的各个内容必须是可以具体观测、记录和测量的。每一个评价指标应当清晰、详尽，能够准确地反映信息素养的核心价值。此外，得出的评价结果应该是容易进行统计和分析的，以便教育者进行决策和改进。同时，评价体系的开放性则意味着它不仅需要反映信息素养教育的普遍特征，还要能够为不同的环境和背景下的大学生提供灵活选择。这种灵活性保证了评价体系能够适应不同的地域、条件和学生特点。评价方法和标准应该具备一定的弹性，可以根据实际情境、地域差异和学生的个体差异进行调整和优化。

4. 要进行综合评价

评价信息素养必须采取综合评价的方式。信息素养本身融合了技术、人文和伦理等多个领域，因此对其的评价应该结合定量与定性的方法，同时融合传统评价与实际表现的评价方式。

评价体系的建立不是一朝一夕的事，它任重而道远，需要高校的进一步努力和探索。

（二）加强和完善信息素养教育的物质基础

信息素养教育的有效推进与物质基础的完善和强化密切相关。在当前的网络信息时代，大学生对计算机和网络的熟悉度及应用能力已经成为信息素养教育的核心内容。较为落后的网络配置、不便于上网的环境以及不能充分共享信息资源的校园网络环境，无疑会对培养大学生的信息能力造成显著的阻碍。因此，高等教育机构应致力提升校园的网络化和信息化程度，旨在构建一个集网络化、数字化、智能化为一体的新型教育、学习和研究平台。这样的平台以先进的计算机网络技术为支撑，通过信息和知识资源的共享，培养大学生获取、处理和利用信息的能力。

目前，我国的高等教育信息化和网络化建设已展现出迅猛的发展势头，并已达到一定的规模。为此，大量资金已被注入，多数高校已经建立了校园网络，并将网络扩展至主要的办公楼、教学楼、图书馆和实验楼等关键区域，确保了网络中心和多媒体教室的正常使用。然而，现阶段的建设仍然面临着一系列挑战，如过于重视硬件的投入而忽视软件的重要性、资源共享的不足、网络安全问题以及网络资源建设的滞后等。

信息资源的建设与整合无疑是校园网络信息化建设的关键。各高校需要对网络信息资源进行统一的管理和监督，最大化地开发和利用各类信息资源，以确保其共享性，并为校内外提供全面的公共信息服务。校园网络的信息化建设成为高等学校发展的基石。在此过程中，需要不断完善信息设施、资源和服务，同时努力激发各方的参与积极性，考虑引入现代企业的运作模式，吸引社会资金的注入，以确保信息基础设施的持续投资，并加快信息化校园的建设，确保其走向一个健康、高效的发展路径，从而为大学生的信息素养教育提供坚实的物质支撑。

（三）将信息素养教育融入教育管理

信息素养教育并非某一独立学科的终点，而是一种在各个学科中都应被涵盖并积累的能力。通过广泛地在多学科中实施信息素养教育，大学生不仅能利用信息技能更加深入地掌握专业知识和提高自学能力，还可以逐渐熟练地掌握信息检索、加工、筛选、获取、利用和交流的技能，从而全面提升其信息素养。

观察国际趋势，发达国家如美国、加拿大、澳大利亚和新西兰已经实践了将信息素养教育与学科课程相整合的模式。同样地，我国学者也在这方面进行了深入的探索和研究，积极将信息素养教育整合到各学科教学之中，推动了教育的全方位改革。例如，美国艾奥瓦大学的 TWIST 项目作为一个成功的实证，其将信息素养与专门的学科课程完美结合，为信息素养与学科教育整合提供了参考范例。

现代教育的背景下，多媒体计算机和网络已经成为教育的重要工具和资源。这种环境为信息素养教育提供了强大的技术支持。网络课堂上，互联网的交互功能、开放空间和广泛的信息来源为大学生提供了自主探究或协作学习的机会。大学生可以在网络上充分发表自己的观点，分享研究成果，对问题进行深入讨论，并与教师或同学进行实时交流。而教师在这样的教学环境中的角色也发生了变化，他们不再仅仅是知识的传授者，更成为大学生在信息化环境中的指导者。

在知识经济时代，大学生不仅需要掌握知识，更需要应用、探索和创造知识。参与科研活动不仅可以加深大学生对所学理论的理解，还能锻炼其创新和研究能力。此外，文献检索课程作为培养大学生信息能力的主要方式，也面临着转型的需求。传统的文检课主要集中于文献信息的检索和利用，但在网络环境下，文檢课需要结合现代信息技术和网络资源进行更新，如增加数据库和互联网资源的检索利用以及加入信息评价、网络道德等内容。这种转型背后是对新的信息技术和教育环境的适应以及对新的教育需求的响应。

（四）提高教师的信息素养水平

随着信息时代网络技术的迅猛进展，教育和教学过程的基本要素正在经历着一场深刻的变革。这种变革不仅改变了教师和大学生之间的交流方式，也重塑了传统教育者的角色，使其逐渐转向现代教育者。因此，教师的信息素养水平受到了前所未有的关注。在当前的网络信息环境中，大学生的信息素养不仅取决于教育设施和环境，也与教师的信息素养密切相关。

教师需要具备计算机的基础知识和网络操作技能，熟悉各种工具软件的应用。更为关键的是，他们需要更新自己的教学理念，强化对信息开发的认识，并学会如何有效地利用网络信息来辅助教学。他们应该能够创造出一个信息化的教学环境，并在这样的环境中指导大学生增强其对信息的敏感性和应用能力。作为教学活动的核心，教师的作用是不可替代的。因此，培养和维持一支具备高度信息素养的教育团队是至关重要的，这为大学生的信息素养的持续提高提供了坚实的后盾。对于教师的信息素养，其提高的核心可以涵盖三个关键领域。

1.教师应该加强自身的基本信息素养

在当今快速发展的信息社会中，教师作为教育过程的重要参与者，其信息素养对教学质量和大学生的成长起到了至关重要的作用。提高自身的基本信息素养已经成了教师在这个时代所必备的基石。教师需要深入地掌握信息技术的基本理论、知识和方法。这不仅仅是关于如何使用技术，更是关于如何将技术与教学内容相结合，使其为教育服务。对现代信息技术的发展及其与学科课程整合的知识是不可或缺的，因为这有助于教师更好地利用这些技术来提高教学质量和效率。除此之外，教师必须熟练掌握计算机基础知识，如操作系统和常见的办公软件，如 Word、Excel 和 PowerPoint。这些软件不仅用于文档处理和信息展示，它们也是教师日常工作中的得力助手，如编写教案、处理学生考试成绩和制作课堂展示内容等。教师还需要了解一些基本的编程语言，这可以帮助他们理解并利用更高级的技术工具来解决教学中的复杂问题。

2.教师应该学会使用多媒体进行教学

在信息时代，随着技术资源的丰富和多样性，教师面临着更加有效地利用这些资源来提升教学效果的挑战。多媒体技术作为现代教育的重要工具，为教师提供了更加生动、直观和互动的教学方式。为了优化教育质量，教师应当根据特定的学科内容和学生特点，灵活地选择和使用合适的多媒体工具。

计算机教学及其相关的软件，如 PowerPoint、Flash 和 Authorware，已经成为现代教育的标配。这些工具不仅可以帮助教师制作生动有趣的多媒体课件，还可以使教学过程更为有趣味性。因此，教师不仅需要掌握这些工具的基本使用方法，还应该深入了解其背后的教学理念，以便更好地应用于课堂教学中。

除了多媒体教学工具，网络技术也为教师提供了更广泛的教育资源和交流平台。教师应当具备基本的网络知识和操作技能，如搜索数据、传输文件以及进行在线交互教学。此外，电子邮件、电子公告牌和个人网页等网络工具可以帮助教师与同事和大学生更加便捷地交流，分享教学心得和观点。

3. 教师要努力推进信息技术与学科课程的整合

在现代教育中，教师应当着重将信息技术与学科课程紧密结合。这不仅要求教师掌握各种信息技术工具，更重要的是具备将这些技术有机地应用于学科教学的能力。只有这样，信息技术才能真正地发挥其在教育中的潜力，从而提升教学效果和质量。教师应不断探索和实践，确保技术的应用与学科内容相得益彰，共同推进学生的全面发展。

（五）营造信息素养教育的良好社会与家庭环境

在当前信息化的社会背景下，网络信息已经渗透到社会和家庭生活的各个方面，成了与报纸、广播和电视同等重要的信息传播渠道。社会和家庭对于信息教育的普及起到了关键作用，因为公众的信息素养水平直接关系到社会信息化的实际效应。虽然高等教育机构在培养大学生信息素养方面发挥了关键性作用，但社会和家庭环境也为大学生提供了一个重要的实践平台。家庭和社区提供的信息环境是培育和强化大学生信息素养的重要场所，并为学校的信息技术教育提供了有力的支持和补充。一个健康、开放和富于信息资源的社会家庭环境可以为大学生创造更多的机会，鼓励他们在真实的环境中运用所学的信息技能，从而进一步提高信息素养。因此，为大学生创造一个信息丰富、技术先进、思维开放的社会家庭环境是培养其高度信息素养的关键。

1. 发挥家庭在信息素养教育中的作用

家庭，作为社会的基本单元，为人们提供了最初的也是最为关键的教育环境。从儿时的启蒙教育到成年的终身学习，家庭在整个教育过程中扮演着不可或缺的角色。孩子们常常以父母为榜样，模仿他们的行为和态度。因此，父母的信息素养，不仅会影响他们自己的生活，还会深深地影响到孩子。

在这个日益数字化的时代，计算机和网络技术已经深入每一个家庭。在这样的环境下，家长需要培养正面的信息观念，确保孩子在健康的环境中成长。为了实现这一目标，家长不仅需要为孩子提供正确的指导和监督，确保他们远离网络的负面信息，还需要自己不断地学习和提高，掌握信息技术的基础知识。

除此之外，家长也可以与孩子共同参与信息技术的学习和探讨，这不仅能够增强家庭成员间的互动和交流，还能够为孩子提供一个鼓励创新和实践的环境。通过这种方式，家长和孩子可以一起努力，确保家庭成为促进大学生信息素养发展的良好场所。

2. 动员全社会关注和参与信息素养教育活动

（1）确立网络主流价值观的主导地位。为确保信息素养教育的有效推进，社会各方面都应该共同参与，共同努力。首先，需要确保网络中的核心价值观得到广泛的认同和遵循。这要求相关部门通过媒体和公众传播渠道，建立一个健康、积极的网络道德环境。应当鼓励和推广网络中的文明行为，维护网络社区的和谐与秩序。与此同时，宣传网络中的正面典型和成功案例，可以为大学生提供行为的参考和模仿的榜样。此外，很多网站和论坛已经制定了自己的网络行为规范或公约，这些规范旨在提高网民的道德意识，引导他们自我管理和规范自己的上网行为。这种自我管理和自律的机制对营造一个有序、健康的网络环境至关重要。

（2）采取有效的措施来加强网络信息的管理。为确保网络环境的健康和安全，必须采取一系列的措施来强化网络信息的管理。这包括利用技术、行政和法律途径来对国内的核心网络、局域网络和校园网络进行严格的管理和规范化操作，确保信息的来源得到有效的控制，从而避免有害信息的扩散。

（3）进一步加大网络立法的力度，健全网络法规。为保障网络环境的健康有序，必须强化网络立法，并完善相关法规体系。首先，针对当前的情境，对已有的法规进行适时的修订、补充，以适应新的挑战和需求。其次，进一步强化立法工作，将网络文明纳入法治，努力构建符合我国实际情况的网络法规体系。这将为全体公民，尤其是大学生，提供一个安全、健康的网络环境，从而提高他们的信息素养。

（六）注重校园网络道德文化建设，注意引导大学生合理使用网络

在当前的网络信息时代，对大学生进行网络道德教育显得尤为重要。为了帮助大学生建立健康的网络行为习惯和明确的价值观，必须重视并加强关于生活方式和思想道德的信息素养教育。这需要进行深入的课程改革，对现有的教育内容进行适当的调整和优化，确保大学生能够在充分利用网络资源的同时，培养对网络行为的自我约束能力和责任感。

1. 增设专门的网络道德教育课程

为了更系统地培养大学生的网络道德观念，建议在课程体系中引入如数字时代的伦理与文化和网络社会与文明行为等专门课程。这些课程将主要聚焦于网络行为规范、相关的法律与法规、在线礼节、网络安全以及网络环境管理等内容。通过这种方式，高校不仅能教导学生了解网络的行为准则，还能培育他们的网络道德意识和责任感。

2. 加强高校校园的网络建设和管理，建立起网络安全的"防火墙"

在当今数字化时代，高校校园网络的建设和管理显得尤为关键。随着技术的迅速发展，网络已成为大学生学习、交流和娱乐的重要工具。因此，确保网络的稳定性和安全性对于促进大学生的健康成长至关重要。为了迎接这一挑战，高校需要紧跟技术发展的步伐，不断更新网络设备，确保技术的先进性和可靠性。此外，建立和完善校园网络防卫系统是确保网络安全的关键。一个强大的网络防卫系统可以有效地抵御外部攻击，避免恶意软件和病毒的侵入，从而为大学生提供一个安全、稳定的网络环境。同时，高校需要

对网络管理进行深入的思考和规划。考虑到大学生对网络的高度依赖，高校应当成立专门的管理机构，不仅负责监督和管理网络的日常运行，还要对大学生进行网络知识的培训。这样的培训可以帮助大学生更好地理解和应对网络中的各种风险，提高他们的网络素养。此外，为了确保网络的正当和安全使用，高校还需要建立和完善一系列网络使用规范和政策。这些规范和政策应当明确规定如何使用网络、如何确保信息的安全和隐私以及如何避免网络欺诈和骚扰。通过加强网络信息的实时监控，高校可以及时发现并解决网络中的问题，确保为大学生提供一个健康、文明的网络空间。

3. 通过合理的途径发挥大学生的网络才能

在数字化时代，网络已成为大学生学习和交流的重要工具。为了充分发挥大学生的网络才能并引导他们合理使用网络，学校可以采取一系列创新和实践的措施。例如，学校可以在课程设置上进行创新，如开设与网络相关的选修课程。这些课程不仅可以教授学生网络技术和应用的基础知识，还可以培养他们的创新思维和实践能力。通过课程学习，大学生可以掌握设计和开发个人主页、班级主页等技能，进一步提高个人的网络技能和素养。学校还可以举办各种与网络相关的竞赛活动，如大学生个人主页设计比赛、模拟炒股比赛、虚拟创业大赛等。这些竞赛不仅可以激发大学生的学习兴趣和参与热情，还可以为他们提供一个展示自己才华和能力的平台。通过这些活动，大学生可以在实践中锻炼自己，提高自己的网络应用能力和实践经验。同时，学校里的各种社团组织可以积极参与这些活动的组织和推广。社团组织可以根据自己的特点和方向，开展与网络相关的竞赛和活动，如编程比赛、网络安全挑战赛等。这样可以进一步丰富大学生的校园生活，提高他们的网络技能和素养。

4. 重视网络心理教育，创建网络心理咨询平台

网络心理教育与咨询在塑造大学生健全的心理与情感体验中发挥着至关重要的作用。为满足大学生对心理健康知识的需求，可以在线创建心理咨询平台。这样的平台可以定期更新关于维护心理健康的资讯，帮助大学生对自

身的成长和发展进行更加明确和全面的认知。此外，利用现代技术手段，如电子邮件，可以进行心理问卷调查，从而收集和分析有关大学生心理状态的数据。与传统的面对面咨询方式相比，这种在线心理服务方式具有多种优势。首先，其功能齐全、便于使用，同时有高度的隐私和安全性。其次，不受地理位置和时间限制，为大学生提供了更加便捷的心理支持通道。最后，这种在线方式更能尊重大学生的个人隐私，帮助他们摆脱可能的顾虑，从而更容易获得实质性的帮助和支持。

5. 通过舆论来实现高校网络道德教育

为促进高校网络道德教育的深入进行，学校可以利用舆论的力量来塑造一个正向、健康的网络文化环境。具体而言，学校可以组织并推广关于网络道德议题的系列活动和讨论，以此来培养和加强大学生对网络道德的认识和责任感。通过舆论的引导和影响，可以宣传网络中的正面行为，同时对不道德的网络行为进行明确的批评。这种正面的舆论氛围不仅能鼓励大学生积极参与，还能促使他们在日常生活中积极践行网络道德规范。此外，这种方式可以为整个高校创造一个积极、健康、和谐的网络环境，从而为每位大学生提供一个安全、有益的在线学习和交流空间。

二、信息素养教育途径

在信息社会中，信息素养成为一个至关重要的能力，它并不是一个人天生就有的，而是需要通过持续的教育和培训来获得。教育工作者在这一背景下的使命是采取各种方法和策略，高效地培养大学生的信息素养，从而为社会的健康和持续发展作出贡献。与传统的基本技能如听、说、读、写和算术技能一样，信息素养也是在教育环境中逐步培育和形成的。当然，除了学校教育外，个人也可以通过自我驱动的学习和努力来不断提高自己的信息素养。

（一）统一认识，从思想上重视信息素养教育

思维模式决定行为路径。思想质量影响着行动的方向和质量。学校应将信息素养教育纳入教育体系的核心，视其为教育的重要组成部分。此外，还

需要明确，信息素养不仅是一种技能，更是一种综合性的素质，涉及更高层次的认知和理解。

1. 信息素养教育是传统文化素养教育的延伸和拓展

信息素养教育可以被视为传统文化教育的现代化进阶。它涵盖了众多的知识领域，从识别个人的信息需求，到能够在现有的信息基础上系统地描述问题，再到评估和整合新信息的能力。信息素养的本质在于培养学生对各种信息进行分析、批评、筛选和整合的技巧以及将这些信息融入自己的知识体系中，使之成为个人的深层认知。这样的能力不仅关乎如何获取信息，更重要的是如何理解、处理和运用这些信息。因此，全球各地的教育者都开始重视信息素养教育，将其视为教育改革的关键部分。

2. 信息时代带来教育形式和学习方式的最大变化

在信息时代，教育的面貌已经发生了翻天覆地的变化。这不仅仅是在教育的形态和学习方法上，更深远地影响了教育者对教育的理念、模式和方法的认知。理想中的大学不应仅仅是一个颁发文凭的机构，而应是汇聚才华、致力知识创新和研究的殿堂。因此，高等教育机构在信息素养教育上的职责远远超出了简单的技术操作培训，它们应当提供一个全面而深入的信息素养培训，使大学生不仅能够技术熟练地操作，更能在信息洪流中明确方向，批判性地思考和有效地利用信息。

3. 信息素养教育是一种综合性素质教育

在当下的信息时代，信息素养教育已经成为一种综合性的素质教育，其涵盖的范围远远超出了单一学科的边界。不能仅仅将其限定在计算机或技术相关的课程中，而是应该将其融入各个学科中，使其成为学习和教育的核心部分。首先，需要将信息技术的培训目标与每个学科的教育目标相结合，确保信息教育能够真正地贯彻到教育的每一个环节中。这样，不仅可以增强大学生在各学科的学习效果，还可以更好地培养他们的信息技术能力。其次，将信息技术作为教学工具和认知工具整合到各个学科中，不仅可以提高教学效率，还可以提高大学生的创新能力。

（二）发挥图书馆在信息素养教育中的作用

在培养大学生的信息素养方面，图书馆有着得天独厚的有利条件。尤其是高校图书馆，它们信息资源充足，文化氛围浓厚，有着良好的阅读环境、完善的信息检索工具以及具有丰富经验的信息检索专业人员，是大学生信息素养教育的重要基地。

1. 加强图书馆馆藏文献信息资源建设

为了提高大学生的信息素养，高校图书馆应该强化其文献和信息资源的建设。首先，图书馆应确保其信息资源的广泛性和高质量。这意味着不仅要根据学校的特点强化特定领域的资源，还要确保其他领域的资源也得到充分的关注和更新。此外，为了实现资源的最大化利用，图书馆可以通过参与各种资源共享项目，如高校图书馆联盟等，与其他学校进行合作，这样可以实现资源的共享和补充。

除了传统的纸质资源，数字图书馆的建设也是当下图书馆发展的重要方向。这要求图书馆根据学生和教师的需求，积极购买和引入各种国内外的电子数据库，确保师生可以方便地通过网络访问最新的电子文献资源。同时，图书馆需要密切关注学术界和科技领域的最新动态，以确保所提供的资源能够满足师生的研究和学习需求。这种全面而细致的资源建设方式有助于大学生更好地培养和提高他们的信息素养。

2. 为全校大学生开设文献信息检索课

在当代的高等教育环境中，图书馆的功能已经超越了传统的文献存储和借阅服务，成为大学生信息素养培训的重要场所。文献信息检索，作为信息素养的核心组成部分，对于每一位大学生来说都是不可或缺的技能。然而，尽管许多高校图书馆已经为特定的专业如管理、计算机和医学开设了文献检索课程，但为全校大学生提供这一课程仍然存在巨大的空间和需求。

为满足这一需求，建议将文献信息检索课程纳入学校的核心课程体系，使其成为每位大学生的必修课。这样的课程设计不仅会让大学生掌握文献检索的基本技能，还会培养他们的网络信息检索能力，使他们在面临新的学习任务时能够独立、高效地寻找所需的信息。

图书馆还可以充分发挥自身的资源优势，定期为大学生组织各种活动。例如，进行馆藏文献的导读、机读书目查询、光盘数据库查询和网络信息查询等。通过观看相关的影视作品、参加讲座和报告、进行朗诵和演讲比赛，甚至参与各种展览，大学生可以进一步深化对图书馆资源的理解，并培养其信息素养。

3. 提高图书馆馆员的信息素养，使其更好地服务于大学生

在数字化时代，图书馆馆员不仅是文献的守护者，更是信息素养的引导者。他们的角色已经从传统的文献管理者转变为信息技能培训者和学术支持者。为了更好地为大学生服务，馆员需要不断地提高自身的信息素养，包括但不限于网络信息检索、信息分析、研究技能以及教育能力。这样，他们不仅可以更有效地管理和整合图书馆的资源，还能为大学生和其他读者提供有针对性的指导，帮助他们在信息海洋中找到所需的内容，并教会他们如何对这些信息进行批判性思考和分析。综上所述，图书馆馆员在培养读者信息素养方面有至关重要的职责，因此他们自身的专业素养和技能建设不容忽视。

（三）合作化信息素养教育

在数字化和网络化快速发展的背景下，合作化信息素养教育显得尤为重要。图书馆在现代教育体系中的角色已经从单纯的知识仓库转变为信息技能的教育中心。特别是在信息社会，这种转变为图书馆提供了一个与学科教师进行深度合作的机会，从而共同培养大学生的信息素养。

20 世纪 90 年代以来，国外大学图书馆之间的信息素养教学合作项目已经取得了显著的成果。这些项目往往伴随着网络教学的兴起，利用网络教学的优势跨越地域和机构的界限，进行资源共享和课程合作。例如，许多基于Web 的在线信息素养教学课件或课程都是由多家图书馆共同开发的。这种合作化的模式为我国提供了宝贵的经验和启示。

由于图书馆馆员具有专业的信息资源使用技能和经验，他们在信息素养

与学科课程教学整合中成了教师的重要合作伙伴。这种合作的成功往往建立在双方有共同的教育目标、相互的信任和尊重基础上。教师可以提供对学生的兴趣、态度及学科内容的深入理解，而图书馆员则可以提供关于信息技能的知识和与课程整合的方法。这种双方的合作不局限于课堂教学，还包括课程材料的设计、课程计划的制订以及与课程相关的资源选择。

三、信息素养教育的必要性

人类以令人难以置信的速度跨入信息社会，在这个全新的信息化社会中，应重视对信息主体进行信息素养教育。当代大学生是民族的希望、国家的栋梁，担负着科学研究、科技发展的重任，大力培养他们的信息素养应被视为一项战略性举措。

（一）培养大学生的信息素养是信息化社会的迫切需要

1.培养大学生的信息素养有利于提高国家的竞争力

随着全球信息化的深入发展，人才成为信息化进程的核心要素。一个国家的信息化程度往往与公民的信息素养水平紧密相关，这一水平也直接关系到该国在国际舞台上的竞争地位。作为国家未来的支柱，大学生的信息素养不仅影响个人的未来，更在宏观层面上决定了国家在全球信息化竞赛中的位置。因此，对大学生进行高质量的信息素养教育，对提升我国的全球竞争力具有深远意义。

2.培养大学生的信息素养有利于建设创新型社会

大学作为国家创新人才的培养中心，对于孕育具有创新精神的高素质人才起到了关键作用。大学生的创新思维往往源于其深厚的信息素养基础。因此，为大学生提供系统的信息素养教育，意味着为国家培育了一批有能力将知识与技能应用于实践、并展现出创新才华的人才。这些人才将为推动国家向创新导向型社会转型提供关键的支撑。

3. 培养大学生的信息素养是社会可持续发展的需求

在一个网络化和知识密集的时代，人才资源已逐渐转化为驱动社会持续繁荣的核心资本。其中，互联网和教育作为两大支柱，共同为社会发展提供推动力，而真正能够熟练运用和创新这两大支柱的是具备高度信息素养的人才。在"互联网＋"背景下，能够娴熟地筛选、评估和应用信息的人才成了一种宝贵资源。这样的人才不仅能够有效地获取和解析信息，还具备前瞻性的创新思维，展现出无与伦比的成长和发展空间。为了应对社会的持续进步和不断变革，强化大学生的信息素养教育变得至关重要。

4. 培养大学生的信息素养有利于构建终身学习型社会

在一个以全体公民的持续学习和终身学习为核心特征的学习型社会中，学习者的能力不局限于短期的教育经历，而是涉及其生命的全程。为了真正实现终身学习，学习者需要具备强烈的自主学习能力，而这种能力的核心在于其信息素养。对于大学生而言，这意味着他们不仅要掌握专业技能，更需要学会如何高效地获取、评估和应用信息资源。这样的能力不仅可以为他们的职业生涯铺设坚实的基石，也为建立一个终身学习的社会提供了强有力的支撑。

（二）信息素养培养是大学生自我发展的需要

不断学习的过程就是不断获取和利用信息的过程，准确把握学习方向，鉴别、采纳、利用知识，实质上是对信息能力、信息素养的利用。信息获取可以扩展人的感觉器官功能，为人们有效探索世界的深层奥秘提供技术支持，为人们认识世界 和科学决策提供强大的智力支持，为人们改造世界提供强有力的工具。主要体现在以下几个方面。

1. 信息素养培养有利于提升大学生的创新能力

在当今信息化的时代，信息素养已经成为驱动创新的核心能力。仅仅掌握知识并不足以驱动真正的创新，大学生需要具备筛选、评估和整合信息的能力，以便构建新的知识体系和思维模式。高等教育正在转变其重点，更加强调培养大学生的创新思维和实践能力。而这种转变必须以深厚的信息素养为基础，因为只有当大学生能够熟练地操纵和应用信息时，他们才能真正地开展原创性的探索和研究。

2. 信息素养培养有利于提高大学生的自学能力

在快速变化的信息时代，持续学习成为每个人职业和生活的要求。高等教育的核心使命不仅在于传授知识，更在于激发大学生的学习热情，培养其自主探索的能力。在这种背景下，信息素养成为学生自我驱动学习的关键能力。它不仅包括搜索、筛选和整合信息的技巧，还包括批判性思维和信息伦理。学生通过培养信息素养，能够有效地邀游于海量信息中，独立地获取和更新知识，从而适应不断变化的社会环境。简而言之，深化大学生的信息素养教育是为他们装备终身学习的工具，使他们在未来的生涯中更具适应性和创新性。

3. 信息素养培养有利于大学生个人的自我发展

在这个信息爆炸的时代，掌握信息即意味着拥有了一种力量。对于大学生而言，信息素养成为他们自主发展的关键工具。在一个不断变化的环境中，是否能够迅速获取并处理相关信息的能力直接关系到他们的竞争力强弱。例如，在就业市场中，具有信息敏感性的大学生能更早地捕捉到职业机会，更准确地定位自己的职业方向。信息素养不仅帮助他们作出明智的职业选择，还鼓励他们继续在所选领域深化知识，实现专业上的创新。此外，信息素养还拓宽了他们的知识视野，使他们能跨领域学习，为未来的多元发展奠定基础。简而言之，信息素养培训为大学生打开了一个新的学习与发展的维度，助推他们在多个层面上实现自我提升。

4. 信息素养培养有利于提升大学生的思想政治素质

在当今丰富多样的信息时代，大学生面临着各种信息的冲击，其中不仅有有益的，也存在着误导性和有害的内容。由于他们的价值观和认知仍在形成中，可能缺乏足够的判断力来区分和筛选这些信息，容易受到非主流或误导性信息的影响，从而导致思想混乱或立场偏离。网络的匿名性和互动性进一步加剧了这一问题，可能导致一些大学生沉迷于虚拟世界，或在网络上传播具有误导性或不真实的信息，这会对他们的思想政治品质产生不良影响。为了应对这些挑战，加强大学生的信息素养教育显得尤为重要。通过培训，可以教育他们如何批判性地看待和评估各种信息，培养他们的信息伦理观念以及如何避免受到不良信息的影响。这样，不仅可以增强他们面对各种信息的筛选和判断能力，还可以有助于他们形成健康、明确的思想政治观念。

（三）大学生的信息素养培养是高等教育发展的要求

大学生的信息素养培养已经成为高等教育发展的核心要求。从教育的本质来看，素质教育着重于培养大学生的主体性，鼓励大学生从被动接受知识转向主动寻求和创造知识。这一转变需要学生具备强大的信息素养，从而使他们能够在海量的信息中筛选、评估和整合，进而形成自己的知识体系。

随着教育信息化的逐步推进，高等教育的信息化程度与大学生的信息素养成为相互促进的两个方面。一个高度信息化的教育环境，如数字图书馆、远程教育平台和校园网络，为大学生提供了丰富的资源和自主学习的机会。而学生的高信息素养则有助于他们更有效地利用这些资源，推动高等教育的信息化进程。

第三节　大学生信息素养教育的评价

一、信息素养教育评价方法

在现代社会中，信息素养已成为衡量个体在信息化环境中能力的重要指标。评价信息素养旨在衡量大学生在信息社会中的学习、生活和未来工作的价值与意义，而在此背景下的教育研究关键在于确定评价标准、评价方法及评价原则。

信息素养教育作为一种应对大众传媒时代影响的教育策略，关注的是如何培养人们正确使用媒介、有效运用媒介的能力，并使人具备独立评估信息价值的能力。在这一框架下，重点是使人们不仅能够接受信息，还能够再生产和传播信息，这是在信息时代不可或缺的能力。信息素养的提高与大众传媒的作用密切相关。大众传媒作为社会的重要力量，不仅在传播信息、提供娱乐和反映社会现象方面起到了核心作用，还在塑造人们的价值观、生活方式和品格方面起到了至关重要的作用。

大众传媒所传递的信息可以大致地分类为认知信息、情感信息、审美信息和道德信息。这四类信息共同构成了人们的认知结构，并在人的成长和发展中起到关键作用。每种信息都对人的人格形成、综合素质和道德品质有着深远的影响，而这些信息的有效获取和处理则需要高度的信息素养。因此，强化信息素养教育，对信息素养进行系统评价，以及提高公众的信息素养，对于推动现代社会公民形成健康人格和促进其全面发展都具有至关重要的意义。

（一）评价要素

评价是按照预定的目的、确定的研究对象的指标，并将这种指标变为客观定量的计值或主观效用和行为。评价包括以下两个要素：

1.指标体系

指标是用于描述评价对象特性的量化标准。随着对特定领域知识的深入，通常不再依赖单一的指标来进行评估，而是结合多个相关指标。这些集合起来的指标共同形成了一个综合的指标体系。

2.评价方法

评估是为了理解多指标系统中各对象的相对表现，通常需要一种转换机制，将多指标综合为一个统一的标准，方便进行对比。评价不仅是对行为的自我认知和反思，也是对行为的不断优化，体现了人类追求卓越的特性。在数字化信息时代，信息管理变得至关重要，因为它是衡量一个国家整体能力的关键因素。信息素养的重要性现已超越了传统的阅读、写作和计算能力，成为21世纪的基本技能。特别是对于生活在这个时代的大学生，他们的信息素养直接影响到他们在这个快速变化的世界中的发展。为了支持国家对于素质教育的倡导，评价已成为教育过程的核心部分。针对大学生的信息素养进行评价意味着深入探讨他们在信息管理和应用方面的能力和表现，确保他们具备必要的技能和知识来应对未来的挑战。通过制定明确的评价标准，可以更好地了解每个大学生的信息素养水平，并针对性地提供培训和支持。

（二）信息素养教育的评价内容

信息素养教育的评价内容涉及多个层面，包括信息知识、信息能力、信息意识、信息伦理道德和信息创新。这些层面相辅相成，共同构成了一个完整的评价体系，旨在全面、深入地评估大学生的信息素养。

在评价信息知识这一部分时，笔试成了一个理想的选择。因为许多知识都可以通过提出问题来检查大学生的能力，从而判断大学生对于信息知识的掌握程度和水平。有条件的机构或学校还可以采用计算机辅助检测方式。此种方式不仅可以高效地完成大量的评估工作，避免阅卷的烦琐和可能出现的错误，同时，利用计算机进行评估是实际行动中的信息素养培养。

信息意识和情感是信息素养的内在品质，其评价操作相对困难。由于目前在这方面的专门论述还比较少，评价常基于实际操作和观察。例如，观察大学生使用信息技术的态度、使用计算机的频率，是否能够主动利用信息技术解决实际问题等。部分评价工作可以依据大学生在校园网的活动记录来进行，但更多的评价则依赖教师在日常教学中的细致观察和调查。

关于信息伦理道德，其评价同样倾向于教师的观察和调查。然而，大学生对于信息伦理道德的基本认知还是可以通过笔试的方式来进行评估的。

信息创新作为信息素养的高级内容，强调的是大学生的独立思考和创新能力。在日常的学习过程中，能否做到独立思考，是否能够面对困境时进行深入研究，是否具有创新思维和能力，这些都是评价信息创新能力的关键指标。

二、信息素养教育评价体系

评估是一个普遍应用的过程，它是指对事物的质量和价值进行分析和判定。由于每项评估都基于一定的标准或期望，人们在评估中可能会因其独特的感受、认知、知识和兴趣而持有不同的观点和结论。在这个场景中，这里主要探讨的是对大学生的信息素养进行的评估，这与教育领域对大学生信息素养的培养是紧密相连的。更具体地说，这是对大学生在信息化环境中的技能和意识的评估，以理解这种信息意识在现代信息社会中对于学生的职业和生活所带来的价值和意义。

（一）信息素养教育标准

信息素养教育评价标准的研究历程呈现了明显的地域性特征。在全球范围内，美国、英国、澳大利亚、新西兰和新加坡等国家在这一领域的研究中占据着领先地位，特别是美国在信息素养评价标准的建设上有着丰富的研究成果和广泛的影响力。与此相对，我国的信息素养研究起步较晚，因此，国内的研究仍在初级发展阶段，多数研究均是在对信息素养概念进行深入分析的基础上，参照和引入国外的评价标准，努力探索适合我国国情的信息素养评价方法。

针对我国的研究现状，大部分研究在构建评价体系时较多地借鉴或模仿国外的评价框架，而相对缺乏针对我国大学生实际情况进行的量身定制的评价标准。这使得国内的评价方法和指标在构建上过于简化和单一。有研究者主张，评价标准应当涵盖信息获取、评价、整合、利用、能力提升和信息道德等多个维度。进一步细分，这些标准应当分为基本层次、研究型、专业型和教育型四个层次。

我国的信息素养教育评价标准应深入反映出国内学者对信息技术，如网络、数据库和多媒体等，在帮助用户收集和利用信息方面所带来的巨大便利。同时，这一评价标准应当全面涵盖用户的信息能力、意识和道德三个关键方面。

在研究的实践层面，我国学者始终重视信息素养评价实践活动。这些实践活动不仅有助于深化对信息素养的认识，还为未来更广泛的信息素养调查提供了宝贵经验。未来我国在信息素养教育上仍需投入更多的努力，吸引全社会的广泛关注，创造良好的信息环境，提高教育信息化水平，确保高等教育机构在培养大学生信息素养方面能够发挥关键和主导作用。

（二）构建大学生信息素养教育评价体系

构建符合中国国情的大学生信息素养标准是当代教育发展的迫切需求。在信息化社会中，大学生信息素养的含义已经远超传统意义上的信息技术掌握程度，它涉及信息技术的综合运用、对信息的鉴别和遵守信息伦理道德的能力甚至终身学习的态度和社会责任感。此外，该标准还强调了大学生应具备的创新和发展能力。国内外现有的大学生信息素养研究为人们提供了丰富的参考资料，但中国的教育和社会背景独特，直接模仿国外的标准是不合理的。需要结合中国的国情，参考国内的实践经验和研究成果，结合社会、学校和个人的需求，共同努力构建一套既具有普适性又具有中国特色的大学生信息素养标准。

构建此评价体系不仅可以为教育者和学者提供一个明确的参考框架，还有助于规范和提高高等教育的质量。当明确了大学生信息素养的基本要求后，可以有效避免评价的主观随意性，为教育和学习过程中可能出现的偏差提供了一个定量分析的依据。此外，一个科学合理的评价体系还可以帮助教师明确教育目标、方式和内容，为他们在培养大学生信息素养过程中提供指导和支持。同时，该评价体系可以帮助大学生自我评价和相互评价，得出量化指标，从而明确自己在信息素养方面的目标。当教师和大学生都清楚了这些目标和要求后，他们可以更加有针对性地进行教学和学习，总结经验，不断优化和改进，从而更好地提高大学生的信息素养。评价体系的另一个重要功能是调控。通过及时的评价反馈，教育者可以得知教育行为的效果，根据评价结果调整和矫正不当的教育行为，从而更好地指导和帮助大学生提高信息素养。

第四节 新媒体时代大学生信息素养的提升

一、新媒体背景下的信息素养

新媒体背景代表了以新媒体技术为核心的社会传播格局。在此背景下，大学生作为新媒体的主要用户，频繁使用 QQ、微信、微博等移动平台来获取和交流信息。如此庞大的信息流让大学生沉浸在丰富的知识海洋中，拥有了多样的信息获取途径。无疑，随着互联网的发展，新媒体正在不断地拓宽学生的知识边界、充实他们的学术储备，并刺激他们的探索精神，为他们提供了前所未有的学习自主性和空间。此外，新媒体促进了信息资源的高度融合，使得信息的来源日趋多元，传播形态也更为丰富。在这种环境中，大学生不仅需要对信息保持高度敏锐，还需具备筛选、解析、应用和鉴别各种信息的能力，以进一步提升自身的综合素养。因此，新媒体的飞速进展已为信息素养注入了新的内涵。在新媒体背景下，大学生的信息素养可以概括为围绕"意识"展开的信息观念，以"创造性"为标志的信息知识，集"整合"为特征的信息应用技巧以及紧密关联"责任"感的信息伦理。

二、新媒体背景下大学生信息素养提升的对策

（一）营造新媒体背景下社会化信息学习环境

1.动员全社会参与大学生信息素养培育活动

大学生的信息素养不仅是学校、家庭与学生本身所关心的议题，更是一个全社会都需积极参与的课题。因此，鼓励整个社会共同推进信息素养的培育对提高大学生的信息素养至关重要。首先，互联网及新媒体的发展日新月异，伴随着某些电商平台过度追求利润、忽视社会责任的行为，对网络环境产生了不良影响。这就要求政府必须进一步完善与网络相关的法规，确保

网络秩序井然。更进一步，随着数字化时代的进步，现实世界与网络空间的边界逐渐变得模糊。这不仅使得信息真伪难以辨识，也给不法分子提供了可乘之机。为此，有关部门应严格制裁那些扰乱网络秩序、违反法律法规的行为，确保大学生能在一个健康、和谐的网络环境中成长。

同时，有关部门应该重视网络新媒体信息内容的管理。鉴于网络信息混杂，不可避免地存在某些不良内容，应利用先进的信息技术，对国内的主干网络、局域网以及校园网进行严格的管理和规范，确保信息的健康传播。尤其针对可能对大学生造成身心伤害的不良网站和信息，必须坚决予以遏制。此外，为了更好地推动大学生的信息素养教育，政府应增加在该领域的基础设施投资，努力培养和吸引技术精英，同时加强与教育机构和传媒公司的合作，确保全社会能够共同努力，提高大学生的信息素养。

2. 强化新媒体平台的社会责任意识

在当今经济迅速发展的时代背景下，大学生不仅追求物质的满足，也日益增强对心灵的关注，这种渴求主要体现在对网络新媒体的日益加深的依赖。受到信息技术持续推进的影响，新媒体平台飞速崛起。这些新媒体平台在追求商业利益的过程中，不可避免地走向了娱乐化道路。作为大学生主要的信息来源，网络新媒体的功能不应仅限于信息传递和娱乐。它们同样应该肩负起教育公众、传播文化和推广社会主义核心价值观的重要责任。这就要求新媒体平台深化其对社会责任的理解，与社会主义文化价值观保持紧密的联系。新媒体平台应当主动推广和宣传优良的传统文化和榜样人物，努力为大学生创造一个健康、积极、和谐的网络生态。因此，新媒体内容制作者和发布者都应当积极地认识并承担起这一社会责任，严格筛选和审查发布的内容，确保网络空间不被与社会主义文化理念不符的信息污染。同时，为了支持大学生的信息素养教育，网络新媒体平台应当提供与之相关的教育资源，如设立专门的信息素养板块、周期性地推出信息资源知识等，帮助学生进一步增强信息素养。

（二）结合新媒体加强高校信息基础建设

1.发挥新媒体的宣传优势，营造良好的校园信息化环境

新媒体以其独特的数字化技术手段迅速传播信息，为大学生提供了广泛的信息接触渠道。为了确保大学生沉浸在一个积极的信息环境中，需要最大化地利用新媒体的传播力。新媒体的传播效率高、涵盖范围广，可以快速、广泛地为大学生供应所需信息。其中，高校自有的新媒体资源在提升学生信息素养中扮演了关键角色。首先，高校可以通过多样化的新媒体渠道，如校园社交媒体账号、短视频平台等，普及关于信息法律法规、知识产权的知识，引导大学生树立规范的信息行为习惯、重视知识产权，确保他们在获取和使用信息时能够合法、合规。同时，高校需与相关技术部门合作，加强信息安全保障措施，确保校园网络环境的健康与安全。为了进一步促进校园信息化环境的建设，学校可在其官方社交媒体上发起相关话题讨论，鼓励大学生参与互动、提供建议。当大学生深度参与并感受到自己的影响力时，将有助于共同营造更加积极的校园信息氛围。

2.构建新媒体资源共享平台，帮助大学生树立信息意识

在新媒体的时代背景下，信息意识变得尤为重要，它帮助大学生更敏锐地捕捉和处理信息。与此同时，大学生在这个环境中已经不仅仅是信息的被动接收者，他们也参与信息的生成与传播。构建一个新媒体的信息共享平台不仅能让大学生随时获取新知，还能让他们更积极地参与到信息的互动中。为了实现这一目标，高校应当投入资源来建设这样的平台，并鼓励各方人才为其改进与优化，以更好地满足大学生的需求。利用该平台，学校可以通过不同的渠道，如学院公众号或新媒体中心，分享最新的新闻、学术动态、就业机会或学校的关键消息，帮助大学生在日常生活中提高其信息敏感度。除此之外，学校还需要培训专门的新媒体技术团队来确保平台的稳定运行。一个没有得到适当维护的平台将难以发挥其最大效用，甚至可能浪费资源。为了让内容更加丰富，平台可以发布各种学术活动信息，如邀请专家演讲、AI技术竞赛或VR技术展览，以鼓励大学生主动参与和提高其实践经验。但要

实现这一切，强大的校园基础设施是不可或缺的。学校需要确保网络的稳定性和速度，定期检查并维护相关设施。为了保障大学生的信息安全，学校应建立和加强网络防火墙，同时优化网络宽带，以确保信息流畅传输。同时，充分利用传统媒体如报纸、广播和信息专栏，定期更新内容，为大学生营造一个信息丰富的学习环境。

3. 利用新媒体开展多种教育形式，健全信息素养培养的课程体系

众多高等教育机构已纳入信息检索、计算机基础及高等英语等课程，旨在为学生的信息素养提供稳固的基础。传统的课堂讲授方式可能导致大学生对学习的热情下降。因此，针对这些问题，建议高校应更多地结合新媒体多元化教学形式，并完善信息素养的课程体系。首先，考虑到教育技术的进步，高校应引入"线上＋线下"的混合式教学模式。教师可以将教材内容进行模块化设计，一方面在传统课堂进行面授，同时提供线上教学录像供学生复习；另一方面，学生可通过移动设备进行同步学习，进一步巩固知识点。同时，提供关于信息素养的大规模开放在线课程，并设立在线答疑和讨论环节，以促进师生的互动交流。其次，尊重大学生作为学习的主体。现代教育强调双向互动，而非单向的知识传授。大学生应被鼓励利用新媒体平台主动参与学习过程，将课堂知识转化为实际应用，实现真正的自主学习。最后，外语在信息素养教育中的作用不容忽视。许多即将毕业的大学生坦言，他们在阅读外文文献时经常遇到困难，尤其是当需要这些文献支撑其毕业论文时。掌握外语不仅有助于快速获取外文信息，还有助于国际交流与合作。因此，建议高等教育机构加强外语在线课程的开设，以确保大学生在实际场景中能够有效运用所学。

4. 打造新媒体信息素养教育专题，培养大学生的信息能力

在新媒体的语境下，大学生的信息能力成为信息素养培育的关键。该能力决定了学生在获取、处理及评估信息的过程中的效率。因此，高等教育机构应加强此领域的培训。构建新媒体信息素养专题的目的在于增强大学生的信息处理能力，该任务需要多方合作，并进行战略性的规划。首先，高校应根据大学生的具体需求，设计一套地方化的信息素养评估指标。在新媒体

环境中，应明确大学生所需的技能，并从基本层面出发，确定相应的培养标准。同时，借鉴国内外的经验能为大学生信息素养的全面发展提供有益的参考，确保教育实践具有针对性。其次，高校需将信息素养教育与专业培训相结合。因此，结合专业特色，使大学生能基于其专业领域进行研究活动，从而加强实践操作能力。再次，实施差异化的培训策略。由于不同年级、专业的大学生在学科知识、心理发展上存在差异，其接受和应用知识的能力也有所不同。例如，初级年级大学生可以先从基础的信息认知开始，确保他们对信息有明确的理解。而高年级大学生，如大三、大四学生，更需要加强信息的利用和处理能力。如在就业市场中，他们应能熟练使用各大招聘网站，或在研究中能有效地利用学术数据库进行文献检索。此外，他们在编写毕业论文时，也应具备信息伦理观念，确保信息的合理和合法使用。

5. 借助新媒体加强对教师的信息技术培训，提升教师的信息素养水平

在新媒体时代背景下，教育的格局正在发生深刻变革。信息技术的快速更新及其与教育实践的交融不仅影响了大学生的学习体验，也对教育工作者提出了前所未有的挑战。其中最为核心的挑战便是如何借助新媒体工具和技术，提升教师的信息技术能力和信息素养。

教师的信息素养并非仅限于对信息技术的掌握，更重要的是如何运用这些技术丰富教育实践，创新教学模式，实现教学目标的高效达成。教育工作者在新媒体时代需要更加重视技术在教学中的作用，学习并掌握相关计算机操作技能，熟悉各种教育工具软件，从而更好地利用新媒体为教学服务。这不仅能够增强教学效果，更有助于培育大学生的信息素养，让他们在信息化的社会中更好地适应和应对各种挑战。

高等教育机构有责任确保其教师队伍具备足够的信息素养和技术能力，以应对日益复杂的教学环境。通过新媒体平台进行定期的信息技术培训，可以确保教师在技术应用上领先。此外，可以通过制定教学绩效考核指标来促进教师对新技术的掌握和应用，确保教学质量始终保持在较高水平。此外，外部的学习和交流也是提高教师技术素养的有效途径，如组织教师参与培训或鼓励他们外出进修。

　　信息化教学在当前教育领域已变得愈加普遍。大学生对此有着积极的态度和较高的期望。因此，教师除了要掌握必要的信息技术知识，还需进一步提高其外语和计算机能力，以满足日益国际化的教育需求。同时，教师需要注意培养学生的信息道德意识，为他们树立正确的价值观和行为准则。信息道德是新媒体时代教育的重要组成部分，教师在这方面应起到表率作用，遵循学术规范，坚决抵制学术不端行为，从而树立学生正确的信息道德观念。教育机构也应加强对教师的信息道德培训，确保他们在思想上高度重视这一问题，并将其融入教育实践中，培养出具有健康信息观念的大学生。

　　6.加强图书馆信息化建设，提高馆藏资源的利用率

　　在现代教育领域，图书馆作为高校的知识与信息中心，其在培养大学生信息素养过程中所扮演的角色愈发重要。伴随信息技术的飞速发展，高校图书馆的信息化建设及其在大学生学习与研究活动中的地位提升，已经成为学术研究和教育管理的重要议题。

　　高等教育机构有丰富的学术资源和教育资料，其中，图书馆是知识与信息的宝库，它们为学者和大学生提供了学术研究和学习所需的必要支持。图书馆的馆藏资源虽然丰富，但大学生在使用过程中经常会遇到各种问题，如信息检索设备的老旧、图书馆网络服务性能不佳等。这些问题不仅限制了大学生对图书馆资源的获取，也影响了他们的学习效率。

　　为了充分发挥图书馆的教育功能，提高其馆藏资源的利用率，高校需要对图书馆的建设和管理进行一系列的改革和创新。其中，图书馆信息化建设是重要的一环。通过利用大数据技术建立数字化图书馆，不仅可以优化图书馆网络服务性能，还可以更新信息检索设备，进一步提高图书馆的资源利用效率。此外，数字化图书馆还可以为大学生提供更为便捷和高效的学习与研究服务，让图书馆的资源真正惠及每一位大学生。同时，为了提高大学生的信息素养，图书馆应加强对新生的入馆教育。这可以通过开展多种形式的活动来实现，如组织信息素养相关的讲座和培训，利用 VR 技术为大学生提供图书馆的虚拟导游等。这些活动不仅可以帮助大学生了解图书馆的基础设施和现有的数字资源，还可以培养他们的信息检索和利用能力。

除此之外，图书馆馆员与高校之间的沟通和合作也是不可或缺的。图书馆馆员应与高校的信息技术教师建立紧密的合作关系，根据高校的教育需求，开设合理的信息检索课程，利用新媒体技术建立新型的信息素养教育模式。同时，高校应鼓励图书馆与其他院校建立合作关系，学习和借鉴他们的成功经验，不断完善图书馆建设和管理。

（三）发挥新媒体背景下家庭教育的引导作用

在新媒体背景下，家庭教育的作用逐渐受到社会各界的关注，尤其是家庭在培养大学生信息素养中的地位逐渐提升。行为、认知与环境之间的相互作用构成了社会学习的过程，而家庭环境无疑在其中起到了关键的作用。对于大学生而言，其信息素养在很大程度上会受到家庭教育的影响。然而，一些家长对于新媒体和网络环境保持着一定的排斥和担忧态度。一方面，家长担心孩子过度依赖网络工具，如手机、电脑、iPad 等，从而影响其正常学习和生活。另一方面，网络上的负面信息和不良内容也让家长对孩子的网络活动心生忧虑。对于那些缺乏足够社会经验的大学生，网络环境中存在的各种风险与诱惑也可能导致他们陷入危机。为此，在新媒体背景下，如何在家庭中营造一个积极、健康的信息文化环境成了一个亟待解决的问题。家长在与孩子互动的过程中，需要对网络及其相关的信息通信技术持开放而正面的态度。这并不意味着纵容孩子无节制地使用网络工具，而是要为孩子提供一个合理的、有益的网络使用环境。这要求家长转变对网络的传统观念，认识到这些网络在现代社会中的重要地位和价值以及它们为大学生的学习和成长带来的积极影响。

父母的自身信息素养也影响着孩子的信息素养发展。家长不仅要自己掌握必要的信息技能，还要对新媒体保持学习兴趣与热情。这样，家长可以更好地为孩子提供技术上的支持和指导，同时可以给予孩子合适的道德指引，帮助他们在网络环境中建立健康的价值观念。此外，对于那些经济条件相对较差的家庭，家长也可以尝试通过其他方式为孩子营造一个有益的信息学习环境。例如，家长可以带领孩子参加与信息技术相关的公共活动，或者帮助孩子在学校或社区找到合适的信息技术学习资源。

大学生在使用网络工具时，其信心和积极性很大程度上也受到家长支持的影响。父母的态度和行为会直接影响到孩子对网络工具的看法和使用情况。因此，为了帮助大学生充分发挥网络工具的作用，并提高其信息素养水平，家长需要对网络工具持更为开放和支持的态度。这不仅要求家长自身具备一定的信息技能，还要求他们能够为孩子提供一个安全、健康的网络使用环境，同时给予孩子充分的信任和支持。例如，家长可以与孩子共同制定合理的网络使用规范，同时鼓励孩子主动学习和探索新的信息技术，增强其自主学习的能力和信心。

（四）提高大学生在信息素养培养中的能动性

1.增强大学生对信息的批判性思维和独立思考能力

当代大学生需要具备筛选、评估和利用信息的能力。对于培养高质量的未来人才，大学生的批判性思考和独立分析技巧显得尤为关键。从多项关于大学生信息素养的调查中可以看出，他们在信息表达、信息检索、信息整合和信息评估等方面存在不足。有大学生反映，在课堂互动中，他们很难全面、准确地表达自己的观点；而在写作论文时，往往仅限于信息的堆积，缺乏深入的分析与整合。

首先，加强对教师和大学生的问题意识培养。只有当教师能够深入挖掘并提出有意义的问题，并激发大学生的求知欲，大学生才能开始自我探索，结合实践进行深入的思考和观察。在日常的学习和生活中，鼓励大学生用探究的眼光去看待周围的环境，这样他们能更好地发掘问题并独立提出解决方案。其次，鼓励大学生积极参与各种社团活动和实践研究。例如，他们可以参加演讲、辩论等竞赛，或者进行课题研究。这些活动不仅能帮助大学生提高信息的获取和处理能力，还能够锻炼他们的人际交往技巧。最后，教育工作者应该为大学生创设真实的情境，鼓励他们独立思考。通过情境式教学，大学生可以从中学会独立地寻找、评估和分析信息。在这个过程中，大学生的自主学习能力和信息素养都将得到有效提升。

2. 激发大学生对信息与通信技术的学习兴趣和主动性

在新媒体环境下，大学生在信息表达、信息获取、信息融合以及信息评价等方面都展现出了一定的不足。例如，个别学生在课堂回答问题时常常表达不全面，而在完成论文等学术作业时，往往只是简单堆砌或罗列信息，缺乏对信息的深入分析。为了改变这一现状，激发大学生的问题意识成了必要途径。教师需要善于发现和思考问题，并积极引导大学生挖掘自己的问题意识。通过观察和实践，结合理论和实际，大学生可以养成用问题意识看待世界的习惯，进而提高其批判性思维和独立思考的能力。此外，参与社团活动、课题调研等也可以有效锻炼大学生的这些能力，尤其是那些需要批判性思维的活动，如演讲、辩论等。

同时，为了进一步提高大学生的信息素养，也需要从另一方面入手，即激发学生对信息与通信技术的学习热情和主动性。实际上，面对新媒体技术的迅猛发展，大学生不仅要有终身学习的观念，更需要对信息与通信技术产生真正的热情和探索欲望。只有当他们真正对某一领域产生浓厚的兴趣时，才会更加积极地去深入学习和探索。而为了实现这一目标，高校可以采取一系列措施，如邀请信息与通信技术领域的专家来校举办讲座、举办与信息与通信技术相关的竞赛等，这些都可以有效地培养和激发学生对信息与通信技术的兴趣。

3. 树立正确的信息观，规范自身网络信息行为

在新媒体时代，大学生需要树立正确的信息观和提高其网络行为的规范性。面对信息海洋，正确的信息观是确保高品质信息素养的基石，而规范的网络行为则为他们在网络空间的行动提供了方向。在新媒体的浸润中，大学生应具备强烈的伦理观和价值观，使他们能够在纷繁复杂的信息中进行明智的筛选和判断。正直的三观能让他们在面对各种信息时，坚持独立思考，甄别其真伪。为此，他们应该向那些有高尚道德品质和社会责任感的人物学习，让这些正直的品质鼓舞自己，并助其培养出对抗虚假和有害信息的坚韧性。鼓励大学生释放其创新潜力也至关重要。年轻人通常充满活力和好奇心，他们在探索、学习和应用新知识方面都具有天然的优势。通过终身学

习，他们不仅可以不断吸收新知识，而且还能运用这些知识去推动社会进步和创新。参与科研活动和实践探索，可以促使他们更好地整合和应用信息，从而为社会创造更大的价值。

正如任何工具都有其双面性，新媒体给人们带来的便利和机会也伴随着挑战和风险。当面对互联网带来的信息洪流时，有些大学生可能会遇到困惑，或在信息判断上犯错误，甚至成为欺诈行为的受害者。因此，培养大学生的自我管理和自控能力，使他们在网络空间中能够作出明智和安全的决策，规范大学生网络信息行为，是每一个教育者和学校的重要责任。大学生需要持续地培养和强化自己的信息意志，从而在数字时代保持高尚的信息品质。

第三章　新时代大学生道德素养教育

第一节　道德素养教育概述

一、道德的概念

（一）道德的定义

根据马克思主义的观点，道德被视为与经济基础紧密相连的社会意识形态和上层建筑，会随经济的演变而产生变化。持续不变的道德观念，如固定不变的对善、恶、美、丑、荣耀和耻辱的看法，并不存在。在不同的社会环境中，各个阶级都有自己独特的道德标准。从宏观的角度看，那些推动社会向前发展的行为被认为是道德的，而那些阻碍其发展的则被视为不道德的。尽管马克思主义强调道德标准的历史和阶级特点，但它并不否认道德的传承性质。每一个先进的社会阶级都会吸纳和发展前一社会中有积极和进步意义的道德标准。在此背景下，社会主义和共产主义的道德观念是基于无产阶级的集体利益和全人类的福祉衍生而来，被认为是最先进的道德观念。

在现代社会中，道德被理解为人们应该遵循的行为原则和准则。当人们的行为与这些标准一致时，他们的行为被视为善良、正义和道德，并因此获得社会的认同和尊重，而与这些标准背离的行为则被认为是恶劣、不正当和不道德的，可能会面临社会的批判和反感。道德不仅是指导和约束人行为的准则，还是评估其行为的标准。它通过如善与恶、正当与不正当、公正与不公、荣誉与耻辱、真诚与虚假等观念来界定和评判行为，为人们明确了什么是应做之事，什么是应避免之事。这些观念逐步被社会广泛接受，成为大众普遍遵循的道德标杆。

（二）道德所协调的关系

道德是调节人与人之间关系的行为原则和规范。但这种关系不仅是人与人的关系，还包括了更广泛的关系领域，具体说来，涉及以下几重关系。

第一，人与人。人际关系是道德协调的核心内容。由于人类是社会生物，因此不可避免地与他人形成各种复杂的关系网络。在家庭中，人们面对父母、子女、配偶以及其他家庭成员的关系；在教育场所，人们与教师、同学建立联系；在社会更广泛的领域中，人们与同事、朋友、邻居和亲戚互动。这种错综复杂的社交网络使得人与人之间的矛盾和冲突不可避免，其中经济利益常常是核心问题。当然，社会制度和法律可以为这些关系提供框架和指引，但单靠规章制度是不足以确保人们之间的和谐关系的。这时，道德的作用就显得尤为重要。与法律不同，道德并不依赖强制手段来调解矛盾，而是依靠社会观念、传统习俗、教育引导以及个人的价值信仰来激发人们的自觉行为。道德的调解着重鼓励个人的自我克制和为他人着想。在与他人的交往中，它要求人们对自己要求严格，对他人宽容大度。在个人与集体的关系中，道德强调个体需要考虑到整体的利益和和谐。通过道德的引导，社会才能够维持和谐和秩序。

第二，人与自然。道德不仅在人际互动中起到调和作用，它还着重指导人类与自然的和谐相处。中国古代的思想，如"天人合一"，便揭示了对人与自然和谐共生的理想追求。然而，随着历史的演进，人类与自然界的联系加深，由此带来的矛盾也逐渐明显。单纯地从自然中获取资源，或无视后果地改变自然，已经给人们的生态带来了难以估量的损害。因此，现代社会强调以环境为本的科学发展观，目的在于在追求经济增长的过程中，不损害人们赖以生存的自然环境。在处理人与自然的关系时，人们需要找到一个平衡，即在尊重和保护自然的基础上，合理地利用自然资源。在改变自然的同时，也要适应它的规律。在追求社会发展的同时，不忘人类对自然的依赖和敬畏。道德要求人类珍爱所有生命、维护生态平衡、采取措施预防污染、理智控制人口增长，并倡导对环境友好的消费方式。

第三，人与自身。随着历史的推进，道德的讨论已不仅仅局限于外部的互动，而是深入了人的内在世界。个体需要学会对自己有深入的了解，掌握自己的情感和行为，进而和自我建立和谐的关系。在这个过程中，人们应当追求自知之明、保持自尊、树立自信、寻求内心的欢乐、激励自己前行、坚守自我原则、努力自强、不时进行自我反思，并保持对生活的热爱和追求。只有如此，人类才能真正成为自己生活的导师，找到并实现生命中的深刻意义。

二、道德素养及其与法律的区别和联系

（一）道德素养的内涵

道德素养指的是人们基于某种道德标准和准则，在与他人和社会互动中所展现的持续的特性和行为方式，它体现了个人的道德认知和实践能力。简而言之，它是关于人的品行和行为的标准。教育的核心目标可分为两个维度：一是塑造个性，二是技能培养。塑造一个健全的个性为技能培养奠定了基础，只有拥有健全的人格，人们才能更加出色地实践技能、达到更高的成就，而技能的培养则是为了更好地发挥并实现个性的价值。大学教育在中小学教育之后，进一步强调个性塑造和技能提升的平衡。若大学生希望在社会中有所作为，首先要树立正确的人生观和价值观，这意味着他们需要拥有高尚的道德素养。因此，道德素养是大学生成功的关键要素。

（二）道德素养与法律的区别和联系

作为行为规范的道德和法律，其特点表现在它们的联系和区别上。

　　道德与法律在很多方面都是相辅相成的。首先，无论是道德还是法律，它们都反映了社会的主导思想和价值观，代表了统治阶级的意图和目标。其次，道德可以被视为一种无形的法律，它指导人们的日常行为，而法律则是道德的具象化，设定了人们的行为下限。例如，《中华人民共和国宪法》第五十三条既规定了公民的法律义务，如遵守宪法和法律、保守国家秘密等，也强调了遵守公共秩序和尊重社会公德这些与道德有关的原则。最后，道德与法律在社会管理中起到了互补作用。统治阶级使用这两种手段来保护其利益并维持社会稳定。在推进社会主义现代化的过程中，弘扬共产主义道德不仅有助于加强人们的法治观念，通过法治建设也能够提升公民的道德水平。因此，必须认识到道德和法律在社会中的互动关系，并充分利用它们的互补性来促进社会的和谐和进步。

　　道德和法律在很多方面亦有区别。首先，道德与人类文明的发展同步，而法律则随着社会结构的复杂化而诞生。在原始社会，道德已经起到了约束人类行为的作用，而当时并没有法律的存在。法律则是随着社会阶级的划分而出现的，它与国家机构的存在是并行的。其次，法律由国家制定并执行，具有强制性，而道德主要依赖于社会的共识以及个人的信仰、传统和教育来维持。当一个人违反法律时，将受到法律的惩罚。道德则是社会的评价和个人的良心来对行为进行监督和制约。最后，道德和法律关注的领域有所不同。道德更关注个人的思维和情感，而法律主要关注外在的行为。道德追求内心的纯净和诚实，而法律主要是为了维持社会的秩序和公正。

三、道德素养教育的原则

（一）方向性原则

　　在大学生道德素养教育中，方向性原则是至关重要的。该原则确保所有教育活动与社会发展的要求相一致，并坚守正确的政治方向。当前，这一原则的核心在于道德素养教育应坚持社会主义和共产主义方向，与中国共产党的纲领和宗旨相一致。维护无产阶级道德教育的核心价值是方向性原则的重要意义。这一原则确保了道德教育不偏离其本质特色，并保证了与当前政治环境和社会发展要求的一致性。这种一致性不仅能够确保道德教育的稳定性，还能为其创造有利的发展环境。此外，方向性原则还为统一大学生的思想与行动提供了准则，确保了教育活动的效果得到充分发挥。为了实现道德教育的价值，必须衡量其目标实现的程度以及方向性原则的贯彻情况。

大学生道德素养教育所面临的挑战在于贯彻和维护其方向性原则。要实现这一目标，道德素养教育必须将马列主义、毛泽东思想和中国特色社会主义理论体系作为其思想政治教育的指导思想。因此，大学生道德素养教育要确保与此目标一致。这意味着，道德素养教育的实践者和工作者必须认识到，坚持共产主义是开展有效的大学生道德素养教育的基础。此外，为了确保大学生认识到正确的政治方向对于个人全面发展的重要性，大学生道德素养教育还需要突出政治与业务的结合以及德与才的结合。这要求道德教育不仅要坚持其方向性原则，还要保持其科学性。要真正实现方向性原则，就需要在坚持原则的同时，注重方法的灵活性。这意味着，道德教育应该自然地融入社会生活的各个方面，并在实际生活中产生潜在的影响。为了实现这一目标，道德素养教育需要找到与其具体目标之间的契合点，并确保共产主义方向成为其核心，从而确保大学生道德素养教育的有效性。

（二）求实原则

求实原则在大学生道德素养教育中占据了核心地位，强调了理论与实际的紧密联系。这一原则倡导实事求是的思想路线，确保道德素质教育的理论与实践相统一。大学生道德素质教育理论不仅为相关工作提供了指导，更是确保教育活动能够与实际相结合的基石。为了确保教育的有效性，掌握这一理论变得至关重要。而这种掌握不是表面上的理解，而是需要全面、系统、准确地领会。实际的生活与学术理论之间的差异是明显的。不过，当理论能够面向实践、指导实践并接受实践的检验时，它就展现出了巨大的生命力和战斗力。因此，道德素教育中的理论与实际的结合成了实现教育目标的关键。

在贯彻求实原则的过程中，深入学习马克思主义理论显得尤为重要。马列主义、毛泽东思想、中国特色社会主义理论为党提供了认识和改造世界的强大工具。这种理论学习不仅有助于树立科学的世界观、人生观和价值观，更能帮助人们抵制错误的思想和潮流。同时，坚持主观与客观、主体与客体的统一，能确保教育活动的目标和计划与实际相符，从而选择最为恰当的方法。处理问题的过程也是求实原则的一部分。有效的问题处理需要三个环节：发现问题、分析问题和解决问题。善于调查研究，准确观察和分析可以及时发现问题，从而把握教育的主动权。在发现问题之后，深入的分析、研究和核实可以确保抓住问题的核心，不被外部的干扰所影响。最后，在明确了问题的实际情况后，及时地联系相关人员，运用相关理论，就可以实事求是地解决问题。

（三）民主原则

在大学生道德素养教育中，民主原则成为推动教育进程的重要动力，确保了教育者与受教育者之间的平等互动。为提高道德素养教育的实效，这一原则强调尊重大学生的主体性地位，重视其人格与民主权利，并鼓励他们积极发表意见，同时为他们提供正确的指导。民主的核心价值观即平等，这在道德素养教育中表现为教育者与受教育者在相互尊重的基础上，共同创造条件，充分交流思想，协同解决问题，以实现道德教育的目标。

为实现这一目标，强调尊重、关心、理解的重要性是必要的。尊重大学生意味着承认他们在教育中的中心地位，认识到他们作为社会主义物质与精神文明建设的主体，有着不可替代的价值。关心大学生不仅是对其学术和职业成长的关注，更涵盖了对他们的生活状态和困境的关注，旨在创造一个让大学生感受到关怀和温暖的教育环境。而理解大学生，则要求教育者认识到每位大学生的独特性和差异，尊重他们的个性和兴趣，并采用心贴心的方式进行教育。

遵循民主原则并不意味着降低对大学生的要求。严格的管理和民主原则是可以并存的，但关键是如何平衡两者。教育者在坚持严格管理的同时，不能忽视大学生的感受，或者对大学生的实际需求置之不理。反之，严格的要求需要与尊重、关心和理解三者相统一，确保大学生的思想政治教育处于一个积极向上的状态。此外，对大学生的尊重和关心也不应成为放纵其违纪行为或满足其不合理要求的借口。在此背景下，尊重、关心、理解三者不仅相互联系，相互融合，也是道德素养教育中民主原则的具体体现。这些价值观要求教育者诚实待人，以情感动人，以理服人，以此激发大学生的热情，提高其对道德素质教育的认同感，确保教育的凝聚力和吸引力得到进一步增强。

（四）教书与育人相结合原则

在大学生道德素养教育中，教书与育人相结合原则深具重要性。这一原则认为，在教学过程中，通过多种教学方式和不同的教学环节，教师应致力全面提高大学生的素质和能力。教学活动不仅应着重于传授知识，还应以育人为核心，确保大学生在知识技能上的提升的同时，其思想品质得到锻炼与提升。

在教育实践中，思想教育应被融入每一个教学环节。教学的基石是传授知识，而育人则是教学的关键目的。为此，教师应将思想教育融入各种教学活动中，同时提高教材的思想性、知识性和趣味性。教师应注意在教学中与社会实际、大学生的思想实际进行有机结合，从而调动大学生的学习积极性。此外，帮助大学生正确处理德育与智育的关系，将思想政治教育贯彻到其学习活动中，是教师育人工作的核心。这样的融合教学方式不仅能够激发大学生的学习热情，还能使他们在专业领域中表现出色，从而实现教育的综合目标。

教育者还应当认识到道德素养教育与大学生学习活动之间的辩证关系。这两者既相互联系又相互促进。不论是教授自然科学还是社会科学的教师，他们都应根据各自教材的特点，强化对大学生的全面教育和培养。教育者需意识到道德素养教育在大学生学习活动中的方向引导作用及其潜在的激励功能，但同时不能孤立地过分强调思想政治工作，导致道德素养教育的时间与知识学习活动分配不当。因此，要确保教育的质量和效果，必须精准把握道德素养教育与知识学习活动之间的结合方式，满足大学生的思想政治工作需求以及他们的全面发展需求。

（五）政治理论教育与社会实践相结合原则

自改革开放以来，我国在大学生道德素养教育工作中，对政治理论教育与社会实践相结合的原则进行了深入的探索与研究，这是对党多年经验的科学总结，具有鲜明的现实性和针对性。在这一框架下，道德素养教育不仅仅局限于纸上的理论学习，而是强调将理论与实践相结合，追求知与行的完美统一。

理论教育作为思想政治工作的基石，对于增强大学生的政治觉悟和理论认识至关重要。为了使理论教育效果更加显著，必须对学习方式和方法进行不断的革新与改进。教学内容应当更加生动、实际，注重教学效果，更贴近大学生的生活经验和感受，努力将理论教育转化为学生真正能够理解和接受的内容。例如，利用现代化的媒体和教学工具，如图片、声像资料，来展示和宣传思想理论，可以极大地提高大学生的接受程度和学习兴趣。同时，要注重加强大学生对习近平新时代中国特色社会主义思想的深入学习和理解。

尽管理论教育至关重要，但理论始终源于实践并服务于实践。只有在实践中，理论才能展现出其真正的价值和意义。这也意味着，为了使大学生对理论有更加深刻的理解，必须引导他们参与到实际的社会实践中去。通过实践，大学生不仅可以加深对理论的理解和认识，还可以将所学的理论知识转化为实际的行动，从而更好地巩固和加强理论教育的成果，提高他们的思想觉悟和认识水平。总体来说，政治理论教育与社会实践的有机结合，为大学生的全面发展提供了强有力的支撑和保障，是我国高等教育发展的重要方向和趋势。

（六）教育与自我教育相结合原则

教育，作为一种复杂的社会实践过程，既是由教育者如教师传授知识、解答疑惑的过程，也包含了学生通过学习和实践成才的路径。这两者之间存在一种深度的交互性，它们各自展现出主观能动性的重要性。教育的双重性质，一方面是由教师推动的，而另一方面是学生自我教育的成果，这种交互关系对于大学生道德素养教育的作用尤为显著。

为了更加准确地实施和理解这种相互结合的原则，必须在强调教育的作用的同时，重视大学生在自我教育和自我提高中的主观能动性。通过思想的矛盾运动，促进思想转变和觉悟提高。与此同时，建立一种平等互助的新型师生关系在道德素养教育中也显得尤为重要。这种关系应当以平等互动、互相尊重和互相学习为基础，而这种交互性不仅仅体现在交流上，还体现在活动的积极参与上从而调动教师和大学生在教育和学习过程中的积极性。

第二节　大学生道德素养教育价值实现机制

大学生道德素养的培养，不仅是一个自然演进的过程，也是在一定制度环境下的发展过程。大学生道德素质教育价值的实现机制主要包括导向机制、激励机制、监测机制、调控机制等。

一、导向机制

思维方式中的思想、道德和价值观是人们行为的根本指导，它们在个体心中具有稳定性和持久性。一旦这些观念形成，它们就会深刻地影响人的行为和决策。没有社会道德的教育和指引，个体是难以形成正向的道德和价值观的。如今，社会主义核心价值体系已成为人们社会道德的旗帜，它为人们指明了前进的方向。

为了确保这些价值观真正发挥其导向作用，社会需要通过制定相关政策、分享典型人物的故事，并利用舆论和宣传手段，使道德规范深入人心。这样，人们可以在社会中构建一个坚实、积极、健康的思想和道德体系。为了实现这一目标，人们必须在舆论、价值和目标三个层面上坚持正确的导向，确保社会的正向发展。

（一）舆论导向是推动大学生道德建设的重要力量

舆论导向在社会道德建设中占据了不可或缺的地位，它在调整和引导社会行为、思维方式和价值观念中发挥着重要的作用。舆论，作为一种"软性约束"，不仅明确了大学生的行为边界，而且为社会的道德建设提供了方向和指引。新闻媒体，作为舆论的主要载体，应强化其在道德建设中的引导作用，通过弘扬社会主义新道德和新风尚，与时俱进地为大学生提供正确的价值观念，同时对社会上的不良行为进行批判，以净化社会环境和促进社会的积极进步。

新闻舆论在道德建设中的作用可以被形容为"润物细无声"。尽管舆论本身并不具有直接的强制性，但其在反映社会趋势和公众情感上的功能，使之成为一种精神和道义上的力量，能够对大学生产生深远的影响。现代传媒的广泛覆盖和强大的渗透力使得新闻舆论可以迅速传播到每个角落，将社会主义道德观念普及每个大学生。

正确的舆论导向对于提升大学生的道德观念、加强公德和职业道德意识，以及培养大学生的自尊、自爱和自强精神具有积极的促进作用。它还在扶持正确道德观、打击不良行为和维护社会正义中发挥着至关重要的作用。随着社会主义市场经济的发展，舆论导向更加重要，它不仅需要消除封建道德的残留，还要抵御资本主义道德的负面影响，从而为社会主义精神文明的建设提供坚实的基础。

（二）价值导向引导大学生正确认识并构建人际关系

价值导向在大学生道德素养教育中起到了至关重要的作用。根据马克思主义的观点，价值是对象与主体之间的特定关系的体现，它代表了物体对人的有用性或使人愉快的属性。这种价值预判机制在人们进行任何活动时都会启动，它决定了活动主体是否认为某一活动对自己有积极意义，从而影响其参与该活动的动机。

价值导向在大学生道德素养中的作用是多方面的。它首先是一个表达工具，帮助大学生明确社会的核心价值观和基本价值要求，从而在多元化的文化背景下确定自己的价值取向。此外，价值导向还可以调动大学生的积极性，使他们形成共同的目标和愿景。这种共同的目标和愿景能够增强大学生之间的团结，促进道德素养教育的有效实施。同时，价值导向还能促进教育者与受教育者之间的交互，使双方形成基本一致的价值观，从而促进他们之间的交流和合作。

（三）目标导向引导大学生确立符合社会发展和进步要求的正确的道德素养教育目标

目标导向在大学生的道德素养教育中占有核心地位，它不仅反映了大学生的内在需求和动机，还直接影响其行为选择和道德交往的状况。社会心理学指出，个体行为的规律是由利益需求决定动机，进而支配行为，使其指向明确的目标。这种理论阐述了目标如何体现人的利益需求和动机，并对人的行为产生直接影响。

在道德素养教育中，目标导向的核心是确保教育活动与大学生的利益需求相匹配，从而引导他们沿着符合社会进步和发展要求的方向前进。这需要教育者充分运用法律和科学的管理手段，调整和处理各种利益关系之间的矛盾，并培养大学生的正确价值观和高尚道德，从而形成推动社会进步的重要力量。此外，教育者在实施目标导向策略时，必须确保道德素养教育目标既不脱离实际，也不与社会的核心价值观相悖。

更为关键的是，目标的确定必须充分考虑大学生的特性和心理需求。这意味着，目标导向策略不仅要考虑到大学生这一特殊群体的共性，还要关注他们的个性差异和个人利益。为此，教育者在制定道德素养教育目标时，应确保这些目标与大学生的心理特征和发展需求相一致，以增强目标的吸引力和影响力。

二、激励机制

人的行为是由动机引起的，当人的某种需求没有得到满足时，就会产生动机，进而表现为一定的行为。管理学中的行为科学从人的需要、欲望、动机、目的等心理因素的角度研究人的行为规律，并借助对这种规律性的认识来预测和控制人的行为规律，以实现工作效率的提高和组织目标的达成。

　　大学生通常展现出如下特质：对未来持有众多期望，同时面临许多疑惑；追求与他人建立积极的关系，但往往在实际操作上感到迷茫；富有好奇心，并擅于模仿。鉴于此，对他们进行指导，使其培养出能够形成和维持积极人际关系的行为模式，显得尤为关键。针对青年的这些特性，以榜样作为引导工具会更具成效。榜样所蕴含的影响力深远而广泛，通过榜样来规范大学生的社交行为比其他方法更具实效性。这是因为榜样的根本作用在于为道德品质建立一个具体的范例，而这种品质是通过榜样展现的系列行为来体现的。因此，榜样不仅将抽象的理想变得具体，还为这些理想赋予了现实意义，使其变得可触可感。通过树立榜样，大学生可以更清晰地认识到与他人建立健康关系对个人成长的价值，理解应当怀有的价值观，明白哪些性格特质更易于获得他人的喜爱以及哪些处理事务的方法更易被他人接受。这样，他们会更加主动地进行自我调整，向榜样看齐，并逐步养成建立和维持健康人际关系的必要行为习惯。

　　在全球化和社会转型的快速发展下，社会意识逐渐呈现出多元化的特征。为应对这一挑战，有必要通过教育来培养大学生的社会主义核心价值观。这将使他们能够从马克思主义的角度审视和解析实际社会问题，更有效地抵御各种错误思想的影响。在道德教育中，关键是确立一个科学的价值体系，引导大学生始终将自己的行动与中国特色社会主义的理想一致。理想的形成基于人们的实践经验，与其追求的目标紧密相关，它代表着人们对一个更好未来的期望和愿景。这种理想信仰是基于科学的生命价值观而形成的。价值观决定了人们如何看待和评价价值，它在大学生的心态中起到核心作用，影响着他们的行为选择。大学生的价值观将塑造他们的思考方式、认知模式和理想追求。此外，价值观还会影响他们的需求、动机、兴趣、决心和品质等心理因素。有了科学的价值观，大学生就能更好地规划自己的职业路径，将个人的追求与国家和民族的目标相统一。因此，强化大学生的社会主义核心价值观是至关重要的，这可以为他们奠定坚实的价值基础，培育出正确的价值观，从而引导他们追求生命中的真、善、美，更有意识地为社会承担责任，明确自己的人生目标，并与中国特色社会主义的追求保持一致。

三、监测机制

在大学生道德素养教育中，实施有效的监测机制至关重要。教育工作者需采用各种方法对与道德素养教育相关的信息进行密切关注，对不良舆情进行及时监测，确保问题在初现时得到及时处理，避免其进一步扩大或恶化。

为持续优化道德素养教育，必须建立一套高效、畅通的预警反馈系统。这包括建立科学的监测目标体系、构建思想道德网络信息系统，通过多种渠道全面收集与道德素养教育相关的信息，对新出现的情况和问题进行深入研究。预警系统需提供有实据、有分析、有建议的报告和解决方案，帮助教育者及时识别潜在的危机，从而更加科学、前瞻地开展道德素养教育。

四、调控机制

道德素质教育工作者要注意引导大学生不断调整自己的道德认知结构，树立对道德素质教育的正确积极的认识，加强道德素质的培养，在实践活动中不断提升自身的道德素养。

在大学生道德素质教育中，大学生心理咨询室的功能应被充分利用，以深入了解大学生的道德心理状态。对于大学生这一特定群体，高校需认识到他们在道德素质教育中所展现出的层次性和差异性，并给予适当的尊重。每个大学生都拥有其独特的特质，这些特质既来源于先天的智力和性格差异，也受到家庭、社会背景以及教育经历的影响。这些因素共同形成了每个大学生的独特个性。针对这样的差异性，道德素质教育应采取灵活的策略，确保其内容和方法都具有针对性。为此，应努力为大学生创造一个个性化的教育环境，尊重他们的兴趣和特点，同时培养他们的独立道德观念，以促进他们个性化才能的发展。

在完善道德素质教育工作时，教育工作者的角色不应局限于与大学生在道德情感上的沟通与教育，应涵盖对学生在生活和学习上的全方位支持。关键在于，高校的德育应始终坚持人性化的原则，迎合大学生的自然发展和追求个性化成长的天性。应从基础的道德要求开始，确保学生具备真实和善良的基本道德素质。那些脱离学生认知能力和情感需求的德育，或忽略大学生人性需求的德育，很可能不仅难以产生预期的正效果，还可能导致大学生的反感。因此，应遵循从基础到深层，从具体到抽象的原则，逐步帮助大学生从直观的情感层次提升到更深远的世界观层面，实现德育的循序渐进。

　　人类的社会性属性是其基本特质，在广阔的社会实践中，才能实现全面发展和自我价值。大学生道德素质教育的价值实现，需要综合监测机制反馈的信息，构建一个统一、敏捷且高效的工作体系。这样的机制应能及时地制订和调整相关的宏观政策、制度和法规，从而对人们的思想道德、价值观和心理取向产生积极影响。这种指导不仅规范了道德素质主体的多种思想和行为，还可以帮助他们对不符合道德素质教育内容的矛盾和问题进行理性判断，进而提高其在价值实现过程中的自觉性和自我完善的能力。社会公众的行为在很大程度上塑造了大学生的道德观念。一个积极的公共行为模式可以为大学生的人际互动提供有益的指导。因此，真正的挑战是如何引导大学生在真实的生活环境和深刻的情感体验中，深化他们的责任感和义务感。只有当大学生能在他们的经验中将自己与他人、集体、民族、国家甚至全人类相互联系时，他们才能持续打破个体的局限，不断完善和超越自我，从而实现他们的人类价值。

第三节　大学生道德素养教育的创新路径

　　大学生道德素养教育的创新路径有很多，主要包括校园文化和社会实践、网络教学三方面。

一、构建新的校园文化

（一）构建校园文化的基本原则

学校文化环境是学校育人活动的核心，它涵盖了思维、文化、道德和人际交往等多个方面，深刻地影响着每一位师生的学习和生活。这种文化不仅标志着学校的独特性，也反映了学生的思维方式和价值观。它是学校的灵魂，展现了学校的历史、精神特色、传统和追求。这种文化是在日常的教学和管理活动中逐步形成的，并在加强师生团结、营造良好学习氛围、提升大学生的道德品质和推动学校持续进步方面都发挥着关键作用。一个健全的学校文化环境可以培育大学生的高尚情操和人格特质，成为大学道德素养教育的关键要素。

1. 坚持主旋律与尊重多样性的统一

大学作为知识与文化的传播与创新中心，承担着维系和守护人类文化精髓的重要职责。在这一背景下，校园文化的建设成了完成该使命的核心途径，进而成为高等教育中精神文明建设的关键组成部分。为了确保广大学生具备健全的思想道德观念，高校有责任塑造一个富有文化底蕴的环境，以此进一步传承和弘扬大学的核心价值。

党的二十大精神为学校提供了新时代的指导方针，这为高校的文化建设提供了新的方向。在构建校园文化时，不仅要坚守正确的政治、价值和审美导向，确保与党的基本路线和教育政策保持一致，还要深入贯彻习近平新时代中国特色社会主义思想，培养学生的社会主义核心价值观，强调爱国主义、创新、诚信和友善等价值取向，努力培养德智体美劳全面发展的社会主义建设者和接班人。

在当前社会，文化的活力和多样性日益显现，各种文化形态在这一背景下交融共生。这种发展势头意味着未来的社会会更趋向于开放和接纳，其中，多元文化已经成了一个明确的发展趋势。历史经验告诉人们，孤立和守旧的思维方式往往会导致进步的停滞。因此，为了打造出卓越的校园文化，高等教育机构必须采纳开放的思维模式，尊重并欣赏各种文化的存在。但是，尊崇文化的多样性并不代表可以忽略主流文化的核心地位。实际上，主流文化与多元文化之间是相辅相成的。关键在于，在尊重多元文化的基础上，也要坚持主流文化的核心价值。只有在这种双重关注下，才能真正领会校园文化建设的真正价值，优化大学生道德素养教育。

2. 坚持积淀传承与创新发展的统一

文化作为历史的产物，经过历史的沉淀与传承，才能够显现其深厚的底蕴与优秀的品质。特别是在高等教育领域，长期的历史积淀所形成的稳定的文化传统意识，不仅成了现代校园文化的宝贵组成部分，更是大学生在面对各种挫折时所依赖的坚强后盾。这种文化传统意识，如同学校的灵魂，既是学校独特的精神与氛围的体现，也是学校持续发展的精神支柱。它为学校提供了一种稳定的风格和水准，对于学校的长远发展起到了关键的作用。

高等教育机构之所以能够持续、健康地发展，其背后的推动力正是这种优秀的校园文化。校园文化的建设与发展，不仅仅是一个简单的继承与创新的过程，更是一个涉及德育、智育、科学、价值观等多方面因素的复杂过程，需要在理念上进行深入的思考与提炼，在实践中进行长期的磨炼。而要真正实现高校文化的传承与发展，还需要依赖学校师生的共同努力和持续的创新。

3. 坚持立足国情与面向世界的统一

在全球化的背景下，高等教育的发展趋势明确指向了校园文化创新的国际化和未来化。经济全球化所带来的挑战使得高校无法置身事外，而是应当主动地参与其中，与全球的发展潮流进行互动。这种互动不仅有助于校园文化的丰富与完善，更能实现其国际化与民族化的有机结合，从而推动其持续发展。实际上，如何平衡面向世界与立足国情的关系，与如何看待外来文化与传统文化的问题是相互关联的。

对于外来文化与传统文化，高校应当持有一种分析性和辩证性的态度，即在积极吸收其合理成分的同时，结合实际情况进行批判性的继承和消化。

这种态度也应当被应用于处理面向世界与立足国情的问题上。然而，实际的校园文化发展中，往往存在着对这一原则的偏离或忽视的现象，导致其发展受到了制约。

为了确保校园文化的健康发展，高校需要深入研究和探讨如何在全球化的大背景下，既能够吸收外来文化的精华，又能够坚守本土文化的根基。这需要高校在文化建设中，既要有广阔的国际视野，又要有深厚的民族情怀。只有这样，高校才能够在全球化的浪潮中，既不失去自己的特色和魅力，又能够与世界各国的高等教育机构进行有效的交流与合作，从而实现真正意义上的国际化发展。

（二）构建校园文化的途径

1. 坚持正确的思想导向

在构建校园文化的过程中，正确的思想导向是基石。校园文化的建设，无论其形式如何变化，都应始终秉持这一核心原则，这是不容置疑的。在此过程中，各级管理部门应当努力确保学生能够接触到科学的理论，受到正面的舆论影响，受到优质作品的鼓舞，并培养其高尚的品质。值得注意的是，校园文化已经成了各种思想文化交锋的前沿阵地。因此，在校园文化的建设中，应当坚定地以马克思主义、毛泽东思想以及中国特色社会主义理论体系为指导，确保社会主义核心价值观在校园文化中的主导地位，从而为大学生塑造一个健康、正向的思想环境。

2. 突出校园文化建设在大学发展中的战略地位

在大学的整体发展中，校园文化建设占据了至关重要的战略位置。文化对于一个国家和民族而言，不仅是其灵魂和基石，更在与经济、政治和科技的融合过程中展现出其不可或缺的作用。对于大学，校园文化代表了其内在的活力，这种活力深入地影响着大学的生命力、团结力和创新力，成为提升学校软实力的关键。从宏观角度看，大学校园文化不仅要肩负起作为社会指引和精神寄托的责任，还要继续传承和发展民族文化，整合当代文化，并引导和推动创新文化，这是大学校园文化在当前时代所承担的重要任务。从微观角度看，校园文化对于确定大学的未来方向起到了决定性的作用。因此，必须深刻理解到，校园文化的软实力可以转化为学校的硬实力。应当摒弃"忽视文化建设"的错误观点，将校园文化建设纳入学校的整体发展策略中，并与其他学术研究领域一样，给予其应有的重视。

3. 充分发挥教师群体的主导作用

校园文化，作为一种群体文化，其形成与发展需要群体中的每一个成员共同参与和努力。这种文化不是学生活动所能塑造的，而是需要学校管理层、教师和学生三者的共同努力。每个成员在校园文化建设中的参与和贡献，都是基于其对文化的认同和热情，这种认同和热情是由教育者所引导的。

校园文化是在特定的空间背景下，由教育者和被教育者共同创造和分享的。在这一文化系统中，大学生是主体，教职员工是引导者，而学校管理层则是倡导者。他们各自以其独特的身份和角色，参与并影响着校园文化的形成和发展。其中，大学教师在校园文化中扮演着至关重要的角色。相较于大学生这一群体，教师群体更为稳定，其对学校文化的影响也更为深远。教师不仅是学校理念的执行者和实践者，也是校园文化的主要创造者和传播者。大学的文化环境对教师产生了深远的影响，使其在思维、行为、情感和价值观等方面都受到学校文化的熏陶和塑造。这种影响不仅促进了教师自身的成长和发展，也对学校文化的进一步发展和创新产生了积极的推动作用。教师的行为和示范，对大学生乃至整个学校都产生了深远的影响。

4. 重视校园文化的个性培养

文化的形成需要时间的沉淀和有策略的培育，其中校园文化的个性化显得尤为关键。拥有鲜明个性的大学成为高等教育中的独特风景线。这种独特的校园文化不仅影响了大学的整体形象，更在每位大学生身上留下了深刻的印记，无论是他们的气质、性格，还是日常的行为举止，都受到了学校文化的深刻影响。

5. 加强校园文化品牌建设

自 2006 年起，教育部每年都会组织高校校园文化建设的评选活动，这促使全国的高等教育机构积极构建并展现其独特的校园文化品牌。例如，北京大学以其原创文艺发展为人所知，清华大学则以其毕业文化建设受到赞誉，四川大学的"四馆一廊"建设和武汉大学的师德载体创新也都成了各自学校的文化标志。尽管这些品牌在形式和内容上各具特色，但它们都深刻地体现了学校的传统与独特性。传统代表了学校的历史积淀和持久价值，而特色则展现了学校的独特魅力和个性。品牌不仅代表了影响力，更是学校的号召力。因此，在校园文化建设中应持续强调品牌化的方向，确保其深入、专业且持久。为此，应进一步发掘和整合资源，加强项目的运营和管理。

6. 增强学生社团活力

学生社团在大学中起到了至关重要的作用，它不仅是人文素质教育的新形式，更是自主学习和成长的平台。以大学生的兴趣和热情为基础的社团活动，已经逐渐成为校园文化的核心组成部分。学生社团，作为校园文化的新动力，为大学生提供了一个展现自我、发掘潜能的舞台。社团活动为大学生提供了一个独特的环境，让他们能够在其中体验和感悟传统与现代、民族与国际、学术与实践的交融。这不仅丰富了大学生的课余时光，培养了他们的兴趣和爱好，还有助于塑造他们的思想和情操。通过参与社团活动，大学生可以更加积极地融入社会，提高自己的专业技能，并在此过程中，进一步强化了高校作为文化传播者的角色。

7. 拓宽大学生活动阵地

大学生的各类活动是校园文化中不可或缺的一部分，它与大学生的日常生活紧密相连。丰富多彩的学生活动为校园注入了生机与活力，同时为大学生的思想和道德发展提供了有力的支撑。学术活动是展现学校学术氛围和水平的重要途径。这包括举办学术讲座、鼓励学生进行深入的阅读和研究、支持大学生创建学术期刊以及激励他们参与科研项目。通过组织各种学科竞赛和创新项目评选，大学生有机会在实践中锻炼，从而培养他们的创新思维和能力。另外，高质量的人文讲座和多样化的艺术文化活动为大学生提供了一个提高文化和艺术修养的平台。这些活动不仅丰富了大学生的课余生活，还有助于提高他们的人文素养，进一步提升了校园文化的整体品质，使得思想和道德教育更为深入和有效。

二、深化社会实践

（一）大学生社会实践的要求

党和政府高度重视青年学生的健康发展，并对社会实践活动持续给予关注。自 1987 年起，党中央、国务院以及相关部门多次强调社会实践的重要性，并为其提出了一系列具体的指导意见和要求。

1. 社会实践是我国高等教育的一个组成部分

社会实践在我国高等教育体系中占据了不可忽视的地位。社会实践的重要性不仅体现在它为大学生提供的实践机会，更在于它所能带来的深层次的教育意义。通过参与社会实践，大学生可以更加直观地了解社会的真实情况，培养他们的实践能力和社会责任感，同时为他们提供了一个将理论知识与实践经验相结合的平台。这种结合不仅有助于大学生更好地理解和掌握学术知识，更能够培养他们的创新思维和解决实际问题的能力。此外，社会实践还为大学生提供了一个与社会各界人士交流和合作的机会，帮助他们建立起广泛的社会关系，培养他们的团队合作精神和领导能力。这不仅有助于大学生在未来的职业生涯中取得更好的发展，更能够为我国的社会主义建设提供一批具有高度社会责任感和实践能力的人才。

2. 组织好社会实践是全社会的共同责任

社会实践的组织与推进不仅是教育部门的任务，更是全社会共同的责任。1987 年 5 月，中共中央发布的《关于改进和加强高等学校思想政治工作的决定》为此提供了明确的指导。该决定明确指出，不仅是教育部门，中央和地方的工业、农业、商业等各个部门，乃至人民解放军和社会的各相关行业单位，都应视支持和接受师生参与社会实践、业务实习和军事训练为己任。这不仅是他们的权利，更是他们的义务。为此，各部门和单位应积极创造条件，确保社会实践得以顺利进行。

这一决定的背后，反映了党和政府对于社会实践重要性的高度认识。社会实践不仅能够帮助大学生将理论知识与实际相结合，培养他们的实践能力和社会责任感，更能够为他们提供一个了解社会、服务社会的平台。而对于社会各部门和单位来说，接纳师生参与社会实践，不仅可以为他们提供人才支持，更可以借此机会加强与高校的合作与交流，促进双方的共同发展。

然而，要确保社会实践得以顺利进行，仅仅依靠政策支持是不够的。各部门和单位在实际工作中，应深入贯彻党和政府的决策部署，切实加强与高校的合作，为师生提供必要的支持和帮助。同时，高校应加强与社会的联系，积极寻求合作机会，确保社会实践活动的质量和效果。

（二）深化社会实践的途径

1.建立健全社会实践的运行机制

在当前的教育环境中，大学生的社会实践活动正逐渐呈现出深化的社会化特征。这种社会化不仅是指活动的外部形态，更是指其内在的本质和功能。具体来说，这种社会化有两个核心维度。首先，大学生的社会实践活动已经超越了传统的教育部门或学校的边界，成为一项涉及社会、学校和学生的综合性社会工程。在这一工程中，实践活动不再是单一的、孤立的，而是一个能够整合各种社会资源，实现多方共赢的综合性项目。这种转变意味着大学生的实践活动不再是单向的，而是多方参与、多方互动的。其次，大学生的社会实践活动已经成为他们个人社会化进程的关键部分。这种实践不仅拓宽了他们的生活视野，丰富了他们的社会经验，更是满足了他们成长和发展的内在需求。随着社会对大学生综合素质的要求日益提高以及大学生就业市场的竞争加剧，大学生对社会实践的需求和期望也随之增强。这种趋势要求学校不仅要提供更多、更好的实践机会，还要创新实践模式，满足大学生的多样化需求。

为了更好地满足这些需求，学校应当建立健全的社会实践运行机制。具体来说，学校可以与政府和企业建立合作关系，将实际的生产问题引入课堂，让大学生在解决实际问题的过程中获得实践经验。此外，学校还可以在校园内设立"创业园"，鼓励具有创新精神的大学生创办企业，同时吸引外部企业进入校园，与大学生进行合作，共同推进项目。这种模式不仅可以培养大学生的创新精神和实践能力，还可以为他们提供更多的就业和创业机会。

2. 加强实践活动主题策划

在大学生社会实践活动的策划与组织中，主题的选定与设计显得尤为关键。主题不仅是实践活动的灵魂，更是其方向与内容的明确指示。一个恰当的主题能够为实践活动提供清晰的方向，帮助大学生更好地理解和参与实践，从而确保实践活动的有效性和成功性。

实践活动的主题策划是一个复杂而微妙的过程。它需要教育者深入了解大学生的思想，充分考虑时代背景和社会环境，确保主题既有深度又具有广度，既能够引起大学生的共鸣，又能够激发他们的思考。此外，主题的选定还需要考虑其简洁性和易于记忆性，确保大学生能够快速理解并牢记。

多年的实践经验表明，一个鲜明、具有时代特色的主题是实践活动成功的关键因素。它不仅能够帮助大学生明确实践的方向和内容，还能够激发他们的兴趣和热情，促使他们更加积极地参与实践。此外，一个好的主题还能够帮助大学生建立正确的世界观、人生观和价值观，培养他们的社会责任感和公民意识。

为了确保主题的选定与设计的科学性和合理性，教育者需要进行深入的调研和分析，充分了解大学生的需求和期望，结合社会的实际情况，综合考虑各种因素，确保主题的恰当性和有效性。此外，教育者还需要与大学生进行充分的沟通和交流，听取他们的意见和建议，确保主题能够得到大学生的认同和支持。

三、构建网络阵地

（一）网络阵地构建要求

1. 以社会主义核心价值观为指导

在社会发展的进程中，高等教育机构需在尊重教育规律的基础上，平衡德育与智育的关系，确保大学生网络道德素养教育的持续、全面发展。我国的高等教育机构正积极构建和完善其校园网络环境。在此基础上，高校应以社会主义核心价值观为引领，坚守学生为中心的原则，充分利用教师的示范作用，构建新型的德育工作体系。这一体系旨在创造一个稳定而有益的网络环境，从而使大学生的网络道德素养教育成为精神文明建设的有力支撑。当前，我国高校在网络德育领域已取得显著成果，校园网络文化展现出蓬勃的活力，为学生的综合成长提供了有力支持。

2. 政府及相关部门要对网络道德素质教育的高度重视

随着我国高等教育体系的深化，政府及相关部门对大学生网络道德素养教育的关注与支持变得尤为关键。为培育具备专业技能和崇高道德的现代化建设者，有关机构需加强对校园网络建设的投入，并通过细化和完善相关政策来确保高校能够培养出这样的人才。在高等教育领域，大学生网络道德素养教育的地位显著，其意义深远，因为这关乎学生建立健全的人生观和价值观，进而对社会产生积极的影响。为此，政府应更为关心大学生的成长，主动吸纳各方面的意见和建议，对现有的管理体系进行创新和完善。同时，通过媒体和其他渠道，加强对大学生网络道德素养教育的宣传和推广，确保全社会共同关注并参与，共同在开放的网络环境中迈向进步。

3. 高校要根据本校实际情况推行自主化建设

各高校在网络德育工作中应考虑其独特的专业特点和实际情境，推行自主化的策略制定和实施。这要求高校在提升大学生道德素养教育的创新性上下功夫，充分利用网络技术的发展为德育带来的新机会。面对数字化时代的挑战，高校应深化资源整合，进一步完善党委领导、校长主导的管理模式，同时在校、院、系三个层面上，根据社会的变化和需求，培养具备多方面能力的大学生。在此过程中，强调学生的主观参与和创新思维至关重要。随着高校管理体制的不断创新，大学生网络道德素养教育的内容和方法也将持续得到丰富和完善。

4. 网络道德素质教育要兼顾地域性差异

我国地域辽阔，各地因其独特的地理位置在经济和教育上都存在显著的差异。为了缩小这些差距，教育部门正在加大对硬件设施的投入，同时利用大中城市的领先地位将其作为示范，推动全国范围内的大学生网络道德素养教育。这种教育不仅要融合网络文化，还要结合各地的传统文化。这样的策略旨在确保大学生道德素养教育在全国各地都能得到均衡和稳定的推进。

（二）网络阵地构建途径

1. 强化网络思想道德素养教育主体六种意识

在数字化和网络化日益加速的时代背景下，高校的思想政治教育面临众多新的挑战和问题。为了更有效地进行大学生的道德素养教育，必须加强他们的阵地意识、科技认知、前瞻思维、情感与理性平衡、法律意识以及创新思维。这六种意识的培养是确保网络环境下高校思想政治教育取得实效、提升大学生道德素养的关键。

2. 创设良好的校园网络文化新环境

在数字化时代，校园网络文化环境的建设与优化成为高等教育中不可或缺的一部分。为了满足这一需求，高校应着重于构建一个健康、积极、充满活力的网络文化平台，以此促进学生在网络环境中的全面发展。

网络文化不仅是一个技术平台，更是一个能够反映学校文化、价值观和教育理念的重要载体。通过网络，大学生可以更加直观地了解学校的历史、传统和特色，从而加深对学校的归属感和认同感。同时，网络也为大学生提供了一个展示自己、交流思想、分享经验的空间，有助于培养大学生的创新思维和团队合作能力。

为了实现这一目标，高校应该注重以下几个方面的工作：

(1)创设一个内容丰富、形式多样的网络文化平台，包括但不限于学术论坛、文化活动、交流讨论等，以满足大学生的不同需求。

(2)强化网络文化的教育功能，通过网络平台传播学校的核心价值观和教育理念，培养大学生的社会责任感和公民意识。

(3)利用网络技术的优势，开展多种形式的网络教育活动，如在线课程、远程讲座、虚拟实验室等，为大学生提供更加灵活、便捷的学习资源。

(4)加强网络文化的管理和监督，确保网络环境的健康、安全和和谐，防止不良信息的传播，维护学校的形象和声誉。

3. 不断对教师队伍专业化制度建设和完善

在数字化时代，教师队伍的专业化制度建设和完善显得尤为重要。网络环境为大学生提供了广阔的学习和交流空间，但同时带来了一系列的挑战。为了应对这些挑战，高校需要构建一个专业、规范、制度化的教师队伍，确保大学生在网络环境下获得高质量的道德素养教育。

首先，高校应认识到人力资源是网络道德素养教育的核心。只有拥有一支专业、经验丰富的教师队伍，才能确保教育资源的优化配置和教育工作的可持续发展。为此，高校应加强对教师的培训和考核，确保他们掌握网络技术、计算机知识和心理学知识，能够有效地应对网络环境下的各种挑战。其次，高校应建立健全教育督导制度，确保教育工作的规范化和制度化。这不仅可以提高教育工作的效率，还可以为教师提供一个公平、公正的工作环境，激发他们的工作热情和创新精神。最后，高校还应加强与社会的合作，利用外部资源为教师提供更多的培训和学习机会，帮助他们不断提高自己的专业水平和教育能力。

第四章　新时代大学生人文素养教育

第一节　人文素养教育概述

一、人文素养的内涵

人文学科，从广义上解释，是对人在适应、改变和创造自然、社会及思维过程中所形成的各种社会文化现象的深入探索与研究。这些社会文化现象，无论是在过去还是现在，都在哲学、文学、历史学、人类学、美学和艺术学等领域中得到了丰富和深刻的概括与表达。而这种表达方式和范畴与数学、物理、化学和生物等自然科学所反映的自然现象存在明显的差异。

从历史的角度看，中国对"人文"的理解源远流长。《周易》中明确提到："文明以止，人文也。观乎天文，以察时变；观乎人文，以化成天下。"[1]在这里，"人文"并不仅仅是一个抽象的概念，而是与天文相对照，更多地指向礼乐教育等文化。这种解释在唐代学者孔颖达的疏解中得到进一步的印证："圣人观察人文，则诗书礼乐之谓，当法此教，而化成天下。"此外，《辞源》和《辞海》对人文的定义也是"人类社会的各种文化现象"。

这种古代与自然科学相区分的文化现象的理解，与现代的人文学科观念

---

① 支旭仲.周易 [M].李兴，李尚儒，编译.西安：三秦出版社，2018：62.

存在着某种关联。人文，从本质上来说，是人类对自身及其所处的社会、历史、文化背景的一种反思和理解。它不仅是对人类文化的观察和记录，更是对人类自身意识、情感、价值和信仰的探究。这种探究不仅存在于学术研究中，更是贯穿于日常生活、社会实践和艺术创作中。《后汉书》中的描述"舍诸天运，征乎人文"及唐李贤的注解"人文，尤人事也"也反映了古代对于人文的关注。这种关注不局限于纯粹的文化或教育现象，更多是对社会、政治、经济和日常生活等方面的深入观察和思考。

"人文"在西方文化中的渊源和影响深远，其根源可以追溯到拉丁文词汇"humanitas"，最初出现在古罗马哲学家和政治家马尔库斯·图利乌斯·西塞罗（Marcus Tullius Cucero）的著作中。这一词汇是西塞罗试图翻译希腊文"paideia"时的产物。而在拉丁文的语境中，"humanitas"寄托了"人性""人情"以及"万物之灵"的含义，而希腊的"paideia"则与人们当下所理解的"文化"和"教育"相匹配。西塞罗运用"humanitas"展现了一个教育的理念，强调通过教育与教化，人类可以达到其完整与丰满的人性状态。而更进一步，这一概念不仅仅指向一个抽象的教育观念，还在古罗马时代具体体现为一套课程体系，这些课程被视为获取公民身份或自由人身份的必备学科，其中包括了哲学、语言、修辞、历史以及数学等。在"humanitas"的思想背后，一个核心的理念便是将人视为所有活动的起始点和终结，这种以人为中心的思维在许多方面为后来的文化发展奠定了基础。到文艺复兴时代，"人文"的概念得到了进一步的升华，它成了一面对抗神权、重视人的价值、尊重人的尊严与权利、关心人的实际生活以及提倡人的自由和平等的旗帜。随着时代的变迁，尤其是在科技的飞速发展和科学主义哲学的崛起的背景下，"人文"与"自然科学"两个词汇开始形成鲜明的对照。此时的"人文"开始被广泛理解为人类在精神文明和文化领域中的各种表现和现象。

"人文"这一词汇在中国和西方都有深厚的文化和历史背景，其涵盖的内容丰富，反映了人类在适应、改变和创造自然的过程中所形成的多种社会文化现象。中国和西方对"人文"的理解在某种程度上是相似的，都集中于"人之所以为人"的各种属性。不论是中国的"礼乐教化"还是西方的"humanitas"，都强调了人的理性、意识以及对社会和为人的基本规则的遵守。而在人的历史进程中沉淀的文化、追求真、善、美的品格也被共同看作人的核心品质。进一步深化对人文的探讨，必须提及"人文素养"。它泛指社会成员在先天生理基础上，受到后天教育和社会环境的塑造而形成的相对稳定的人文方面的综合品质及行为表现。人文素养通常包括具备人文知识、理解人文思想、掌握人文方法、内化人文精神以及践履人文行为。值得注意的是，其中的人文精神是人文素养的核心，它强调人在与自然、社会、文化的关系中处于主体的位置，以满足人的多种需求为最终诉求，而在人与物的比较中，则凸显人的价值高于物的价值。然而，人文素养与人文知识有其明确的区别。知识仅仅是外在的、可以量化的工具或材料。当这些知识被内化、融入个体的思想和行为，从而形成稳定的人格和品质时，人们称之为"素养"。在广泛涉猎了文学、历史、哲学等人文知识后，人们开始更深入地认识到，这些知识最终可以归结为对人的关怀。人文精神的真正内涵是对人的命运的关心、对人的价值的确认以及对人生和生命意义的探寻。在人与自身、他人、集体及社会的关系中，人文精神都呈现出不同的价值取向和精神境界，如对理想、进取、自律、诚信、友善、大局、奉献、法纪、文明、公平等的追求和坚守。

二、人文素养的特征

（一）人本性

"以人为本"不仅是人文素养教育的基本理念，更是对人的根本属性的肯定。人文教育旨在重视人、为了人、回归人，强调人在自然和社会中的中心地位。自然并非孤立的存在，而是与人类息息相关；社会不仅仅是个体外部的力量，更反映了人类内在的情感与需求；人生并不神秘，其走向和路径都有其固有的逻辑。人文素养教育鼓励对个人的尊重、对个体独特性和历史背景的认识，并旨在促进个体的发展和人性的升华。与此同时，这种教育方式不只是知识和技能的习得，而是更深入地促进对生活的人文反思，激发人的深层次的人文需求，提高其人文素养，并树立崇高的人文价值和精神，使学习者能真实地体验到人的价值和尊严。培养人文素养首先要从"自我"出发，即所谓的"修身"。这是一种自我觉醒和自省的过程，它是道德修养的根基，同时是提升自我境界的关键。人文素养的形成不仅取决于外部的教育，更重要的是个体的自主参与和内在转化。因此，教育方式不能只依赖于灌输，更应该注重启发，培养主动性。现代的人文教育方式更注重与大学生的"讨论""对话""实践"和"反思"。在这样的教学互动中，不同的观点和想法得到展现和挑战，大学生在实践中深刻体验人文的价值，并在深入反思中洞悉自我与社会的相互作用。

（二）时代性

时代性是人文素养教育的一个不可或缺的特征，表明其作为一个历史上的动态系统，在保持其核心价值的同时，随着历史和社会的演变而适应变革。这种动态的性质意味着在不同的历史节点，社会对人文素养的期望和需求可能会有所差异，因此人文素养教育的方法和内容也必须适应其所在的时代背景。根据马克思主义的观念，精神的形成和变迁与物质生产的进程紧密相连。尽管思维和精神的活动带有主体的能动性和创造力，但其本质还是反映了特定历史时期的物质生活进程。这一理论进一步说明了不同时代的思想和文化特征在内容和形式上的差异。由于人文精神的时代性，人文素养教育必须紧密与其所处的具体历史和社会环境相结合，而不能仅仅追求"一般"或"永恒"的价值。当前，大学生人文素养教育应更多地关注建设中国特色社会主义的实际要求，批判性地继承和吸收历史上的优秀文化和思想，同时重点提炼和积累广大人民在长期的革命和建设实践中形成的宝贵精神财富，使其在新的历史条件下转化为当代的精神力量。在此基础上，人文素养教育不仅要回应特定时代的挑战和机遇，还要对传统与现代、本土与全球进行有机融合，既尊重传统，又勇于创新。此外，面对快速变化的社会环境和复杂的全球挑战，人文素养教育还要帮助大学生培养跨文化、跨时代的交流和理解能力，使他们能够更好地应对未来的挑战，为构建更加和谐、公正的社会作出积极的贡献。

（三）民族性

当探讨人文素养教育的深层次含义时，不可忽视的一个核心维度便是深植于特定民族和文化背景中的民族性。民族性，作为人类历史发展中社会基本矛盾的表现形式，为人文精神提供了具体而丰富的文化土壤。从生产力与生产关系到经济基础与上层建筑，这些对立统一关系在不同的国家和民族中均有其独特的展现形式，这为人文精神赋予了鲜明的民族特色。以中华民族为例，其历史文化中的重视社会责任、关心国家社稷、崇尚和谐和公忠为国的核心理念，为中华民族的人文精神树立了一个鲜明的标志。这种精神并非孤立形成的，而是与中国特定的社会经济背景和历史走向紧密相连。它揭示了一个事实，即人文素养的培养和发展离不开各民族和国家的历史、文化进程。因此，中华民族的人文素养教育应紧扣其独特的文化和历史传统，深入挖掘、研究并传承中华优秀的文化遗产和民族精神，这正是"人文素养教育民族性的根本要求"。

需要明确的是，全球化的趋势使得各民族间的文化更为开放，形成了一种文化间的互相借鉴和共同发展的关系。但承认人文素养教育的民族性并不意味着拒绝其他民族的文明成果。事实上，中华民族的人文素养教育在强调其民族特色的基础上，应持开放的态度，学习和吸收其他民族的优秀文化成果，从而实现各民族文化的交融与和谐发展。这一点不仅能够促进中华文化的繁荣，还有助于构建一个更为和谐、多元和共生的世界文明。

三、培养大学生人文素养的意义和作用

（一）是时代的要求和需要

当代大学生代表了面向全球化、步入新纪元的年轻力量。他们所步入的是一个知识经济驱动的时代，一个人才能力和创新思维成为竞争关键的时代。现代社会不仅对大学生寄予深厚的期望，也对他们提出了更为严格的要求。为应对社会的高速变革，大学生不仅要具备科学知识，更要展现出全面的文化修养和综合素质。因此，当今的大学教育已经超越了单纯职业技能的

传授，不再仅仅以熟练掌握一门专业或技能为培养目标，而是更多地着眼于培养既具备深厚学科知识、又拥有出色文化素养的全面型人才。这意味着，大学教育在重视传授科学和技术的同时，应更加强调文化修养和人文价值的教育。过去"偏重技术、忽视人文，只注重专业技能而忽视全面教育"的观念需要得到深刻的反思和更新。

（二）是经济发展和社会进步的需要

常有观点认为，在现代化进程中，资金和技术是核心因素，其他要素相对边缘。但实际深入考察，现代化的成功核心在于人力资源，人才的综合素养成为决定现代化走向的关键要素。确实，如今许多人强调能源和交通是经济发展的"制约环节"，这种看法并非没有道理。但从长远视角看，真正可能限制经济发展的"关键环节"应是国民的文化修养和价值观。经济结构和增长模式的根本转变，从物质与精神文明的双重进步，乃至经济和社会的和谐演进角度，都凸显了提升国民教育和综合素养的重要性。特别是高等教育，作为提升高水平、面向未来、具备全面素质的专业人才的关键领域，更需重视培育大学生的综合素质，尤其是人文修养。大学生所展现的思想品质和学识层次，将影响整个国家与社会的未来趋势。

（三）是学科发展的需要

20世纪的学术进展可见于两大趋势：其一是原有学科领域的细分以及专业化不断提升，伴随新学科的不断诞生；其二是多学科之间的互动和融合，自然科学和社会科学的融合日益明显。事实上，学科的演变从初步的融合到深入的分析，再回归到高阶的综合，已是明确的发展方向。以工程学领域为例，现代工程的本质在于多学科的整合，期待工程师擅长应对涉及跨学科的挑战并实现新的突破。鉴于此，为适应这种跨学科的融合和文理科的互通，针对大学生实施的"广泛知识"教育（区别于"多能通才"教育）旨在培养文理并重、具备综合创新能力的人才，这已逐渐成为全球教育改革的趋势。

（四）是培养丰富创造力的优秀人才的需要

《中华人民共和国高等教育法》明确指出，高等教育的任务是培养具有创新精神和实践能力的高级专门人才。与此相应，学生的创造力培养无疑处在教育的中心位置。创造性思维常常孕育于不同学科知识与思维方式的交汇之中。不难发现，历史数据揭示，那些在各领域为人类文明作出突出贡献的人物中，近78%都受益于深厚的音乐和美术教育背景。这一数据不禁让人思考，人文教育对于提高个体的精神境界、激发个体的创造力和扩展个体的思维维度具有不容忽视的正向效应。

观察当今多个经济体，包括经济发展势头强劲的美国、日本和韩国等国，可发现这些国家对人文精神和文化修养的价值认知与日俱增。事实上，任何发展中的国家和民族，在追求现代化的道路上都不会愿意牺牲其深厚的文化遗产。在经济的飞速发展中，恪守并传承本民族的卓越传统文化，同时积极引进外部的优秀文化，其难度往往超越技术的吸纳和融合。更进一步，在经济飞速增长的同时，确保人的道德伦理和精神生活得到和谐升华，已经逐渐成为当今全球教育改革的主导方向。

（五）是人才竞争的需要

在全球化的时代背景下，各国之间的竞争不再局限于经济、国防和科技领域，更为深层次的竞争核心实际上是人才及其素养。当今世界各国的竞争主要表现在两方面：一是经济、国防、科技的竞争，二是人才、人才素养的竞争。在这场全球范围内的人才竞争中，谁能在人的素养培养上取得领先地位，谁便掌握了争夺国际竞争先机的关键。随着知识经济的崛起，人们正处于一个人的全面发展日益受到关注和重视的时代。这种全面的发展并不是指物质层面或者是某种单一的技能提升，而是指人在思维、情感、文化等多个维度上的均衡发展。人的全面而自由的发展，离不开人的人文素养的提高。人的人文素养的提高，既是人的全面发展的内容，也是社会进步与发展的内容，还是人的专业能力、业务素养发展的必要条件。这意味着，虽然具体的技能和业务知识对于职业生涯的成功具有直接的价值，但人文素养的培养和提高则关系到一个人全面而自由地发展。进一步探讨这一观点，可以发现人的文化教养、思维方式、精神气质和认知能力等综合因素，共同构成了一个人的人文素养。从某种意义上说，人的专业能力、业务素养只是人的全面而自由地发展的条件，而人的人文素养，即思想境界、情操、认识能力、文化教养，才是人的全面而自由地发展的标志。这种综合的人文素养不仅为个体在职场上取得成功奠定了坚实的基础，更重要的是，它赋予了个体在社会中与他人建立深厚连接、理解和适应多变环境以及为社会带来积极影响的能力。因此，对我国而言，只有深化教育改革，彻底更新人才培养观念，才能真正满足新形势下人才竞争的需求。这不仅是应对当前人才竞争的战略选择，更是确保我国在未来继续保持竞争优势的长远计划。

（六）是塑造青年理想人格的需要

人格涵盖了一个人的信仰、情操、态度、兴趣、气质、素养和价值观，是个体内在与外在品质的融合体现。构建一个现代化的国家，关键在于培养和吸引具备现代思维和能力的人才，而这种现代性的关键在于人才持有的健全与理想的人格特质。提供人文教育的目的是辅助大学生明确他们的生活方向，确立积极正面的生活和价值观。这样的教育不仅有助于扩展他们的思考范围、熏陶其情操，更能培育他们的爱国情怀、团队精神和高尚的职业伦理。同时，这有助于提升他们的人格素养和人际关系能力。

第二节　大学生人文素养教育的主要内容

一、对人文知识的传授

人文学科是人文知识的载体，它是人类关于人文领域的主要学科，它以人类精神文化生活为研究对象，帮助大学生理解生命的价值，对大学生的人生观、价值观起到直接的影响。文学、史学、哲学，并称"文史哲"，是人文学科的基础和经典学科。

（一）文学

文学，在其独特的艺术化表达中，成为人们对自我与生命意义的探寻的媒介。文学赋予人们深刻的自我认知与对世界的理解，使人们更深入地洞察人生的价值和生命的深意。文学并不仅仅是对外部社会现实的忠实记录，其真正的核心是对人类情感、思想和意愿的呈现。与哲学的抽象观照和历史学的客观再现相比，文学以更具感染力的方式展现人类复杂的内在世界。

在文学的光辉之下，人们发现了追求精神自由的可能。文学，作为审美和情感教育的核心，培育了大学生高尚情怀和敏锐的审美情感。对于深谙艺术与审美之道的人来说，他们的心灵视野常常超越常人，具备更加宽广的情感体验和对人性的理解。在文学的熏陶下，人们得以打破时空的局限，与古人、现代人甚至未来的人产生共鸣，因为在美感的面前，人们有着相似的情感体验，脱离了功利的束缚，实现了精神上的自由。

实际上，人的生命境界并不完全取决于物质、财富或权力，而更多地依赖于内心的满足和幸福。自古以来，追求精神境界和内心的高度修养一直被视为人类文化中的一大美好追求。而在此过程中，艺术和文学的作用不容忽视。所谓"艺术境界主于美"，对美的渴求是与人的天性相符的。人们内心深处渴望摆脱外部世界的纷扰，进入一个无拘无束、纯洁的审美领域，在此领域中，人们能够静观世界的美好，追求真正的自由和幸福。从这一角度看，文学在追求精神自由和内在满足的道路上十分重要

（二）史学

史学，作为人文和社会科学领域中的核心学科，贯穿着对人类历史活动的研究，探讨历史发展的内在动力与规律。尽管其研究对象基于历史，但其本质却是一门不断演变的人文科学。通过深入的历史研究，人们能够更好地认识和掌握历史发展的规律，从而更深入地了解人类自身。由于其研究范围涵盖整个人类社会的发展过程和规律，史学的研究成果对各学科均具有深远的启示和借鉴意义，为众多学科的创新与进步提供了丰富的思想资源，从而在一定程度上推动了其他学科的发展。

史学的核心价值不仅在于对过去的探究，更在于为现代社会提供指导。它对于塑造大学生的理想、信念、道德和情操具有重要作用。历史知识不仅能够培养人的智慧，使人更为明智地面对生活中的各种挑战，还能够通过了解历史事件和人物，陶冶人的情操，激发人的热情，增强对社会和民族的自豪感和责任心。

人们探讨历史时，不应局限于书本上的叙述，而是应该试图理解那个时代的人、事、背后的精神和气质。更为关键的是，人们应该将历史视为一面反映过去的镜子，不仅为了理解和解释历史，更为了从历史中得到启示，吸取它所带来的教训，这正是历史学习的真正价值所在。

（三）哲学

哲学，被誉为"世界观理论"，位于所有学科的顶峰，专注于形而上学问题和终极命题。它旨在揭示世界整体基于普遍联系的本质。从马克思主义的角度看，哲学是理论化、系统化的世界观，即人类对世界的理论体系。此外，哲学不仅是世界观，更是一种方法论或思维方式。世界观与思维方式是哲学两个不可分割的方面。任何世界观都是基于实践的需求而产生的，它在发展过程中都会转变为特定的思维方式，作为理性的工具来帮助人们思考问题。因此，哲学能够培养和丰富人们的思维。

哲学在一个民族的文化中具有特殊的地位。它站在知识的高峰，对所有学科进行反思、抽象、概括，从而找出它们之间最基本的联系。哲学是其所在时代的文化精华，代表着该时代人类文明的最高成果。哲学的力量不仅在于其对事物和现象的本质和起源的探讨，更在于其对人的思维能力的锻炼。面对生活中的复杂事物和迷茫，哲学提供了关于事物运动规律的普遍知识。深入学习哲学，人们就能更好地理解特殊规律，从而有效地分析矛盾、解决问题。哲学还能提高人的精神境界。它对人的精神生活具有深远的启示作用，可以拓宽人们的生活观、提高生活的境界。总体来说，哲学是一个引导人们探索、思考和提升自我的宝贵工具。

二、对人文精神的培育

大学生人文素养教育应从人的知情意的心理结构出发，建立求真、向善、尚美相统一的人文精神系统，构筑信仰的维度。人文教育不是人们现实行为的写照，而是把这种现实行为放到可能的、应是的、理想的世界中去加以审视，用应是、理想的标准来对它作出善、恶的评价，并以此来引导人的行为。这种应是与实是、理想与现实的矛盾运动，构成了人类的道德活动，不断推动人类向至真、至善、至美的方向前进，也使个体不断自我完善、自我升华。

（一）求真

人类自诞生之初即沐浴于无知的阴霾之中，面对知识的匮乏与不解，内心涌现出对真相的强烈渴望。教育因此应运而生，作为解决这一困境的重要手段，系统地传递知识，允许人们从无知的深渊中解脱，掌握自身命运的导向。随着教育的逐渐深化，其意义不仅仅是赋予知识，更是使人们逐渐接近真理的入口，促使人们对真实的探求欲望愈发浓烈。这种持续不断的知识和真理探寻实际上构建了一个无限循环的过程，因为知识的广度和真理的深度是无边际的。

当教育进入其顶峰——高等教育阶段时，寻求真实与真理几乎已成为其核心宿命。约翰·塞勒·布鲁巴克（John Seiler Brubacher）在《高等教育哲学》中精辟地观察到，每一个规模较大的现代社会，不论其背后的政治、经济或宗教结构如何，均需要建立某种机构来继续、深化并传递那些深奥的知识。只有在需要进行深入的理智分析、鉴别、论述或研究的地方，大学才会显得尤为重要。对于一个社会而言，不是每个人都有资质去接受这种高级的训练，但那些有资质的人绝不能缺少这种训练，否则社会的智慧之泉将会干涸。

这种对知识的探索和传递背后的驱动力量源自大学所持有的"求真"这一人文精神。进一步深化对"求真"这一概念的探讨时，不得不涉及两个与其紧密相关的观念，即"求是精神"与"求实精神"。

"求是精神"主张以科学的态度去探索和认识知识，追寻真理的本质。

对于大学而言，尊重真理、追求真理是其核心宗旨，也是其在社会中作为文明灯塔的集中体现。任何大学都需要在其内部培育一种对真理的敬重，这种敬重将深深影响大学生的生活和价值观。相似地，"求实"被视为大学的另一重要宗旨，尤其在学术研究领域，它强调在实证与事实的基础上进行研究和讨论，这对高等教育具有深远的意义。

（二）向善

高等教育在对人的培养中，除了授予大学生知识和技能，还需要对其道德品质进行雕琢。在人类的生存过程之中，道德价值判断与事实判断并行，甚至在某种意义上，价值判断在人的生存中的重要性更为明显。人不仅要追求简单的生存，更是追求有价值、有尊严、有意义的生活。而教育，在这里不仅仅起到了知识的传播作用，更是在为社会培养具有道德品质、有担当的公民。

大学教育对于真知的追求是其根基，但对大学生品性的培养同样不容忽视。加强道德教育不应仅仅停留在理论层面，更要使大学生能够深入思考道德问题，培养其道德觉悟。此外，大学在肩负教育责任的同时，不能忽视其对整个社会承担的道德责任。为了让大学生真正相信并践行道德教育，大学首先需要做出表率，真正地扛起道德的大旗。为了确保大学生不仅有善意，还能将这些善意转化为实际行动，要使其具备高度的责任感和参与意识。这种责任感和参与意识并不是与大学生的智慧水平相一致的，而是需要通过有针对性的教育方式来培养。例如，鼓励大学生积极参与公共事务、提供丰富多样的社区服务机会、支持学生组织的成长和发展以及在课外活动中推广民主程序等，都是培养大学生公民意识和责任感的有效途径。

（三）尚美

高等教育在追求知识的深度与广度的同时，注重培养大学生的人文素养和情感智慧，这是因为人不仅是一个理性的存在，也是一个感性的存在。在这个框架中，"尚美"作为高等教育的重要一环，针对大学生的心理结构中的"情感"层次进行滋养与开发。情感的重要性不容忽视，它与人们的认知紧密相连，并与人们的道德行为互为因果。情感是驱使人们产生创造性思维和灵感的源泉，它也为道德行为和崇高理想的发展提供了土壤。高等教育所培养的不仅是知识丰富、道德崇高的学者，更重要的是他们应具有丰富的审美情感和能力。此外，审美教育在培养大学生的超然性、和谐性、创造性方面都具有其特殊价值。

在探讨审美教育与超然性的关联时，可以发现审美教育能够帮助人们跳脱现实的功利框架，进入一个纯净的精神领域。通过审美活动，人们可以摆脱日常生活中的利益冲突和纷扰，达到一种"心旷神怡"的境界。这种超脱了功利的人生态度可以使人看得更加开阔，从而提升个体的人生境界。与此同时，审美教育与和谐性之间存在深厚的联系。审美活动中的愉悦情感，既非简单的生理满足，也不同于由伦理道德和理性追求带来的精神满足。它是一种特殊的、摆脱了功利的审美情感，能够使人的情感得到净化，精神得到升华。进入这一审美领域的人们，其情操也随之提升。

当探索审美教育与创造性的关系时，不难发现审美教育对于培养创新思维具有特殊的作用。审美教育的真正价值不仅在于提供一个美的对象供人欣赏，更重要的是使教育者和受教育者都能体验到美的存在。这包括了美的形式、美的精神和美的效果。高等教育在大力提倡人文精神的培养时，更应注意审美教育的价值，以培养出具有美的心灵和行为的学生。因此，高等教育在追求知识与技能的同时，应当重视培养学生的审美教育。只有这样，才能确保大学培养出的不仅是知识丰富的学者，更是具有丰富情感、高尚道德和创新思维的全面发展的人才。

三、对人格的塑造

人文素养教育是教大学生"学会做人"的教育，是促进大学生人性境界提升、理想人格塑造以及个人与社会价值实现的教育，其实质是人格教育。

（一）人格养成

在现代高等教育体系中，大学时期是一个人的精神成熟与思考的黄金时期。在此期间，伴随着广泛的知识吸收和实践体验，大学生开始对生命意义、人生价值以及未来路径展开自我反思。这种自我探寻中的诸多问题，如"我从何处来，我将何去何从？""人生的真正意义何在？"等，这些问题可视为对个体存在与价值的探索，对社会、文化、历史与现实的深度思考。

过去，在中学的学习环境中，大学生往往由于繁重的学业压力，并未有充分的时间和精力去思考这些深层次的问题。但当他们踏入大学校园，被赋予了更大的学术自由和对于生命哲学的探索空间，就意味着他们有了更多的机会深入地看待这些问题。在这一时期，大学生所处的环境对他们进行了一种独特的哲学启蒙，使他们有了机会接触到人类知识的深邃，同时使他们对待生活、对待社会、对待自己都有了更加深入和全面的认识，实现了人格养成。

人文素养教育，作为现代教育体系中的重要组成部分，正是这样一个对于学生进行价值观启蒙和指导的过程。其核心目的并非仅仅是传授文化知识，而是要对大学生进行一种深层次的精神塑造，使他们能够对待生活、对待社会有着独特和深入的看法，能够独立地进行思考，而不是被社会的主流文化所摆布。

在大学的人文教育中，重要的不仅是传授给大学生各种学科的知识，更重要的是要对他们进行一种深层次的心灵熏陶，使他们能够形成独立的价值观，有着对生命的独特见解。这样的教育使他们在面对社会的种种诱惑和困惑时，都能够保持自己的独立人格，不为世俗所左右。

事实上，大学的人文教育不仅仅是一门学科的教育，更是一种对大学生进行精神和心灵上的深层次熏陶。它要求大学生不仅仅是学习各种学科的知识，更要进行一种深入的思考，对待生命、对待社会有独立和深入的认识。这种教育是为了培养出一批有着独立思考能力、有着独特人格魅力的大学生，使他们在未来的社会中能够发挥出自己的价值，对社会产生深远的影响。

（二）终极关怀

大学阶段在人的成长历程中，具有划时代的意义。这一时期涵盖了从"志于学"至"而立之年"的关键时刻，大学生正站在获取学业成果与为未来的生活打基础的交叉点上。因此，大学对一个人的生涯构建起了至关重要的桥梁。在这一特定时期，大学生急切地需要价值观上的引导和关怀，而人格教育可以说是这种关怀的最高形式。

人文素养教育在这样的背景下显得尤为重要。它并不是专业知识的补充或者另一种形式的教学方法，而是一种对个体精神文化和价值体系的塑造。它旨在帮助大学生树立和坚持正确的价值观，并指导他们如何在真实世界中，根据这些价值观，进行决策与选择。同时，人文素养教育有助于大学生更好地适应他们即将或已经开始扮演的社会角色。随着年龄的增长和社会经验的积累，大学生可能会从一个单一的学生角色逐步过渡到恋人、实习生、职业人士等多重角色。这些角色转变需要相应的价值观和人格支撑。一个完整、健全的个性可以帮助大学生更好地适应和扮演这些社会角色，而这些角色转变，往往对个体的整体生涯发展产生决定性的影响。

人创造的文化世界大致可分为物质和精神两个维度。虽然这两者都是人生存和发展的必要条件，但真正为人类提供安身立命之所的还是精神世界。这个世界是人的文化生命之家，没有它，人就像失去了根的飘荡的浮萍，失去了精神支撑的漂泊者，容易感到孤独和迷茫。尽管科学教育在塑造人的精神世界方面也发挥了作用，但是真正能够为人类提供价值观念和价值体系的，却是人文素养教育。这种教育为大学生提供了精神的支撑和信仰的力量，在纷繁复杂的社会中，帮助他们找到内心的平静和安宁。

第三节　大学生人文素养教育的路径

为了全面实现提升大学生人文素养的目标，需要进一步探讨如何通过行之有效的载体，来推进大学人文素养教育。本节重点讨论怎样通过传统的第一课堂（课堂教育）、第二课堂（社会实践）以及新兴的第三课堂（网络虚拟课堂）来开展大学人文素养教育。

一、第一课堂：课堂教育

课堂教育是教授知识、技能和解答疑惑的核心场所，也是培养大学生人文素养的关键环节。在这里，专业教育主要集中于传授具体的技能和"术"，而人文素养教育则更侧重传达价值观和"道"，它强调人的品质与实际行为的统一，更多地关注精神和思想的培养。为了确保大学生获得全面的人文素养教育，课堂教育的开展是至关重要的。

（一）保证课程体系的完整性

课程体系的完整性是人文教育的关键。人文修养的培育不只是在现有的课程结构中简单地增加几门非专业课程，而是要构筑一个全面的课程框架。这个框架主要分为两大部分：一部分是旨在提升大学生的阅读、写作和交流能力的技能课程；另一部分是涵盖人文科学、社会科学和自然科学的基础学科课程，这些课程为大学生提供了广泛的知识体验。这两种课程都是为了满足大学生的兴趣和个性化发展而设计的，目标是帮助大学生建立一个均衡的知识体系，克服或减轻专业学习可能导致的知识和思维局限性，从而能够更全面地认识和理解人类社会和自然世界。

（二）启发式教学

人文教育的核心是培养大学生的独立思考和行动能力。因此，人文教育的教学方法应当偏向于启发式，而不是单纯的灌输。孔子是启发式教学思想的先驱，他曾说："不愤不启，不悱不发，举一隅不以三隅反，则不复也。"[①]这表明，孔子认为，教育的真正价值在于激发学生的主动思考和探索。为此，教育者应遵循的原则是，不轻易为大学生提供答案，不替大学生做过多

---

① 孔丘. 论语 [M]. 吴兆基，注译. 成都：天地出版社，2020：25.

的思考，更不应灌输所谓的"标准答案"。这种教学方法的重要性在今天仍然值得教育者深入思考和实践。教育者应该将大学生置于学习的核心，在适当的时候提供指导，通过师生之间的互动，激发出更多的思考和创意。

（三）课内外活动的互动

课堂学习不仅涉及固定的教学时间，它还涉及课前的准备和课后的复习与拓展。研究型学习和实践活动可以被视为课堂教学的延伸和补充。这些活动不受常规课堂时间的限制，通常采用小组研究、实验探索、集中项目和专题研究等形式进行。这些课内外活动的互动对大学生的参与度、团队合作和研究技能都有较高的要求，从而能够与课堂学习深度融合，进一步促进大学生的个性化发展，培养他们的创新能力和团队合作精神。

（四）人文教育在专业教育中的融入

随着大学人文教育的深入推进，教育者认识到，人文教育与专业教育不应是孤立的，而应相互融合。在专业课程中，介绍科学史、科学家的发展历程、科学家的人生哲学以及教师的学术经历等，都可以为大学生提供丰富的人文教育内容。这种融合不应是简单的叠加，而是应该自然地、隐性地融入课程中，使学生在学习专业知识的同时，能够受到人文教育的熏陶。教育者应该在专业教育中注入人文教育的理念和内容，将知识教育、科学教育与培养学生正确看待科学、知识和社会的态度相结合。

二、第二课堂：社会实践

在高等教育中，社会实践被视为培养大学生的重要途径，其意义在于将教育与生产劳动及社会实践有机结合。这也是确保学生在理论学习和创新思维中能够与实际相结合，从实践中学习的关键。强化高校的实践教育对于培养大学生的社会责任感、创新精神和实践能力具有至关重要的作用。

要深化社会实践，首先需要明确大学生社会实践的基本功能以及其在高等教育和整体社会发展中的位置和影响。这为大学生的实践活动提供了理论指导。其次，高校需要建立与社会的紧密联系，形成一个直接、高效、稳定的合作机制，为学生的实践活动提供组织、协调和指导。最后，高校还需拓展社会实践的内容和形式，以满足不同学生和社会的需求。为此，高校应建立一个服务于师生的社会实践运营机制，建设和发展大学生实践基地，充分利用基地资源，并调动大学生、教师和合作单位的积极性，建立有效的激励机制。

（一）建立健全社会实践的运行机制

近年来，我国大学生的社会实践活动日益呈现出其社会化特点。这种社会化主要体现在两个层面：一方面，大学生的社会实践不再仅仅是学校内部的事务，而是逐渐成为一个涉及社会、学校和大学生的综合性项目。在这个框架下，大学生的社会实践不仅是教育机构的责任，还是一个能够整合各种社会资源的综合性任务。这意味着大学生的实践活动正在从单一的学校导向转向与社会的多方合作。另一方面，社会实践已经成了大学生社会成长的关键环节，它为学生提供了更广阔的发展空间，丰富了他们的社会经验，满足了他们的成长需求。同时，随着社会对大学生的综合素质要求逐渐提高，大学生对社会实践的主动性和热情相应增强。因此，学校应当与政府和企业建立合作关系，将实际的生产问题引入教学中，让学生通过项目的方式参与解决。此外，学校可以设立"创业中心"，旨在鼓励具有创新精神的大学生创业，同时为企业提供与学校合作的机会，使"创业中心"成为模拟生产环境的实践平台。

（二）加强实践活动主题策划

在大学生的社会实践中，确定一个合适的主题或议题往往是最具挑战性的部分，但一个恰当的主题往往能为整个活动的成功奠定基础。选择主题不仅明确了实践的方向和核心内容，还为大学生提供了一个围绕特定议题进行深入探索的机会。众多高校的实践经验都证明，为大学生的实践活动设定一个具有针对性的主题，能够帮助大学生更有针对性地进行自我教育和探索，从而更好地把握实践的方向。在选择教育主题时，应确保其既具有深度和意义，又反映出当下的时代特征，与大学生的实际情况紧密相连，并且容易理解和记忆。一个好的主题应该是明确且具有创意的。明确的主题可以确保活动的目标明确，而具有创意的主题则可以使活动更具吸引力，从而达到更好的效果。

（三）安排合适的指导教师

导师的存在及其在社会实践活动中的参与度，对活动的最终效果有着直接的影响。为了充分发挥教师资源的优势，活动组织者应在活动的各个阶段都积极寻求教师的支持和建议。在选择导师时，可以灵活考虑，如选择专业课教师、思想政治课教师、学生辅导员或学生社团的指导老师，关键是这些教师应具备指导热情和积极的参与态度。特别是团队领导的教师，他们不仅在实践中起到领导和指导的作用，还能及时处理团队中的突发情况，维护与合作单位的关系，并在与大学生的共同经历中传递正面的价值观。为了改进导师指导的现状，可以考虑以下几点：将导师指导纳入学校的整体教学计划，鼓励教师主动参与，并通过相关制度确保他们的参与；帮助教师认识到社会实践对于人才培养的重要性，以提高他们的参与积极性；利用教师的专业优势，将社会实践与他们的教学和研究相结合，增强他们的兴趣；将教师的指导工作计入其工作量，并给予相应的奖励；将大学生的实践成果与导师的考核结果关联起来。

（四）扩大社会影响力

大学生的活动所带来的社会关注度往往是衡量活动成功与否的一个重要指标。通常，那些设计独特、内容丰富、准备周到并与实际相结合的活动更容易获得良好的反响和广泛的关注。因此，应致力扩大实践活动的社会影响力。

（五）注重实践活动的可持续发展

虽然大学生的社会实践活动由多个具体项目组成，但它们不应仅仅是短期的、一次性的行动。如果没有得到适当的引导，这些活动可能只是形式化的。为了确保大学生的实践活动能够持续、有序、制度化并规模化地进行，《中共中央宣传部 中共文明办教育部 共青团中央关于进一步加强和改进大学生社会实践的意见》中指出："建立相对稳定的大学生社会实践基地。高校要主动与城市社区、农村乡镇、爱国主义教育基地、企事业单位、部队、社会服务机构等联系，本着合作共建、双向受益的原则，从地方建设发展的实际需求和大学生锻炼成长的需要出发，建设多种形式的社会实践基地，力争每个学校、每个院系、每个专业都有相对固定的基地，长期坚持，使学生受锻炼，当地见效益。定期评选表彰大学生社会实践示范基地和优秀基地。"尽管这不适用于所有实践项目，但对于那些大型且持续的项目，与实践地点建立长期合作关系显得尤为重要。目前，高等教育机构正在加强实践基地的建设，依托这些基地，并以科研成果为支撑，推动实践活动走向规范和可持续的发展方向。

三、第三课堂：网络虚拟课堂

（一）认知把握"网络之真"与"网络之善"

"网络之真"和"网络之善"体现在其核心价值，即自由、平等和资源共享等。互联网是一个开放的领域，融合了多元的文化，吸引了全球的关注。它的存在使得人们能够更轻松地获取所需信息，拓宽了人们的视野和生活空间，使人们更为自由地分享自己的观点，超越了空间限制。这一切都建立在诚信的基石上。网络所展现的是一个无界、开放、多变且基于合作的环境。自由、平等和真实的交往是网络的核心精神。只有遵循这样的原则，才能实现真正的沟通，释放人类的精神潜能，并催生新的思维和观念。大学生需要深入理解"网络之真"和"网络之善"，这样他们才能对网络社会承担起责任，进而主动地共同维护现实社会的真实和正义。

（二）培养大学生的网络道德

随着数字化时代的到来，网络行为与人们的道德和文化修养之间的差距逐渐显现。由于网络的匿名性和开放性，传统的道德规范很难约束在线行为，这可能导致大学生在网络上的道德觉悟降低，并对他们的传统价值观和日常行为产生不良影响。因此，高校在进行网络文化教育时，应强调传统伦理与网络伦理之间的联系，明确网络伦理是传统伦理的现代延伸。作为现代文明的产物，网络应遵循文明的发展规则。教育者应该通过网络文化教育，深化大学生对高尚网络行为的理解和认同，引导他们文明上网。

（三）加强对大学生网络心理的疏导

随着网络的普及，大学生在受益于其便利性的同时，可能受到其潜在的负面影响。过度依赖网络可能导致情绪不稳、社交障碍等心理问题，这已经引起了社会和教育界的关注。确保大学生在网络环境中保持健康的心理状态已经成为教育工作者的重要任务。因此，高校在进行网络文化教育时，应该深入探讨网络对大学生心理健康的潜在影响，及时识别和干预可能出现的网络相关心理问题，并研究如何预防和应对这些问题，以确保学生在数字时代的健康成长。

（四）加强大学生的网络法律观念

网络尽管是一个虚拟的空间，但其内部的行为和交互都与现实世界相连，并受到法律的约束。随着网络应用的广泛普及，大学生在网络中的行为也应受到法律的约束。近些年，因缺乏网络法律意识而引发的法律纠纷逐渐增多，这反映了当前部分大学生对网络法律的认知不足。这种缺失很大程度上源于对人文素养的忽视。因此，高校应结合人文教育，强化对大学生的网络法律教育，确保他们在网络空间中行为规范，遵循法律，确保网络环境的健康和安全。

第五章　新时代大学生心理素养教育

第一节　大学生心理健康的标准

部分大学生，尤其是大学新生，由于其不具有完全的独立性，因此具有较大的依赖性；他们对社会的了解不多，对他人对社会都抱有过于理想的心态，因此在环境适应能力上比较弱；他们的自我意识强烈，但对自我的认识不足，因此很难对自己有一个明确的定位。这些特征使得大学生在心理上显露出一系列的矛盾与冲突。准确界定大学生心理健康的含义，对于引导大学生提高心理健康水平意义重大。

一、心理健康的等级

心理健康与生理健康是健康概念中不可分割的部分，但是心理健康的标准并不具体和绝对。因为心理现象是主观精神现象，对它的度量很难有一个固定而清晰的界限。根据中外心理健康专家的研究，人的心理健康水平大致可分为以下几个等级。

（一）健康状态

1. 本人不觉得痛苦

在一个时间段中（如一周、一月、一季或一年）快乐的感觉大于痛苦的感觉。

2. 他人不感觉异常

心理活动与周围环境相协调，不出现与周围环境格格不入的现象。

3. 社会功能良好

能胜任家庭和社会角色，能在一般社会环境下充分发挥自身能力，利用现有条件（或创造条件）实现自我价值。

（二）亚健康状态

亚健康状态也被称为"中间状态"，位于健康与疾病之间的一个特定阶段。这种状态在正常人群中较为普遍，通常受到个体的心理特质（如过分内向、过度敏感）、生活中的特定事件（如工作上的压力、晋升的失落、遭受批评或情感生活的低潮）以及身体上的某些不适（如过度的劳累或潜在的健康问题）等多种因素的综合作用。其主要特征包括以下几方面。

1. 持续时间相对较短

这种状态的存在通常不会太长，多数情况下，一周左右就可能自然减轻。

2. 影响程度较轻

身处亚健康状态的人在社会功能上的损害并不明显。他们往往还能够完成日常的工作、学习和其他活动，但往往感觉更多的是疲惫与不适，而非快乐。他们经常使用的形容词可能包括"疲惫""没精打采""情绪低落"和"应付"等。

3. 可以通过自我调节恢复

绝大多数经历亚健康状态的人都可以通过一些方法进行自我调整，如休息、与朋友聊天、参与体育活动、钓鱼、旅行或其他娱乐活动，这样可以有效地改善自己的心理和情感状态。

（三）心理障碍

心理偏差是由于个体内部和外部因素导致心理状态在某些方面出现的超前、滞后、偏离或退化。其主要特征有以下几方面。

1. 表现不一致

个体的心理行为与其实际年龄不匹配，或其反应模式与一般人有所不同。

2. 反应特异性

身处此种状态的人对特定的刺激或情境（如某些特定的事物或环境）有过度的、特定的心理反应，这包括他们的思维、情感和行为。而对于其他非特定刺激或情境，其反应可能与常人无异。

3. 影响深远

这种偏差对个体在社会中的功能和角色产生显著的负面影响。可能导致他们在某些特定领域无法达到普通人的标准或期望。大多数情况下，这种偏差不仅不能通过个体的自我调整来解决，也超出了非专业人士的帮助范围，因此，需要专业心理治疗师的介入和治疗。

（四）心理疾病

心理疾病是由个体与环境交互的因素触发的，导致个体产生剧烈的心理活动，如思维、感情、行为和意志，并伴随着身体上的明显症状和不适。

1. 明显的心理活动变化

可能会出现认知误差、思维速度减缓、记忆力减退的情况以及感受到思维困难、茫然、强烈的自卑和痛楚，缺乏活力，常有情绪的低落和焦虑等症状。

2. 身体症状明显

由于中枢神经系统功能失衡，可能会导致它所控制的各个系统功能的变化：如影响消化系统可能出现饮食减少、胃胀、便秘或腹泻；心血管系统可能引起心跳加速、胸闷和头晕等；内分泌系统的影响可能导致女性月经不规律或男性性功能问题等。

3. 深度的功能损害

身处这种状态的人可能完全无法或仅勉强能够履行日常的社会职能，他们经常缺乏正面、愉悦的情感体验，痛苦深重，"感觉全身都不对劲"或"宁愿不再活下去"的念头时常涌现。

4. 必要的专业干预

此类问题的患者通常难以仅通过自我调整或非精神科专家的治疗而回归健康状态。精神健康专家对这类患者的治疗通常会结合心理治疗和药物疗法。初期，他们可能使用情绪调节药物迅速平稳情绪，后续结合心理治疗以消除心理屏障，并通过心理训练来恢复其社会职能并提升其精神健康状况。

二、心理健康的一般标准

心理健康是从人的"健康"内涵中扩展和升华出来的现代文明概念。传统概念仅把"健康"理解为躯体健康，这是不全面的。现代健康的价值标准与传统健康的价值标准相比，有了很大的发展。

（一）国外学者提出的心理健康标准

心理健康标准说来简单，其实是一个非常复杂的问题。出于不同的理论背景与方法论角度，关于心理健康的标准，学术界众说纷纭，仁者见仁，智者见智，主要有以下几种。

1. 马斯洛和密特尔曼提出的标准

20 世纪 50 年代，美国心理学家亚伯拉罕马斯洛（Abraham H. Maslow）和密特尔曼（Mittelman）提出了十条心理健康的评价标准。

（1）是否有充分的安全感。

（2）是否对自己有充分的了解，并能恰当地评价自己的能力。

（3）自己的生活理想和目标能否切合实际。

（4）能否与周围的环境保持良好的接触。

（5）能否保持自身人格的完整与和谐。

（6）是否具备从经验中学习的能力。

（7）能否保持适当和良好的人际关系。

（8）能否适度表达和控制自己的情绪。

（9）能否在集体允许的前提下，适度地发挥自己的个性。

（10）能否在社会规范的范围内，适度地满足个人的基本需要。

2. 斯柯特提出的标准

1968 年，斯科特·派克（Scott Peck）也提出了关于心理健康的十条标准。

（1）一般的适应能力：适应性、灵活性，把握环境的能力，适应和应对变化多端的世界的能力，阐明目标并实现目标的能力，成功的行为，顺利改变行为的能力。

（2）自我满足的能力：生殖性欲（获得性感高潮的能力），适度满足个人需要，对日常生活感到乐趣，行为的自然性，放松片刻的能力。

（3）人际各种角色的扮演：扮演个人社会角色，行为与角色一致，社会关系适应，行为受社会的赞同，与他人相处的能力，参与社会活动，利用切合实际的帮助，托付他人，履行社会责任，稳定的职业，工作和爱的能力。

（4）智慧能力：知觉的准确性，心理功能的有效性，认知的适当、机智、合理性，接触现实的能力，解决问题的能力、智力，对人类经验的广泛了解和深刻的理解。

（5）对他人的积极态度：利他主义，关心他人，信任、喜欢他人，待人热情，与人亲密的能力，情感移入。

（6）创造性：对社会的贡献，主动精神。

（7）自主性：情感的独立性，同一性，自力更生，一定的超然。

（8）完全成熟：自我实现，个人成长，人生哲学观的形成，在相反力量之间得以均衡，成熟的而不是自相矛盾的动机，自我利用，具备把握冲动、能量和冲突的综合能力，保持一致性，完整的复杂层次，成熟。

（9）对自己的有利态度：控制感，任务完成的满足，自我接受、自我认可，自尊，面对困难，解决问题充满信心，积极的自我形象，自由和自决感，摆脱了自卑感，幸福感。

（10）情绪与动机的控制：对挫折的耐受性，把握焦虑的能力，道德，勇气，自制力，对紧张的抵抗，道义，良心，自我的力量，诚实，清廉正直。

（二）国内学者提出的心理健康标准

1. 许又新提出的标准 [①]

我国许又新提出心理健康可以用以下三类标准（或从三个维度）去衡量。

（1）体验标准：个人的主观体验和内心世界的状况，主要包括是否有良好的心情和恰当的自我评价等。

（2）操作标准：通过观察、实验和测验等方法考察心理活动的过程和效应，其核心是效率，主要包括个人心理活动的效率以及个人的社会效率和社会功能，如工作、学习效率高低，人际关系是否和谐等。

（3）发展标准：主要通过纵向时间线（过去、现在及未来）来分析个人的心理状态。发展标准强调个体拥有向更高水平进步的潜力以及采取相应行动将这种潜力转化为现实的能力。具体来说，这意味着个人是否有明确的理想和目标，并具备实现这些理想和目标的能力，从而促进自身的发展。

---

① 许又新. 调节与适应 心理健康之旅 [M]. 北京：北京出版社，2000:1-20.

2. 王极盛等学者提出的标准 ①

王极盛等认为，人的心理健康标准应包括以下几个方面。

（1）智力正常。

（2）情绪健康：情绪稳定与心情愉快是情绪健康的重要标志。

（3）意志健康：行动的自觉性和果断性是意志健康的重要标志。

（4）统一协调的行为：一个心理健康的人，他的行为是一致的、统一的，思想与行动是统一的、协调的，他的行为有条不紊，做起事来按部就班。

（5）人际关系的适应。

3. 颜世富提出的标准 ②

颜世富对心理健康提出了 12 条标准。

（1）智力正常。

（2）有安全感。

（3）情绪稳定，心情愉快。

（4）意志健全。

（5）对自己有充分的了解，并可以作出恰当的评价。

（6）适应能力强。

（7）能够面对现实，乐于工作、学习、社交。

（8）人际关系和谐。

（9）人格完整和谐。

（10）睡眠正常。

（11）生活习惯良好。

（12）心理和行为与年龄相符合。

---

① 王极盛 . 健康 心理与幸福心理研究 [M]. 成都：四川科学技术出版社，2018：2-12.

② 颜世富 . 心理健康与成功人生 [M]. 上海：上海人民出版社，1997：9-13.

4. 樊富珉提出的标准 ①

樊富珉提出大学生心理健康的 7 个标准。

（1）能保持对学习较浓厚的兴趣和求知欲望。

（2）能保持正确的自我意识，接纳自我。

（3）能协调与控制情绪，保持良好的心情。

（4）能保持和谐的人际关系，乐于与人交往。

（5）能保持完整统一的人格品质。

（6）能保持良好的环境适应能力。

（7）心理行为符合年龄特征。

四、大学生心理健康的标准

　　大学生的年龄一般在 18～25 岁之间，从心理学角度来看，正处于青年初期。大学生的心理具有青年中期的许多特点，但作为一个特殊群体，大学生又不能完全等同于社会上的青年。心理是否健康一般采用量表测量，其标准不是固定不变的。心理健康标准随着时代变迁、文化背景变化而变化。根据我国大学生的实际情况，评判大学生的心理健康水平应从以下几个标准着重考虑。

（一）正常的才智

　　拥有健全智力的人会展现出稳定的学习和吸收新知的能力，能够有效地运用自己的天赋和追求个人的热情。在快速变化的现代社会，为了应对不断的变革，大学生需要持续地更新自己的知识和技能，以确保生活和工作都能流畅进行，从而避免不必要的挫折，获得更多的成就。每个人都应该最大化地运用自己的才华，同时要确保不会侵犯他人的权益或损害集体的利益。否则，这可能会导致人际关系的紧张，增加不必要的压力，并不利于身心的健康平衡。

---

① 　樊富珉. 大学生心理健康与发展 [M]. 北京：清华大学出版社，1997：7-12.

（二）健康的情绪

健康的情绪指情感的平稳和积极的心态。其特征包括正面情绪比消极情绪更为显著，对生活持有乐观的态度，总是充满活力和期望；情绪稳定，擅长管理和调整自己的情绪，既知道如何约束情绪，又知道如何适当地释放情感，确保情绪的表达既满足社会的期待，也满足自己的内在需求，并且在各种场合都能做到适度地表达情感；对于外界刺激的情感反应是适当的，其反应强度与触发该情感的原因一致。

（三）完整的人格

性格反映了个人持久的心理特点与习惯反应方式。和谐的性格包括性格各方面的有序融合，这需要有明确的自我认知，避免对自己身份的困惑，基于积极的人生观来塑造自己的性格，并围绕这个核心将个人的需求、目标和实践整合为一体。

（四）健全的意志

意志是在追求目标过程中对所做的选择、判断和行为进行控制的心理机制。拥有坚定意志的人在行为的自主性、决策的果断度、毅力和自律上都有优越的表现。坚定的意志使大学生在各种场合中都表现出明确的方向感，能迅速并明智地作出选择，并采用有效的策略来应对挑战。面对困境和逆境，他们能够保持理智，选择最佳的应对策略，而不是盲目行动、回避问题或固执己见。

（五）正确的自我评价

自我意识在人格中起到核心作用，它涉及人们对自己以及与外部环境的关系的理解和感知。具备明确自我认知的大学生能够深入地了解和接纳自己，既不过度夸大自己的能力而去尝试超出能力范围的任务，也不低估自己，错过有潜力的机遇。他们持有自信和乐观的态度，设定的生活目标与理想与其实际能力相匹配，而不对自己过于苛责，能有效地发挥自己的长处和规避短处。

（六）环境适应能力强

个体与其所处的环境应该保持和谐关系。这不仅要求个体对环境有深入的观察和正确的理解，确保准确判断，还需要有能力有效地应对环境中的种种挑战，坚持不懈。同时，根据外部环境的特征和自身的认知，大学生应努力寻找平衡，或者根据自身需求去调整环境，或者调整自己以更好地适应环境。

（七）和谐的人际关系

建立健康的人际联系是达到事业和生活双赢的关键。这体现在愿意主动与人建立联系，拥有丰富且深入的社交圈，同时有可以倾诉的亲近伙伴；在人际互动中保持自身的独立性和完整性，对自己有准确的认知，与人为善但不失本色；能公正地评估他人和自己，擅长从他人经验中学习，对他人宽容，乐于提供帮助，并在社交中展现出正面的态度和纯粹的动机。

（八）心理行为符合大学生的年龄特征

随着人们年龄的增长，心理和行为上会有与之对应的特征和变化。对于大学生而言，他们的心理行为应与其年龄和生活角色保持一致。心理健全的大学生充满活力，思维灵活，情感充沛。在日常生活中，他们应展现出活泼、积极、好奇的态度，善于学习和提问。若出现过于成熟或者懒散、情绪化、过于幼稚或依赖等现象，可能是心理健康异常。简而言之，如果一个大学生的心理状态和行为持续且明显地与其年龄特点不符，那很可能是心理健康出现问题的征兆。

第二节　大学生心理素养教育的方法和途径

一、宣传心理健康知识

在大学这个特殊的阶段，大学生正经历从家庭到社会的环境的过渡，面对的压力和挑战空前增加。因此，心理健康在这一时期变得尤为重要。但一些大学生对心理健康的理解存在一定不足，这些不足会影响他们的生活质量和学习效果。

首先，一些大学生对健康的认知存在着片面理解。尽管身体健康无疑是重要的，但心理健康同样关键，它是评价一个人整体健康状况的重要组成部分。一些大学生只关注身体健康，而忽视了心理健康的重要性。这种片面的认知可能导致他们在面对心理问题时采取回避或忽视的态度，从而加重问题。其次，许多大学生对心理健康定义的认识也不够充分。他们可能认为，只要没有明显的心理疾病，就可以认为自己心理健康。但实际上，真正的心理健康不仅仅是没有心理疾病，而是应该具有持续的、积极的心理状态，这包括了自我认知、情绪调节、社交技能以及自身潜能的充分发挥等。

为了纠正这些偏差，学校和社会应该采取积极措施，广泛向大学生宣传心理健康知识。学校可以充分利用广播、电视、网络、校刊、校报、橱窗、板报等多种宣传媒体，普及心理健康知识。此外，学校可以通过举办第二课堂活动，如心理健康讲座、工作坊、心理咨询日等，强化大学生的参与意识，并激发他们对心理健康的兴趣。只有当大学生掌握了心理健康的基本知识和技能，他们才能真正地为自己的心理健康把关，预防潜在的问题，更好地应对大学生活中的种种压力和挑战。此外，心理健康的普及还能促进学生之间的友好关系，增强团队合作，从而创造一个和谐、积极的校园环境，对整个社会都具有深远的意义。

二、开设大学生心理健康教育课

在高等教育阶段，随着大学生面对的心理挑战逐渐增加，心理健康教育课成了满足他们个人发展和技能锻炼的必备课程。该课程致力提供一个综合性的平台，让大学生系统性地了解心理健康的核心概念，探索心理健康的维护方式，并深刻理解心理健康对于其未来发展的价值。与此同时，课堂教学作为该课程的核心，特点是内容精准、信息丰富、高效集中，并为师生提供了直接、有效的交流机会，这使得该课程在大学生的心理健康教育领域占据了显著的位置。

为了确保课程的高质量传授，有必要组建一个由专职心理健康专家组成的核心团队，同时结合其他学科的知识，组建跨学科的、多元化的、稳定的心理健康教育和咨询团队。而在教学方法上，除了传统的知识介绍，还需融入案例分析、实际体验、技能培训等多种教学策略，以确保大学生从多角度、多层面真正掌握和应用所学知识，进而提升整体的教学效果。

三、提供心理咨询

心理咨询是一个专业过程，由资深的心理咨询师运用心理学及其相关领域的知识，在心理学的框架下，应用各种技能与策略，帮助个体处理和解决他们的心理难题。为了满足此需求，学校有必要设立专业的心理咨询中心，为大学生提供针对性的辅导。同时，组建一个结构紧凑、专职与兼职相结合、跨学科协作且持续稳定的心理健康专业团队，进一步深化心理咨询服务。

心理咨询的形式多样，可以是个体咨询，也可以是团体咨询。大部分情况下，咨询师会选择与大学生进行一对一的深度对话。但在某些场合，当一群大学生有着相似的心理困境时，团体咨询会成为一个有效的选择。在团体咨询中，大学生可以感受到彼此的支持，认识到自己并不孤独，这种集体的力量往往能够增强他们应对困难的决心。

四、开展健康心理普查，创建大学生心理档案

为了深入了解和跟踪大学生的心理健康状况，开展心理健康普查并为每位大学生创建心理档案是至关重要的。利用问卷调查和心理测试这些科学工具，可以探究学生的个性特征、智力发展、心理健康状态以及学业表现。这些信息汇集后，形成的心理健康档案不仅记录大学生的心路历程和当前状况，还可以帮助教育者实时了解大学生的心理状况，从而提高心理健康教育的精准性。

那些有心理问题或困扰的大学生可以得到更加关注和指导，这样可以确保他们接受及时并有效的心理辅导，最大程度地预防可能的问题。在高等教育环境中，心理健康教育应当被视为一个综合性的项目，而进行心理健康普查以及为大学生建立心理档案，无疑是使这一项目得以具体实施和深化的关键步骤。

五、开展网络心理健康教育

随着科技进步，传统的课堂教育方式已逐渐无法满足大学生日益增长的心理健康需求。相较之下，网络教育以其不受时间、地点限制且非强制性的特性，受到当代大学生的欢迎，为他们在学习、生活等方面的心理压力提供了更加灵活的支持和解决方案。利用网络进行心理健康教育，不仅能够补充和丰富传统的课堂教育，还能使大学心理健康教育更加广泛和完善。

为了实现这一目标，高校可以通过多种方式在网络上推广心理健康教育。例如，提供在线心理学课程，组织网络心理健康讲座，推广线上心理健康培训以及开展在线心理健康测试等。这些方法不仅便捷、高效，还能够为更多的大学生提供专业的心理支持和服务。

六、提高教师的心理健康水平

教师的心理健康对其职业生涯和个人生活质量具有深远的影响，并且间接地塑造学生的心理状态。教师所持有的世界观、价值观和信念对于处于心理成长过程中的大学生具有深远的启示作用。当前，教师不仅承受教学改革带来的挑战，还要应对学历、职称晋升、研究发表、项目申报、职位竞

争、评价体系以及知识快速更新等多方面的压力。教师的心理健康是学生心理健康的关键，因为教师和学生之间相互影响。因此，提高教师的心理健康水平是至关重要的。高校需要采取多种策略来加强教师对心理健康的认识，提升其心理健康水平，从而为大学生打造一个更为积极、健康和和谐的学习环境。

七、建立三级心理健康防护网

（一）心理卫生的三级预防

在心理健康领域，预防模型被广泛认为是心理健康策略的基石，它突出了通过早期干预来维持和增进心理健康的重要性。这种策略被称为"三级预防"方法，其核心关注点在于疾病的预防、治疗和恢复。三级预防模型不仅提供了一个系统化的方法来处理心理健康问题，还强调了预防和早期干预在整体心理健康策略中的重要性。

初级预防的目标主要集中在预防疾病的发生。这一层面的策略主要涉及通过教育和普及心理知识，提高大学生对心理健康的认识和理解，从而使他们能够识别和避免可能的心理健康风险。为了达到这一目的，普及心理卫生知识并提高大学生的心理健康意识是至关重要的。宣传健康的生活方式、增强应对技巧和提供有关如何识别及早干预心理健康问题的信息，都是这一策略的重要组成部分。

二级预防的重点在于尽早发现和干预已经出现的心理疾病。这一阶段的策略强调早期识别、评估和及时的心理或医学干预，以防止疾病的进一步发展或复发。这不仅可以缩短患者的病程，还可以减轻心理疾病导致的社会和经济负担。在此阶段，心理健康专家和医疗机构通常会提供多种评估工具和治疗方法，以适应不同的需求和情境。

三级预防则关注那些已经患有慢性心理疾病的个体，其目的是帮助他们达到最佳的功能状态，增强他们的社会适应能力，从而使他们能够回归社会并过上独立、有尊严的生活。这一策略通常涉及多学科的合作，包括医学、心理学和社会工作等领域的专家，他们共同努力为患者提供个性化的康复方案，以满足他们独特的需求和挑战。

（二）大学生心理健康的三级功能

在现代社会中，随着对心理健康的深入理解，人们不再单纯地从"防治心理疾病"这一传统观念来看待心理健康，而是更加强调其在促进身心健康、提高人们生活质量和适应能力中的重要性。尤其对于大学生这一特殊群体来说，他们正处于人生的过渡时期，面临着各种生活、学业和情感上的挑战，他们的心理健康更显得尤为重要。在此背景下，大学生心理健康的三级功能应得到足够的重视和深入研究。

大学生心理健康的初级功能着重于预防和治疗心理疾病。这并不是说要为每一个大学生提供心理治疗，而是说要为他们创造一个健康、和谐的学习和生活环境，帮助他们识别潜在的心理问题，并在早期进行干预。为此，各大高校应该提供心理健康教育和培训，教育大学生如何识别和处理潜在的心理问题，并提供相应的支持和服务，如心理咨询、心理测试和治疗。

中级功能的目的是完善大学生的心理调节能力。在大学生活中，学生会面临各种压力和挑战，如学业压力、人际关系、恋爱关系等。这就需要他们具备良好的心理调节能力，以应对这些压力和挑战。为此，各大高校应该提供心理调节培训和课程，教育大学生如何管理自己的情绪、如何处理人际关系、如何面对失败和挫折等。此外，还可以通过各种活动和工作坊，为大学生提供实践和体验的机会，让他们在实践中锻炼和提高自己的心理调节能力。

高级功能则着重于促进大学生的个体和社会发展。心理健康不仅仅是没有心理疾病，更是一个人在个体和社会层面上的全面发展和健全。因此，大学生的心理健康教育不应该只停留在治疗和预防心理疾病的层面，而应该进一步强调其在促进大学生个体和社会发展中的重要性。为此，各大高校应该提供更多的发展性课程和活动，如领导力培训、团队合作、公共服务等，帮助大学生发掘自己的潜能，提高自己的社会适应能力，促进他们成为社会的有责任感和有贡献的公民。

（三）建立三级心理保护网络

在大学生的心理健康工作中，为了确保预防、干预和支持的有效性，构建一个系统的三级心理保护网络至关重要。这种网络化的模式旨在确保各种资源、知识和技能得到最佳的利用，以实现对大学生心理健康的全面关心和维护。

首先，一个健全的三级心理保护网络起始于在大学生中培训和选拔的学生骨干，由这些骨干担任心理咨询员和辅导员角色。由于他们与大学生群体有着紧密的互动，他们有更大的机会观察到同学们可能遭遇的各种困境或心理压力。这种近距离的接触使他们可以迅速地发现并应对大学生群体中出现的各种问题，从而实现对心理健康的及时干预和支持。更为重要的是，他们与其他大学生之间的相对平等关系有助于建立信任，从而让大学生更容易开放自己，分享他们的困惑和问题。

其次，学生处及各系部的主管领导、辅导员、班主任等，作为大学生思想政治工作的主体，他们的角色在此网络中也不可或缺。通过强化他们的心理健康教育知识培训，不仅可以丰富这些教育工作者在心理健康领域的专业知识，还可以增强他们处理日常心理问题的能力。这种培训确保了大学生在面对心理压力或挑战时，可以得到及时、恰当且科学的指导和帮助。

最后，学校的心理健康机构或心理健康教育中心在这个网络中提供了更为系统和专业的支持。这些机构通常由具有丰富经验和专业知识的心理健康专家组成，他们不仅为大学生提供各种心理健康教育课程，还为那些面临较为严重心理问题的大学生提供必要的心理咨询和治疗。此外，他们还负责建立学生心理健康档案，确保每一个大学生的心理健康状况得到适当的关注和跟踪。根据大学生的实际心理健康状况，这些机构还会制定和实施有针对性的预防和教育措施，帮助大学生提高自己的心理素质和应对压力的能力。

八、建立心理危机干预机制

从人格发展的角度而言，每位大学生在成长过程中都可能会遇到不同程度的"心理危机"。建立健全大学生心理危机干预机制，甚为必要。建立心理危机干预机制主要包括以下四个方面。

（一）建立大学生心理危机排查机制

大学生心理健康工作需要一个全面而细致的策略，特别是考虑到当代大学生面临的多种压力和挑战。为了确保每位大学生的心理健康得到恰当的关注和支持，建立心理危机排查机制至关重要。该机制强调在大学生入学时为其建立心理健康档案，并在有条件的情况下根据其需求进行适时的心理测查。这一系统化的方法不仅有助于对大学生的心理状态进行动态跟踪，还能为学校的心理健康管理和辅导提供有力的支撑。

在现代教育环境中，大学生的心理健康状况已经受到了前所未有的关注，而且逐渐成为学校教育管理的重要组成部分。为新生建立心理健康档案，旨在捕捉大学生入学时的基本数据，这样当大学生在大学生涯中遭遇挑战或困境时，教育工作者和辅导员可以参考这些数据，为大学生提供更为个性化和针对性的帮助。进行定期的心理测查是该机制的另一重要方面。根据大学生的实际需求和情况，可以采用多种测查方法和工具。这些测查不仅可以帮助学生认识自己，增强自我意识，还可以为学校提供宝贵的数据，以便更好地理解学生的心理健康状况和需求。在这一过程中，定期总结和分析在心理咨询中发现的带有群体性的问题尤为关键。这种总结和分析可以为学校提供有关大学生心理健康状况的重要信息，从而有助于学校制定更为科学和有效的心理健康策略和措施。此外，及时向学生工作系统和相关部门反馈这些信息，可以确保所有涉及大学生心理健康工作的部门和机构都能够得到最新的、基于数据的指导。此外，动态监测大学生的心理健康状况是防止个别突出心理问题加剧的重要手段。在大学生涯中，大学生可能会遭遇各种各样的压力和挑战，从学业压力到人际关系问题，从职业规划到个人身份的探索。因此，及时识别和干预那些可能导致严重心理健康问题的因素，是确保每位大学生在大学中获得积极、健康和有意义的经历的关键。

（二）建立大学生心理危机预警机制

大学生心理健康工作在现代教育环境中占据了至关重要的地位，这是因为大学生在大学生活中面临着各种挑战和压力，这些挑战和压力可能导致心理健康问题或心理危机。为了更有效地应对这些潜在的问题和危机，建立一个健全的大学生心理危机预警机制变得尤为关键。这个网络的核心目标是确保心理问题和心理危机及时得到发现、干预和解决，从而防止重大突发事件的发生。为了实现这一目标，首要任务是明确各级负责人及其工作职责。这意味着需要明确谁负责发现、报告和干预大学生的心理问题和心理危机以及这些负责人如何与其他相关部门和机构协作，确保大学生得到恰当的支持和帮助。这种明确的责任分工和协作机制有助于确保每一个潜在的问题和危机都得到及时的关注和处理。此外，建立在大学生中发现心理危机或隐患的报告制度也是该网络的重要组成部分。这种报告制度鼓励和要求大学生、教职员工和其他相关人员及时报告他们观察到的任何可能的心理问题或心理危机迹象。这样的制度可以确保任何潜在的问题或危机都不会被忽视或忽略，从而确保大学生得到及时和恰当的支持和帮助。更重要的是，通过这种方式，学校可以对大学生的心理健康状况进行持续的监测和评估，从而更好地理解大学生的需求，并采取相应的预防和干预措施。这种早期发现、干预和解决的策略旨在确保大学生的心理健康得到最佳的保障，从而为大学生在大学中获得积极、健康和有意义的经历创造条件。

（三）建立大学生心理危机处置机制

在当前的教育环境中，大学生可能因多种原因而面临心理压力和挑战，可能涉及学业、人际关系、经济压力或其他个人和家庭问题。因此，确保大学生在遭遇心理危机时得到适当的支持和帮助是高校的首要责任。为了实现这一目标，制定一套完善的规章制度和操作规范是至关重要的。

当提及制定有关规章制度和操作规范时，其核心意义在于为教职员工提供一个明确的框架，指导他们如何在发现心理危机的迹象时采取行动以及如何与其他相关部门和机构协调合作，确保得到及时和恰当的支持。这种制度化的方法不仅提高了危机处置的效率，还确保了所有涉及的各方在处理这些问题时采取一致和标准化的方法。与此同时，确保与各学院、职能部门、公共卫生系统和学生家长等相关方建立紧密的工作联系至关重要。这种跨部门和跨机构的合作确保了在心理危机发生时，所有必要的资源和专业知识都能够被迅速而有效地动员起来。例如，与公共卫生系统的联系可以确保大学生在需要的时候得到专业的医疗和心理健康服务，与家长的联系则确保家庭能够参与并支持大学生的恢复过程。这种协同工作的方式为形成心理危机的快速反应通道提供了可能。当大学生面临心理危机时，时间是关键因素，能够快速动员和协调资源，确保为大学生提供恰当的支持和帮助，可能是他们健康和安全的决定性因素。此外，这种快速反应通道还确保了在处理危机时，学校社区的所有成员都能够有机会参与，并为大学生的恢复和康复提供持续的支持。

建立有效的心理危机处置机制不仅需要遵循规章制度和操作规范，还需要培训和教育，确保教职员工和其他相关人员都了解这些制度和规范，并知道如何在危机发生时采取行动，是确保机制有效运作的关键。只有当所有相关方都了解并信守这些制度和规范时，心理危机处置机制才能达到预期的效果，并为大学生提供所需的支持和帮助。

（四）建立大学生心理危机追踪与反馈机制

在现代教育体系中，面对大学生的心理健康问题，仅仅关注短期内的心理危机处置是不足够的。对于已经经历过心理危机的学生，需要对其进行长期、持续并系统的关注和支持，以确保他们能够完全恢复并继续在学术和社会生活中取得成功。因此，建立一个追踪和反馈机制，以确保持续关注渡过危机的大学生，并为他们提供必要的支持和帮助，显得尤为重要。

此类机制的重要性在于，渡过危机并不意味着个体的心理健康问题已经完全解决。实际上，许多大学生在经历危机后仍然面临许多挑战，如持续的焦虑、抑郁或其他心理健康问题。与此同时，他们的学习、社交和家庭生活可能受到影响，需要特定的支持和帮助。

　　为此，学校及其相关部门需与学生、教师、班主任和家长建立紧密的协作关系。这种协同工作不仅是为了持续监测大学生的心理健康状况，还是为了提供必要的支持和帮助，协助大学生更好地适应学习和生活环境，促进他们的身心康复。例如，教师和班主任可以为大学生提供学术上的帮助，协助他们重新融入学习环境；而家长可以为大学生提供家庭支持，帮助他们处理家庭问题。

　　同时，除了关注已经渡过危机的个体学生，学校应该对危机事件对整个班级或宿舍的影响进行评估和关注。心理危机事件可能对受害者所在的群体产生持续的负面效应，如集体的焦虑、紧张或其他心理健康问题。为此，学校需要提供相应的心理健康教育和支持，帮助这些大学生理解和处理他们所面临的情感和情绪问题。

第六章　新时代大学生创新素养教育

第一节　创新素养的内涵和构成

一、创新素养内涵

（一）创新

1.创新的概念

创新的概念最早由奥地利经济学家熊彼德在 20 世纪初阐述。他在其著作《经济发展理论》中，将创新描述为"将新的、重新组合的或再次被发现的知识融入经济系统的过程。"熊彼德的这一理念为现代创新研究奠定了基石，并启发了各国对国家创新体系的初步探讨。他对创新本质和范围的开创性思考为后来者提供了深入的研究视角。然而，尽管时间已经过去了很长，对于创新的确切定义仍是各方学者争论的焦点。

（1）从词语本身的含义界定。《现代汉语词典》对"创新"一词的解释为：抛开旧的，创造新的；指创造性。

（2）从哲学的角度界定。有的学者认为，创新是人类的一种认识方式和实践方式，是人类的主体行为，即人类处在被认识对象和被改造对象面前的主体能动性的体现，是主体力量的对比。

（3）从研究对象角度界定。创新有两种，一种是技术创新，它在自然界中为某种自然物找到新的应用，并赋予新的经济价值；一种是社会创新，它在经济与社会中创造一种新的管理机构、管理方式和管理手段，从而在资源配置中取得更大的经济与社会价值。

（4）从运动过程和结果角度界定。创新是根据一定目的的任务，运用一切已知信息，开展能动思维活动，产生某种新颖、独特、有社会或个人价值的作品的智力品质。

（5）从创新的组成结构进行界定。如果从静态的角度审视创新，可以把创新定义为：凡是在已知信息的基础上，经过思维活动或者实施行为，产生具有新颖性、独创性、价值性成果的活动就叫创新。如果从动态的角度审视创新，也可以说创新就是由取得观念成果到产出再造成果的系统运动过程。

在多学科交叉的背景下，创新作为一个综合性和多元化的概念受到广泛关注和讨论。核心上，创新的精髓是其新颖性。这种新颖性可以理解为完全的原创，为前所未有；亦可视为对既有观念和技术的进一步深化和完善。它包括从创作、改变到整合的多种形态，充分显示了创新的宽广性和多样性。

在宏观历史的维度中，创新被解读为人类通过富有创意的思维，在具体实践中所取得的解决方案，创造出首度问世的产品或方法，从而为历史的车轮注入新的推动力，成为历史进程中的重要推动者。这种对创新的解读可以被称作"原创性创新"，它体现了人类在面对新问题时，运用独特的思维方式和方法，获得前所未有的答案的能力。而在微观层面，创新显得更为复杂。它不仅是基于既有的创意或发明上，而是需要将多种思考方式和方法相融合，经过不断的迭代和完善，才能产出真正意义上的新产品或成果。这种融合了多种元素的创新过程，被称作"综合性创新"。它强调了在创新过程中，对各种资源、知识和技术进行综合运用的重要性，使创新成果更具深度和广度。然而，对于个体而言，创新又呈现出另一种特质。个体在日常生活和工作中，需要不断挑战自我，超越已有的界限和习惯，从而培养和锻炼出卓越的创新能力。这种始终保持对新知识和新技能的渴求，始终保持敢于挑战、敢于探索的精神，被称作"自我创新"。它强调了创新不仅是外部的技术和产品的更新，更是个体内部思维方式和习惯的转变。

2. 创新的特征

（1）创新是创造性和风险性的辩证统一。创新作为一个独特的经济和社会活动，其核心特征是创造性与风险性之间的辩证关系。这两个要素相互作用、相互影响，共同构成了创新的复杂性和多样性。首先，创新的创造性表现在它对常规的突破和对新方法、新思维的追求上。这种创造性鼓励人们去探索、去尝试、去实验，从而在未知的领域中寻找新的解决方案和机会。这不仅需要丰富的想象力和创造力，还需要对现有知识和技能的深入理解和批判性思考。只有这样，创新活动才能真正产生独特的、前所未有的价值。然而，正是由于这种对新事物的追求和探索，使得创新也带有很大的风险性。因为在创新过程中，很多尝试和探索都是对未知的、不确定的领域的挑战，这无疑会增加失败的可能性。但这种风险性并不意味着创新是一种盲目的冒险，相反，它需要对风险进行合理的评估和管理，确保在追求新价值的同时，能够有效地控制潜在的风险。此外，创新的结果也是充满变数的。即使一个创新项目经过深思熟虑和精心设计，它的最终成果也可能受到外部环境、市场需求、技术进步等多种因素的影响。这意味着创新并不总是被市场所接受和认可，有时甚至可能遭到严重的批评和反对。但这也是创新的一个重要特征，那就是对失败的容忍和对挫折的反思，可以为未来的创新活动提供更为宝贵的经验和教训。

（2）创新是求异性和综合性的辩证统一。创新的本质既蕴含着求异的冲动，也展现了综合的智慧。这两者之间的互动和融合，是创新活动丰富性和复杂性的核心所在，共同定义了创新的多维度特质。首先，创新的求异性体现在对新颖、独特和前沿的不懈追求上。这种追求促使创新者突破固有的框架，对传统的认知和实践进行挑战。正如熊彼特所强调的"创造性地破坏"，这不仅是对现有事物的颠覆，更是对新的机会和可能性的探索。这种求异的活动，需要充分的想象力、勇气和创造力，以确保在创新过程中，能够真正达到超越和更新。然而，创新的求异并不是孤立的，它必须建立在对既有知识和技能的深入理解和应用的基础上。这就要求创新者具备高度的综合能力，能够将不同领域的知识、技能和资源相互结合，形成具有独特价值的新事物。这种综合过程，不仅需要对各种资源进行有效的整合，还需要对各种元素进行深度的分析和评估，确保在综合的基础上，能够产生真正的创新价值。值得注意的是，创新的综合性并不意味着简单地组合既有的元素，而是在这个过程中，创造出与原有元素有显著差异的新事物。这既需要对原始材料进行深入的探索和研究，也需要对新事物进行持续的试验和改进。

（3）创新是价值性和新颖性的辩证统一。创新的核心动力在于其新颖性和价值性的相互碰撞与融合。这两者缺一不可，并且在一定程度上是相辅相成的，互为因果。它们之间的关系为创新提供了指导，也为评估创新的意义和影响提供了准则。新颖性，即创新的独特性、前沿性和区别性，是创新活动的起点。它引导人们突破已知，探索未知，为人们提供了一个与众不同、突出的创意或解决方案。新颖性鼓励人们挑战传统、跳出常规、并寻求新的方法和途径。但仅有新颖性是不够的。如果一个创意或发明不能为社会、经济或技术带来实际价值，那么它的作用就会大打折扣。这引出了价值性的概念，它是评估创新实际效果和成果的重要标准。价值性关注创新的实际应用，其经济效益以及对社会、经济、文化等方面的长期影响。一个创新项目，无论其原始构想有多新颖，如果不能在实际应用中产生明确的价值，那么它就难以称之为真正的创新。实际上，这两者之间存在着密切的联系。新颖性可以为创新提供方向和机会，而价值性则确保这些新颖的创意或发明可以真正为社会和经济带来长期、持续的益处。这正是熊彼特所强调的创新的核心意义。但也必须注意，过分追求新颖性而忽略价值性会导致资源的浪费。这样的"创新"不仅不能推动社会和经济的发展，还可能导致浪费和失误。

（4）创新是继承性和发展性的辩证统一。创新，既是对历史和传统的继承，也是对未来和发展的探索。这种继承性和发展性的辩证统一，是现代知识经济时期创新活动的核心特质，它为创新的形式、方向和策略提供了理论和实践上的指导。继承性体现在对已有知识、技能和经验的认识、吸收和应用。在一个快速变化的时代，仍然需要对前人的成果进行系统、全面的研究和理解。这不仅是对历史的尊重，也是为了在更高的起点上进行新的探索和创新。只有站在巨人的肩膀上，才能看得更远、走得更远。创新者需要对已有成果进行丰富、扩展，在某些情况下需要进行适当的扬弃，确保创新活动始终与时代、技术和市场的发展保持一致。而发展性则是对新的机会、挑战和可能性的寻求、研究和实践。创新的本质是发展和前进，它要求人们不断地挑战现状，探索新的领域和方法，形成新的思维和视角。在知识经济时期，这种发展性更加明显。可以看到，创新已经从单一、一次性的项目转变为持续、系统的过程。这不仅要求创新者对具体的技术或产品进行创新，还需要对整个创新体系、机制和策略进行优化和更新。同时，创新的主体从少数专家转变为全员、多元化的团队和群体，这为创新活动提供了更广阔的视角、更多的资源和更高的效率。此外，创新也是一个长期、持续的过程。它需要时间、耐心和努力，需要对各种因素进行权衡和调整，确保创新活动始终处于最佳的状态和方向。这就要求创新者有清晰的目标、充分的准备和坚定的信念，为创新付出长期、不懈的努力，积累经验，反思失败，不断地优化和完善，直至成功。

（二）创新素养

创新的分类呈现三个主要维度，即原创型创新，组合型创新和模拟型创新。首先，原创型创新，也称为原始创新，是源于纯粹的创意和独特性，不依赖于预先存在的模型或框架。其次，组合型创新或集成创新涉及从现有的模型或框架中选取元素并将其重新结合或组织。最后，模拟型创新是一个过程，其中现有的模型在不同的背景或环境中被适应和应用，经过引进、消化、吸收之后进行再创新。无论是哪种创新，都需要具备好的创新素养。创新素养则体现了个体在进行创新活动时所具备的内在品质和能力。它既是与生俱来的天赋，也是受后天环境、教育和经验影响而逐渐塑造的特质。这种素养主要包含三个方面：创新的意识，即对新事物的好奇心和探索欲望；创新的个性，即勇于冒险、敢于挑战常规和保持开放思维的品质；创新的能力，即具备解决问题、推动变革的实际技能和知识。这些特质都是可以经过教育和实践来进一步培养和强化的，它们的方向和目标都与个体和社会的价值观紧密相关。可以说，创新素养不仅是衡量一个人能否在创新领域取得成功的关键标准，而且也是决定一个人是否能够为社会带来积极影响和价值的重要因素。在当今时代，随着知识经济和技术的快速进步，创新素养已经成为评估个人整体素质的核心指标之一。创新素养与一般素养的关系如下。

（1）创新素养可以视为一般素养的扩展与深化。一般素养描述了个体整体的认知和身体发展，涵盖了思维方式、科学和文化知识以及身体健康等多个维度。当某个人在各个方面都表现出高水平的素养时，人们往往称其为"全面成熟的个体"。但这样的全面成熟是否就意味着其具备出色的创新能力呢？答案未必如此。只有当一个人的综合素养中融入了大量的创新因素时，其创新潜能才可能得到充分的激发。在这里，一般素养为创新素养提供了坚实的基石，而创新素养则是对一般素养的进一步深化和升华。

（2）创新素养对于创新活动具有更为核心的影响，相较于一般素养更为决定性。具备一般素养的个体在执行常规、规范化的任务中往往表现出色，但涉及创新性工作时，这种一般素养的优势并不总是能转化为高效表现。一个典型的例证是，一些学生在学校时期展现了均衡且全面的一般素养，但在职场上并未表现出特别的卓越之处；与此相反，部分在学校阶段一般素养没有得到充分锻炼的学生，却因其独立的思维、好奇心和勇于冒险的特质，展现出惊人的创新能力，并在职场上取得了显著的成就。其中的核心区别在于，后者的个性与特长中，创新素养所占的比重较大，这使得他们在实践中能够产生更多富有创意的成果。

（3）创新素养虽然是与创新活动紧密相连的特定身心成分，但其实质和意义已经渗透到了一般素养的各个方面，使其逐渐成为一般素养的中心和灵魂。尽管从内容范围上看，创新素养可能不如一般素养广泛，但它的核心内容与一般素养存在高度重叠，使得创新素养在很大程度上成了一般素养的核心和代表。人的一般素养主要反映在解决问题、适应变化的环境以及追求更为优越的生活和发展状况等方面。其中，创造性地、独特地解决问题是人们不断追求的高级目标。正是在这样的追求中，创新素养的重要性得到了凸显。因为它为人们提供了在面对复杂问题时，思考、决策和实践的新方法和策略，使得解决问题的过程更为高效和独特。因此，可以肯定地说，创新素养不仅是一般素养的延伸，更是其不可或缺的核心部分。

二、创新素养构成

创新素养基本上可分为两大核心组成部分：首先是创新的驱动要素，这涵盖了如动机的强烈、持续的追求、独立思考、好奇的天性、勇于挑战以及对知识的渴望等特质。其次是创新的实施能力，这包括了创意思维、获取与运用新的知识的技巧以及实践中的操作和应用技能。当谈到创新的驱动要素时，实际上是在提及培育学生的创新精神，即那种不甘于平淡、挑战既有常态、提出和探寻新问题的意识。这种驱动力是创新素养的核心，是其哲理和指导思想的体现。而创新的实施能力则关乎在已有知识结构上，如何在科学、艺术、技术及多样的实践活动中，持续地呈现出经济、社会及生态上有价值的创新观念、理论、方法和创造。创新能力是一个国家和民族发展的关键，是经济竞技场上的决胜因素。在当代社会，竞争的本质不仅是人才间的比拼，更多的是人们创新能力和创造力的角逐。

具体来讲，创新素养是由以下三部分构成。

（一）创新意识

创新意识是现代社会高度重视的一种心理现象，它涉及个体的认知、情感和行为三个维度。在认知维度中，创新意识表现为观察、记忆、想象和思维的创新性，即个体能够在日常生活和工作中观察到与众不同的现象，存储不同的信息，产生新的联想，并进行独特的思考。在情感维度中，创新意识涉及创新需要、创新动机、创新热情、创新兴趣、创新意志和创新性格，这意味着个体对创新有着强烈的需求和动机，对创新充满热情和兴趣，具有坚韧不拔的创新意志和独特的创新性格。在行为维度中，创新意识则表现为善于发现问题、求新求变、积极探究的心理取向，即个体在日常生活和工作中经常能够发现问题，喜欢尝试新的方法和途径，对未知的事物充满好奇心，愿意付出努力进行探究。

创新意识不仅是一个抽象的概念，更是创新行为的灵魂和动力。它代表着一个超越的意识，即对创新的崇尚、追求和尊重，认为创新是一种值得骄傲的行为。在强烈的创新意识的驱动下，个体往往能够产生强烈的创新动机，确定明确的创新目标，全面发挥自己的创新潜力和智慧，激发出无尽的创新激情。具体而言，这种意识驱使人们对现状持有不满足的态度，敢于挑战传统和习惯，认为创新是一种乐趣和骄傲，对创新有着强烈的激情和冲动。

某电气公司的彩色电扇案例便是创新意识的典型体现。1952 年前后，由于各种原因，该公司积压了大量的电扇难以销售。为了解决这一问题，公司的众多职员都在努力寻找合适的方法，但效果甚微。然而，一个小职员提出了一个与众不同的建议，即改变电扇的颜色。这一建议得到了公司董事长的认可和支持。经过研究和尝试，公司决定将传统的黑色电扇换为彩色电扇。结果，这一创新举措为公司带来了意想不到的成功，彩色电扇在市场上引起了巨大的反响，销量大增，公司的经营状况得到了显著的改善。这一案例表明，创新意识可以为企业带来巨大的商机和价值，对于企业的生存和发展具有决定性的意义。

（二）创新人格

创新人格，作为一种心理学范畴，是指对那些有助于创新和富有创造性的人格特质的培养与发展。在此背景下，人格或个性是指个体作为一个主体必然拥有的各种心理品质的内在结构。它代表了个体在进行与外界互动时的稳定特征和习惯性反应方式。创新人格在创新素养的体系中占据着关键的位置，其地位甚至超越了智力因素。而这种人格所表现出的特质并不局限于认知活动，更多地体现在对个体行为起到的动力和调节作用上。这种动力和调节作用更多地源于非智力因素，如需要、动机、兴趣、世界观、价值观、性格、气质以及理想信念等。

美国的某些学者对创新的特点进行了归纳，认为创新的过程并非自发产生，它需要经过人的有意识努力。创新过程往往需要挑战和超越社会的既有成见，它往往伴随着付出巨大的努力、承担风险、持有原创性的思维，具备强烈的责任感和毅力。这种描述不仅涉及创新的外在表现，还深入挖掘了与创新人格紧密相关的心理特质。对于创新行为，除了需要有一种持续的意识、锐利的洞察力以及应对变革的能力，更为关键的是需要具备探索性、坚韧不拔的人格特质，这种特质能驱使人们不断地将新思想转化为实际行动。

池田菊苗博士的案例为人们提供了一个生动的实证。池田博士作为味精的发明者，展示了其独特的创新人格特质。在一个看似寻常的家庭晚餐场合，他不满足于只是简单地品尝食物，而是进一步探寻食物的味道背后的秘密。在询问了家庭成员后，他对海带中鲜美味道的来源产生了浓厚的兴趣，这种兴趣驱使他进行了一系列的研究和实验。经过不断的努力，他最终发现了一种白色物质，即味精，实验表明味精对调味有着显著的作用。池田博士不仅止步于此，他进一步优化了味精的生产过程，并成功申请了专利，最终开设了工厂进行味精的生产。这个例子揭示了一个重要的现象，那就是创新不仅仅是一个简单的想法或灵感，它更多地需要一个坚韧不拔、持续探索的人格来支撑。

（三）创新能力

创新能力，是在现代知识经济背景下，被广大学术和产业界所高度重视的核心素质。这种能力不仅体现在对知识的获取上，更在于对所掌握知识的综合与再创造，使之成为解决实际问题、推动技术或思想进步的工具。心理学界多年的研究发现，具有高创新能力的个体通常展现出深入的认知力、锐利的观察力、丰盛的想象力以及集中的注意力等多方面的优势。特莱奇曼的观点进一步深化了人们对创新能力的认识，他认为创新不仅是对已有任务的完成，更多的是对各种经验和知识的新的连接和综合。

考察现实中的创新实践，李克成的成长历程为研究者提供了一个生动的范例。正值大学时期，李克成展现出与众不同的敏感性和创新自发性，他对市场的细致观察使他捕捉到了数码产品在高校市场的巨大潜力。这种对细节的敏感性和对市场动态的关注，是他的创新能力的一部分。但仅仅这样是不够的，他还将这些观察转化为实际的行动，尝试做小件数码产品的高校代理，并在此过程中不断学习和积累经验。这一阶段，可以看到李克成在创新实践中展现出的独特的思维力和实践力。当他拒绝了一份薪酬丰厚的工作机会，选择开办自己的公司，这一决策背后所体现的是他对市场需求的深入了解以及对自己的坚定信念。他所创建的某人才服务有限公司，正是基于他对当前毕业生与企业之间需求不匹配问题的洞察，旨在为企业和学生搭建一个有效的沟通桥梁，为他们提供更为精准的人力资源服务。这一企划不仅展现了李克成对市场的敏锐洞察力，也显示了他在信息能力方面的突出。李克成的成功并非偶然，其背后是他长时间的积累、对机会的敏感捕捉以及对自己职业规划的明确认识。他的经历为人们提供了一个重要的启示：即创新能力不是孤立的，它是基于对外部环境的深入理解、对自己内在驱动力的发掘，以及通过不断的实践来锻炼和提升的。而在这一过程中，善于挑战自己、不断提高自己的各种能力，无疑是关键的推动力。

三、创新与大学生成人成才

构建创新驱动的国家是基于我国全面建成小康社会的长远视角，以及在中国特色社会主义背景下寻求新的发展机遇所做出的战略指引。在此战略构想中，人才被视为关键的支撑。大学生，作为经过国家精心培养的专业力量，无疑是这一创新驱动策略的核心。因此，培育大学生的创新素养不仅关乎他们的个人成长与发展，更关系到我国综合实力的持续提升。

长此以往，由于教育体制的约束和固有的教育观念，我国的教育模式倾向于标准化，这在一定程度上限制了学生的思维广度和深度，缺乏对个性和独特性的培养。这种模式已经不适应当前知识经济的大趋势，因为在这个新时代，只有那些具备创新意识和能力的跨学科人才才能在国际舞台上展现实力。然而，我国在培育大学生的创新能力上尚存在一定的不足，与社会的期望和发展方向并不完全吻合。因此，对大学生创新能力的深化培养已成为当务之急。

（一）创新是提升国家竞争力的必由之路

创新在知识经济时代已成为衡量国家综合实力与竞争力的关键要素。国家的整体竞争力很大程度上取决于其创新能力，这一能力归根结底取决于对人才的培养与储备。高等教育的不断发展体现了对人才的重视与依赖，使科学研究与人才培养紧密结合，为经济提供强大的驱动力。

观察中国的成功经验，可以明显看到科研与教育的双重重视，尤其是对创新型人才的培养，已在多个方面促进了科技进步和社会经济的持续发展。这种正反馈关系进一步强调了高质量、具有创新素养的人才对国家发展的至关重要性。中国近年来取得的科技和经济突破，从高速铁路、移动支付、电商平台到5G通信技术等，都彰显了其深度和广度上的创新能力。此外，中国也注重对知识产权、金融、政治制度等的深度改革与发展，为全球竞争中赢得了显著的优势。中国不仅在国内范围内推进创新，还在全球范围内吸引并培养大量优秀人才。例如，清华大学、北京大学、复旦大学等，不仅是国内顶尖人才的摇篮，也为国际学生和研究者提供了学习和研究的机会。这一优势使得中国在人才的培养和引进方面取得了明显成效。同时，中国的一些高科技公司，在全球范围内都是创新的代表。从电商、金融科技到通信技术，它们都在全球范围内展现了中国品牌和企业的影响力。

（二）创新素养是社会和企业对人才素养的客观要求

创新素养已逐渐成为社会和企业对于人才素质的核心期待，特别是在市场经济快速发展、企业间竞争日益加剧的当下。这一要求背后蕴含着市场对企业持续发展和差异化的渴求。随着经济的进步，越来越明确地认识到企业的核心竞争力并非仅仅在于资金、技术或市场占有率，而更多地体现在能够持续、快速地对市场变化做出反应的能力，也就是创新能力。在当今的信息化时代，数据和信息透明化，使得企业之间的差异化日益凸显，而这种差异化很大程度上依赖于企业所拥有的独特的运营流程、管理模式和组织文化。但这些独特性要想能够为企业带来长期竞争优势，必须建立在持续的创新基础之上。此外，消费者日益多样化的需求和对新产品或服务的追求也催生了企业对创新的重视，任何创新停滞不前的企业都难以在竞争中获得上风。因此，企业对人才的要求不再是单一的技能或知识，而是更有深度的创新思维和行为。

从实际案例中，可以明确看到创新在企业成功中的关键地位。例如，某玻璃公司的年轻工人亚历山大·山姆森从日常生活中获得了灵感，设计出了一种既美观又实用的玻璃瓶。这种瓶子的设计不仅满足了当时消费者对于产品外观、容量和实用性的需求，更重要的是，它给人留下了深刻的印象，使得某饮料公司决策者坎德勒看中并愿意为此支付高价。这一创新不仅为该玻璃公司带来了巨大的经济效益，更为某饮料公司打开了一个全新的市场。短短两年内，采用这种新型玻璃瓶的某饮料销量翻倍，迅速走向全球。这一案例再次印证了创新素养对于企业成功的关键作用。不仅如此，创新素养的重要性也被更多的学校和教育机构所认识到，越来越多的大学生在求学过程中不仅仅是学习知识和技能，更重要的是培养他们的创新思维和实践能力，以满足未来社会和企业对人才的期望。

（三）创新素养是推动大学生健康成长的内在力量

在新经济时代，社会追求的"创新人才"不只是拥有高深的技能和知识，而是能够表现出非凡的创造力，具有强烈的创新欲望和冲动。在这种背景下，创新意识被看作创新活动的前提。创新意识能够引导个体产生强烈的创新动机，树立明确的创新目标，并主动地捕捉创新灵感和机会。在这种动机的驱动下，个体能够充分发挥其智慧和潜能，进行积极的创新活动。这种外在的表现形式背后，隐藏着一种强烈的主体意识和竞争意识。但现实中，个别大学生似乎并没有完全意识到这种创新力量的重要性。他们将重点放在学业和考试上，忽略了自主学习和独立探索新知识的能力培养。这种偏向，使得学生在学习过程中，更多地呈现出一种被动的接受态度，而缺乏足够的主动性和创造性。创新素养作为一种教育理念，可以很好地纠正这种偏见，鼓励学生敢于突破传统，敢于质疑和批判，并鼓励他们拥有宏大的梦想和活跃的思维。一旦学生能够培养出这种创新素养，他们就能自主地进入一个持续建设的发展轨道，使其成为推动他们健康成长的重要动力。

例如，有些大学生，尽管他们在经济上可能面临困难，但他们依然通过自己的努力和创新精神获得了显著的成就。一个典型的例子是四川联合大学的学生林炜。在第五届"挑战杯"全国大学生课外学术科技作品竞赛中，他的作品"利用红矾母液和铬酐下脚料生产蒙囿吸收铬鞣粉剂 KMRC"赢得了一等奖。这个奖项不仅为他带来了荣誉，还为他带来了重庆某公司以 700 万元人民币购买这项创新技术使用权的经济效益。再如中国科技大学的刘庆峰等六名学生，由于他们在计算机"人机语音对话技术"研究上取得的创新成果，获得了某公司 668.85 万元的配股金额。这意味着，这些仍在校园的大学生，因为他们的发明和努力，变成了校园里的百万富翁。

这些例子都清晰地展示了创新素养对于大学生健康成长的重要性。它不仅能帮助学生在学术上取得成功，更能帮助他们在职业生涯中取得成功。这也是为什么在新经济时代国家和社会更加重视对创新素养的培养，因为只有拥有这种素养的人才，才能够在这个快速变化的世界中找到自己的位置，并持续地为社会创造价值。

第二节　大学生创新能力开发

在中国的教育史中，充满了对创新能力培养的朴实而深沉的理念和策略。早在两千多年前，老子在《道德经》里就提出了关于创造的理念："天下万物生于有，有生于无"；孔子则强调了"因材施教"的重要性，他还提到"不愤不启，不悱不发；举一隅不以三隅反，则不复也"，强调应根据每个学生的特点去教育他们。到了 1919 年，陶行知先生首次将"创造"这个概念与教育联系起来。在《第一流的教育家》中，他提出要培养那些具备"创造精神"和"开辟精神"的学者。对于一个国家的繁荣和民族的未来，培育学生的创新能力具有不可估量的价值。

一、创新能力内涵

创新能力描述了在创新过程中所展现的个体心理特质，这是基于现有知识对事物进行创造、改造或整合以产生新的成果的能力。其核心由四个要素组成：遗传素养、环境、实践和创新思维。创新能力是民族发展的关键，是赢得国际竞争的决定性力量。现代社会的竞赛核心不仅是人才的角逐，更多的是个体的创造力的对抗。人的创新能力是由许多因素塑造的。

（一）遗传素养

遗传素养，常被称作天赋，作为人类创新能力的生理基础，为人们提供了物质前提。这种素养深刻地影响着个体创新能力的未来走向、进展速度和高度。这种与生俱来的素养体现在一个人的解剖生理特征中，如脑部和神经系统的结构、功能特性，感觉和运动器官的功能以及身体的整体结构和功能。大脑作为这种能力的物质基石，其重要性不言而喻。没有大脑，创新能力的形成和发展就会丧失其来源。尽管人类创新能力的形成遵循遗传规律，但天赋并不是其唯一决定因素。

阿尔伯特·爱因斯坦的经历为这一观点提供了有力证据。这位相对论的提出者，出生于德国乌尔姆的一个经营电器作坊的家庭，其一开始并没有显示出异于常人的聪明才智。他三岁时还未开始说话，而且在学校阶段，他的学业成绩并不突出，与同龄人的交往也相对有限。他与周围环境的不和导致了一些教育者对他的未来持怀疑态度。然而，尽管面对这些挑战和怀疑，爱因斯坦最终还是取得了杰出的成就，包括获得 1921 年的诺贝尔物理学奖，并在 1999 年被美国《时代》周刊评选为"世纪伟人"，他的贡献使他被公认为 20 世纪最杰出的科学家之一。爱因斯坦的成功并不只是基于他的遗传素养或天赋，而是他特有的思考方式和不懈的努力。当被询及他的成功秘诀时，他提出了一个简洁而富有哲理的公式："A=X+Y+Z"，其中 A 代表成功，X 代表正确的方法，Y 代表努力工作，而 Z 代表少说废话。这不仅是对他自身成功的总结，也为众多追求创新和成功的人提供了宝贵的启示。

（二）环境

环境对人类创新能力的形成与提高起着决定性的作用。个体的创新能力的发展速度与层次，很大程度上，受其所处环境的影响。此处讨论的环境涵盖社会与自然两大领域。社会环境涉及家庭、学校和更广阔的社交圈，考虑到人类为社会生物，其创新实践无疑是受到环境的深度塑造的。人与环境之间呈现一种对立统一的关系：尽管环境对个体施加制约，人们仍具备主动改变环境的潜能。这种变革力量并非源自个体，而是来自社会的集体，如马克思所言，人与环境相互创造。

为更深入探讨环境对个体成长和发展的影响，值得研究的一个实例是1920年印度加尔各答南部一个村落中发现的两名女孩，卡玛拉和阿玛拉。当时，她们被发现居住在狼洞中，与狼群生活。尽管辛格夫妇采用了巨大的努力、爱心和耐心，试图将她们培养为正常人，但这两名女孩却无法摆脱她们早期与狼群相处的习惯。她们在日常生活中呈现出与狼相似的行为，如使用四肢行走、对人进行攻击、白天睡觉和夜晚嚎叫，以及偏好腐肉和活鸡等食物。辛格夫妇的教育尝试为人们揭示了环境对早期成长的重要性。尽管在辛格夫妇的细心照料下，阿玛拉在两个月后终于说出了"不"这个词，但遗憾的是，她还是在一年后去世了。与此同时，卡玛拉虽然经过三年的努力才学会使用双脚行走，但在某些时刻，她仍然无法摆脱四肢行走的本能。当卡玛拉在17岁时去世，她的智商仅相当于3.5岁儿童，只能说出约45个单词。这一案例清晰地揭示了环境在早期教育和个体发展中的决定性作用。

（三）实践

实践被认为是创新能力形成的最基础途径，并在验证创新能力和成果上起到关键的作用。对于创新能力的施展，仅在实践中能够得到真正的体现，因为实践为创新提供了转化为现实的平台。人的创新活动基本上可以被视为改造实践的活动，这意味着只有通过实际操作和实践，创新意识才能真正实现。此外，创新能力也是在实践中塑造并不断经受实践的检验。

袁隆平院士的杂交水稻研究为实践在创新过程中起到关键性作用这一论点提供了有力的案例证据。1953年毕业于西南农学院（现西南大学）的袁隆平，致力农作物育种研究，并与其团队针对多种水稻品种进行杂交研究。经过多年的稳定繁殖和精心培育，他们成功培育出了多种高产量且质量上佳的杂交水稻新品种。其中，我国 2002 年发布的水稻基因组测序成果中使用的"籼稻 9311"品种便是袁隆平团队的研究成果。杨焕明教授在对此品种的基因组研究中确认了袁隆平团队在育种实践中的先进性，尤其是他所培育的杂交水稻所具有的高效基因组合。袁隆平的杂交水稻研究不仅为我国带来了显著的经济效益，其品种已帮助我国累计增产超过 1500 亿千克，使农民收入增加超过 500 亿。这一重大贡献使他在 2001 年获得了国家最高科学技术奖，而在 2006 年，他更被选为美国科学院外籍院士，荣获"杂交水稻之父"的称号，并在 2011 年被授予马哈蒂尔科学奖。随着杂交水稻在全球范围内的种植试验，这一创新技术已经引起了广泛关注。在此背景下，袁隆平频繁出访多国，进行技术分享、学术交流和合作研究。美国、日本、菲律宾等国家纷纷引进这一杂交水稻技术。袁隆平的贡献也受到了国际社会的广泛赞誉。许多国际科学家将他的研究成果列为继指南针、火药、造纸和活字印刷后，中国为全人类作出的"第五大贡献"。

（四）创新思维

创新思维是推动人类创新活动的核心动力，被看作创新活动的内在精神。这种思维方式的基本规律往往是开始时进行广泛的思考，之后逐步集中注意力，最终寻求问题的解决。在创新活动中，若缺少这种创新思维，创新本身很难得以实现，因为这种思维方式是驱动人们探索和发现新知的关键。创新性思维能力是人类对新知识、新技术的吸纳、整合、再创新的关键所在。

2005 年 8 月 6 日，第 20 届全国青少年科技创新大赛在北京海淀展览馆隆重开幕，这次大赛集结了来自国内外的众多年轻的科学爱好者。这些来自各地的小"科学家"，带着他们的创新项目参加比赛，其中包括会聊天的机器人、为色盲设计的红绿灯以及无须手动操作的电脑等一系列引人注目的发明。这次大赛覆盖了数学、计算机和工程等多个领域，每一个创新项目都吸引了众多的参观者，他们驻足观赏，对这些创新作品表示出浓厚的兴趣。

其中，值得特别关注的是来自江苏常熟中学的庞颖超同学，她发明了一种专为色盲人群设计的红绿灯。这种特殊的红绿灯在传统的红绿色显示上融入了一些特定形状的白色图案，使得色盲人群也能轻松识别信号。例如，红灯中间有一个横向的白色条纹，而绿灯中则有一个竖向的白色条纹。这种创新的设计来源于庞颖超对色盲人群在日常生活中所面临的困境的深入了解。色盲人群无法区分红色和绿色，这使得他们在面对交通信号灯时遭遇很大的困扰。据统计，全球约有5.6%的人口受到色盲的影响。庞颖超也提到，她之所以想到这个创意，是因为她曾亲眼看到一名色盲的司机因为无法识别红绿灯而被交警扣留。庞颖超的这一发明不仅得到了国家专利的认可，她还为其申请了国际专利，这种红绿灯的设计哪怕在全球来说都是数一数二的。她的发明受到了各方的关注，包括我国的公安部、交通运输部等政府部门，甚至欧盟委员会驻华代表团也对其表示了关注并给予积极的回复。

二、创新能力开发

在当今科技迅猛进展的背景下，创新意识及创新能力逐渐成为决定一个国家的国际竞争力和国际地位的关键要素。自我国实施改革开放政策以来，虽然国家的创新能力有所增强，且部分科研和技术成果在国际舞台上获得了一定的关注度，但与国际先进水平之间仍然存在一定的差距。尽管如此，随着我国深入推进科教兴国战略，我国的科技人才库已显著增强。目前，中国的科技人员总数高达3850万人，居世界首位；而研发专业人员达109万人，位列世界第二。这一宝贵的人才储备规模为中国成为一个创新型强国提供了无可比拟的优势。然而，对于学生的培养来说，仍存在一些挑战。研究显示，虽然中国学生在考试中的表现出色，但其实践和创新能力相对较弱，与美国等西方发达国家的学生相比，仍有不小差距。在美国，青少年在学习过程中拥有丰富的外部资源。例如，他们的三分之一课程是在博物馆等场所完成的，图书馆、天文馆以及网络教学也是他们常用的学习方式。据统计，美国的12岁及以上青少年普遍掌握电脑操作和互联网应用，被誉为"数字一代"。在我国，个别地区仍将重点放在推进九年义务教育上，学生的学习主要还是依赖教室和传统的教师教授方式。与发达国家相比，我国在基础教育的教学方式和手段上仍存在一定的差距。为了提升国家的整体创新能力，不仅需要注重高端科技的研发，还需重视基础教育的改革和创新。

（一）开发大学生创新能力的意义

1. 有利于缓解激烈的社会就业压力

为应对越发严峻的就业挑战，培养大学生的创新能力能够激发他们的创造性思维，进一步增强其综合素质与就业及创业技能。这对于他们在激烈的社会竞争中取得优势显得尤为关键。大学生在其大学阶段充满好奇，渴望知识，并逐步展现出更加独立的态度。他们逐渐减少对父母的依赖，而他们的社会责任和道德观念也在这一时期得到加强。在这关键的生命阶段，他们的潜能和可塑性特别强。因此，培养他们的创新能力不仅可以提高他们在职场上的竞争实力，还能增强他们的适应和生存能力，从而有效地减轻就业的压力。

2. 有利于推动创新型国家的建设

创新作为一个国家和民族发展的关键动力，对于国家的繁荣和进步起到至关重要的作用。只有充分培养并具备了创新思维的高素养人才，国家才能充分释放知识经济的发展潜力；反之，如果一个国家在科学研究和创新方面缺乏投入，那么它很可能会错失由知识经济带来的机遇。进入 21 世纪，国家之间的竞争不仅是经济发展的竞争，更是在高素质、具备创新思维的人才培养上的竞争。高等教育机构作为人才的培育基地，其首要责任就是为社会输送那些具有强烈创新精神的毕业生，他们将是未来推动国家向前发展的关键力量。

3. 有利于大学生适应市场经济发展的需要

随着市场经济的持续演变，可以预见城乡产业构架会根据市场的动态需要进行不断地调整。这种调整可能涉及劳动力的重新配置、职位的再创造，以及新技术和新工艺的引入、新产品的研发与创新。为了应对这种变化，未来的工作人员不仅需要拥有基本的职业技能，还应该具备创新和创业的能力。因此，加大对大学生创新和创业能力的培训与指导，无疑是为了更好地满足市场经济对高素质人才的需求。

（二）开发大学生创新能力的途径

大学生的创新能力和创新思维是国家持续发展的关键支撑。培养和发展这些能力涉及内在和外在两个维度。内在维度指的是大学生作为独立个体的主观意识和价值；而外在维度则涉及大学生所面临的各种环境，如家庭、学校和社会背景。大学生作为独立的个体，应该主动地努力提升和塑造自己的创新能力。

1. 对学习研究的事物要有好奇心

对所研究的事物持有浓厚的兴趣是提升创新能力的关键。牛顿在年轻时，便展现出对未知的强烈追求，夜空中的星星和月亮经常引起他的思考。他不明白为什么它们能稳定地悬挂在天空中，而且不会互相碰撞。这种困惑驱使他深入研究，并最终导致他发现了万有引力定律。提出疑问是思考的开始，兴趣和好奇心代表着对知识的渴望以及对答案的不懈追求。只有当人们对未知事物充满好奇时，他们才有可能取得卓越的成就。正如爱因斯坦所言："我并没有超凡的才华，我只是极度好奇。"

2. 对学习研究的事物要有怀疑态度

真理并非永恒不变，需要不断地被检验和验证。很多科学家通过对已接受的知识的质疑和否定，打破了旧有的桎梏，从而取得了新的发现。例如，伽利略不接受亚里士多德关于物体下落速度与其重量有关的观点，进而揭示了自由落体的真正规律。持有质疑态度有助于激发个人的创新思维，促使人们深入研究和探索某一现象或真理。在追求知识时，应该敢于挑战既定的观点和权威，这往往是创新的起点。

推动创新思维的方法不是对书本和权威的粗暴反对，而是鼓励有根据的质疑和探索。学习前人的经验和成果是必要的，因为所有的创新都是建立在前人基础上的；但同时，教育者应鼓励大学生基于事实和深入思考的质疑，而不是盲目地否定一切。

3. 对学习研究的事物要有求异观念

单纯的模仿并不能称之为创新。为了产生真正的创新思维和创新成果，人们需要拥有追求差异和新颖性的思维，避免陷入"随波逐流"的思考模式。追求差异意味着从不同的视角来审视问题，从多方面进行思考，并对这些思考进行综合。那些追求差异的人，常常能够更为深入和全面地看待问题。没有追求创新的渴望，即使一个人再怎么谦逊和热爱学习，他的思考最终也只会被局限于既定的范围之内。

4. 对学习研究的事物要有冒险精神

创新和创造在很多时候都可以被看作一种冒险行为。这是因为，当个人尝试挑战和打破传统的观念，或者提出与众不同的新思想，这往往可能导致个人遭受公众的质疑和反驳。这样的冒险并不是那些可能威胁到生命的危险行为，而是一种基于理性和知识的勇敢尝试。在学术和科研领域，这种冒险精神是至关重要的。如果人们总是选择安全地遵循既定的规则和理论，那么真正的进步和创新就很难出现。历史上，许多科学突破和技术革命都是由那些愿意冒险、敢于质疑和挑战主流观念的人带来的。当然，这并不是说人们应该毫无顾忌地进行冒险。冒险必须建立在坚实的知识基础上，要有明确的目标和计划。而且，成功的冒险更多的是基于深入的研究、持续的努力和反复的试验。大多数人或许无法成为那些改变世界的伟人，但每个人都有潜在的创造力。只要敢于挑战自己，敢于走出舒适区，就有可能实现那些看似遥不可及的梦想，最大限度地发掘和利用自己的潜能。

5. 对学习研究的事物要做到永不自满

创新能力的核心在于永远不对现状满足，始终寻求超越。这意味着人们应该追求新的知识、探索新的生产方法、挑战既定的规则和思维方式，不被传统束缚。不应该盲目地跟随他人，或仅仅基于书本和所谓的权威来形成观点，而应该敢于质疑和挑战。每个人都应该保持独立思考的习惯，表达自己真实的观点，并勇于走自己的路。创新并不是一味地追求与众不同，而是对新颖和独特的渴望，要灵活多变，运用自己所学来解决真实的问题。实际上，创造性不应该有终点。即使一个人已经有了众多的创新思想，也不能因此而自满，认为自己已达到巅峰。因为真正的创新者总是知道，即使现有的方法或观点很成功，仍然可能有更优秀、更有效的方式等待他们去发现。自满意味着停滞不前，而真正的创新者永远不会满足于现状。

第三节　大学生创新素养教育

一、创新素养教育的内涵

（一）创新素养教育的概念

创新素养教育，从字面上可能会被误解为对素养教育的新的尝试，实际上它专指创新素养的培育。这种教育形式主张深化创新意识，练习和培育创新思维，从而提升创新能力，并致力形成具有创新特性的人格。创新素养教育不仅是一种技能或知识的传授，而是以培养创新型人才为核心目标，将教育提升到一个更高的素养层次。

在创新素养教育中，人是中心，注重人的主体性，旨在培养每个学生的主体意识。这种教育形式同时强调基础性、发展性与创造性的完美融合，并认为智力因素和非智力因素应当被看作一个统一的整体。它旨在提供一个综合的教育，将知识教育、能力教育和素养教育融为一体。

创新是不断前进的驱动力，而其前提是对知识的掌握。知识充实了人们的思想库，为创新提供了原材料。没有足够的知识基础，创新就可能会流于形式，缺乏深度。当知识达到一定的积累，就需要综合能力去激活和调动这些知识，使其转化为具体的创新实践。但仅仅拥有知识和能力还不足以保证创新的成功，创新更是一个需要多方面素养支撑的复杂过程。

思想道德素养为创新的方向提供了明确的指引，确保其符合社会的价值取向和规范。身心健康素养为创新的行为提供了稳固的基石，使创新者能够在追求目标时保持良好的身心状态。科学文化素养确保创新在内容上的深度和广度。专业素养、学习素养、信息素养、职业素养等都是确保创新成功的关键组成部分。这些不同的素养构成了一个完整的系统，为创新提供了全方位的支持。

（二）创新素养教育的渊源

创新素养教育的根源可以追溯到人类早期的创造实践活动中。随着时间的推进，它从创造教育、素养教育和创新教育中汲取养分，并逐渐演化成为一个独特的教育领域。20世纪初，关于创造教育的观念开始在学术界浮现。1936年，为了增强员工的创造潜能，美国某公司率先开展了"创造工程"课程。这一课程的核心并非创造的成果，而是对成果产生的过程进行深入探究。这一新颖的研究方向逐渐被称为创造学，而当这种学科理论被应用于教育环境时，它便被命名为创造教育。创造教育作为创造学的一个重要分支，专注于研究人类创造活动的内在规律及其应用。在中国，创造教育的理念由近代教育家陶行知先生提出。1939年，陶行知在重庆建立育才学校，并明确阐述了创造教育的理念。他坚信"每个地方都是创造的舞台，每一天都是创造的时刻，每个人都是创造者"。他还主张六大解放原则，并通过实际教育实践，培养了一大批具备创造力的人才。1949年以后，尤其是在中国共产党第十一届中央委员会第三次全体会议之后，我国的创造教育研究和实施经历了显著的进步和拓展。与此同时，知识经济的崛起催生了创新教育的概念。创新教育致力培养学生的创新意识，塑造其创新人格，并助力其创新能力的培养，从而为未来的创新和创造活动奠定坚实的基础。

二、创新素养教育的原则

创新素养教育的原则是创新素养教育规律的体现，是实施创新素养教育必须遵循的行动准则。在大学生创新素养教育实施过程中应遵循以下基本原则。

（一）进步性原则

在实行创新素养教育时，必须遵循进步性原则，确保所有活动皆在法律与伦理范畴之内。这意味着需要培育学生具有前瞻性的创新意识，并确立为国家、人民、全人类、和平与正义而努力创新的价值观。只要是对生产力、经济发展、民众生活质量的提高以及人类社会的稳定、和平与安全有益的行动和思路都应被鼓励和推动。然而，任何可能对人民、人类或和平带来潜在威胁的创造和发明都应被避免和慎重考虑。

（二）系统性原则

创新素养教育的实施需遵循系统性原则。基于系统科学的视角，教育者应对创新素养教育进行全面的策划和科学管理，确保教育的整体效益最大化。按照此原则，为满足培育创新人才的需求，学校需要对教学框架、教育观点、学习模式、课程内容、教学资源、评估机制及学习环境等各个环节进行整体性的审视和改进。通过这种方式，可以确保创新素养教育的系统性创新和优化，并为其建立稳健的运营和管理机制。

（三）主体性原则

在实施创新素养教育中，必须坚定地维护以学生为中心的主体性原则。这意味着全方位确认学生的主导角色，尊重他们的意愿、感受和能力，确保他们能够主动并充满活力地参与学习过程。遵循主体性原则，意味着教育者不仅要推崇教学民主化，而且要将课堂转化为一个知识与创意的互动场所；从单纯传授知识向培养学生的知识结构和创新能力的结合转变；确保大学生摆脱过重的学术压力，赋予他们充裕的时间来思考、探索和创造。同时，教育者应该均衡关注每个大学生的共同需求与独特潜质，特别是尊重并培育他们的创造力和独特性。

（四）创新性原则

在推进创新素养教育的过程中，教育者必须秉持创新性原则。教育者应该追求在人才培养上的革新，从培育专一型的专家，转向培养综合性和具备创新能力的人才。在教学方法上，第一课堂需要更多地采用启发式、研究性和问题导向的教学手法，而第二课堂则应加强校内课外科技活动的深度，并建立健全科技活动支持和激励机制。实践教学也应保持创新态度，如引入更多的设计导向实验，并强化与社会的实践基地合作。至于课程结构，教育者需要确保其与时俱进，其中基础课程应注重系统化和基础知识，专业课程需要强调实用性和前瞻性，而选修课程则应兼顾综合性和实际应用性。

（五）实践性原则

在进行创新素养教育时，必须强调并遵循实践性原则。强调大学生通过实际操作与体验来学习和创新，确保教学与实践、学习与应用紧密相连。要实现这一原则，教育者需要跳出教科书的界限，超越传统的课堂教学，与真实的生活、自然、生产过程和先进科技相结合。通过这种方式，学生可以更接近实际情境，更好地理解和应用所学。坚持注重实践原则，就意味着要为学生提供各种丰富的创意活动机会，使他们能够自主设计、深入体验，并对自己的作品进行反思和评价，从中体验到创作的乐趣和价值。

（六）发展性原则

推进创新素养教育，教育者应恪守发展性原则。在这教育旅程中，学校需要与时代同步，明确掌握时代的脉动。创新能力和创新素养教育都是在特定历史背景下诞生的，它们随时代而变化。因此，创新素养教育必须具备时代感，与时代同步发展，适应时代变迁，持续革新教育观念和教学策略。这样做，不仅能确保学校的持续繁荣，还能够培育具备持续创新能力的新一代人才。

三、大学生创新素养教育的内容

"教育什么"和"怎样教育"，是实施大学生创新素养教育时必须思考并回答的两个基本问题。"怎样教育"属于教育方法的范畴；"教育什么"属于教育内容问题，二者都是实施大学生创新素养教育的核心问题。从近年来高等学校尝试创新教育和创新素养教育的实践经验来看，当前大学生的创新素养教育至少应突出以下几个方面的内容。

（一）基于培养学生良好知识结构的科学与人文素养教育

科学与人文是大学生综合素养的核心，也是创新型人才不可或缺的品质。这两者如同构建人类文明的双翼，缺少任何一方都会影响个人的整体成长和社会的进步。我国的高等教育存在的问题之一是，专业培训太过细化，导致科学与人文教育的隔离，而人文教育又显得不够强大。这种教育策略限制了人们的多面性发展和创造性。钱学森曾深刻地指出，一个真正具有科学创新精神的人，不仅需要具备科学知识，而且应该具有深厚的文化和艺术底蕴。他分享了自己在青少年时期受到的教育，强调科学与艺术的结合对于开展科学工作的重要性。顶尖的国内外高等教育机构在创新人才培养上，都展现出对素养教育和个性化培养的重视。它们的课程设计有两个显著特点：首先，它们注重跨学科的交互和全面素养的培育；其次，早期阶段着重于打下坚实的基础，而后期则侧重广泛的专业知识教学。

（二）创新意识的激发

创新意识为创新素养提供了根基，它是大学生进行创新的关键推动力。创新意识是进行创新活动的关键条件。对大学生而言，缺乏创新意识意味着没有创新的动力和创新行为的初衷，也无法持续并深入地参与创新。例如，如果伽利略没有质疑亚里士多德"物体的下落速度与其重量成比例"的观点，他可能就不会进行"两个铁球同时落地"的实验，而亚里士多德的这一持续了近两千年的误导也不会得到修正。这充分显示了创新意识对于突破和进步的重要性。大学生的创新意识通常表现为具有浓厚的好奇心、不竭的求知欲、适当的质疑态度和饱满的热情等特质。

（三）创新人格和创新思维的塑造

大学生拥有创新思维和创新性格为其打下了持续进行创新的基础，赋予他们内在的推动力。创新思维，与再现性思维相比，是一种更加开放、寻求差异和具有批判性的思考方式。这种思维不仅需要逻辑的推理、客观的分析和准确的计算，还要涵盖非逻辑思维中的直觉、灵感和想象等认知方式。爱因斯坦曾经说过："直觉和灵感至关重要。想象力比知识更有价值，因为想象力引领着所有的进步并成为知识的发源地。"因此，教育创新思维应当培育大学生的创新习惯和技能，特别是那些在传统教育中被忽视的非逻辑思维技能，如想象、联结和直觉，并教授他们发散思维和横向思维等技巧。

塑造学生的创新性格是创新教育的核心。这种教育本质上是对文化和性格的培养。创新性格为创新活动提供了心理基础，促进了创新能力的成长并保证了创新任务的完成。为了培养大学生的创新性格，教育者需要激发大学生对社会的责任感和对科学真理的追求，教育大学生关心实际情况和学术前沿，培养大学生的求知欲和毅力，鼓励他们提升领导力和批判性思维，并帮助他们形成开放心态和团队合作的意识。性格的培养不仅是一个认知过程，更是一个持续的"修炼"过程，通过建立对自己、对他人、对事物的正确认知和行为习惯来实现。

（四）创新能力的开发

创新能力位于创新素养的中心位置，它体现了所有创新要素的综合效应，并展现出创新素养的真正含义。当大学生成功地培养了创新意识、创新态度、创新思维和创新性格等关键要素时，其创新能力将自然地得到展现和提升。

四、大学生创新素养教育的方法

提升大学生的创新素养依赖于科学的教育策略。为了培育具有创新能力的学生，众多先进国家在教育结构、人才培养策略、课程内容、教育管理体系、教育方法及评估机制等多个方面都进行了系统的改革和创新。近期，我国的高等教育机构也开展了一系列富有成效的研究和实践，从更宏大的视角，引导教育理念的变革和教学方法的更新。在宏观层面，创造出更加现代化的教学环境，进一步深化教育管理和制度的改革；在微观层面，注重课程设计和实践，特别是课堂教学、实践应用、课外活动及评估这些核心环节，以寻找更加高效的创新素养教育方式。

（一）探究性学习法

在中国传统的大学教育模式中，教育者通常肩负着"传道、授业、解惑"的重任，课堂上常常是教师主导，大学生被动地听讲。与此不同，探索式学习强调教育过程中师生的平等互动，集中于共同的探讨和交流。在这一模式中，教师是大学生学习的引导者，而大学生则成为真正的研究者。课程的设计从激发大学生兴趣的问题入手，旨在激发学生的探索欲望，引导他们经历知识的探索过程，体验原创的科学思维。鼓励大学生与教师进行双向交流，提出自己的疑问，表达独到的见解，以培养其主动思考和问题解决能力。

自20世纪80年代开始，美国的研究型大学在探索式学习方面做了大量工作，形成了多样化的模式。除了传统的"苏格拉底教学法"和"案例教学法"，还涵盖了基于问题和课题的学习、初级研讨会和探究课程等。美国大学普遍增加了课程体验的深度，广泛地融合了项目研究、案例研究、小组学习、书面报告、实践练习、实地考察、班级讨论和客座教授讲座等教学方法。而近些年，我国高校也开始在本科阶段采用讨论和案例教学等先进的教学方法，已经取得了明显的教学成效。

（二）探索性研究法

创新的火花往往在问题中迸发，并深植于实践之中。对于本科生而言，参与科研不仅是培养其创新精神的有力手段，而且有助于形成创新意识和触发创新思维。这一过程并不是瞬间完成的，而是在持续的实践探究中逐渐深化。为了培养创新精神，大学生需要在研究中全面了解该领域的最新发展、成果和趋势。这不仅可以激发大学生的学习热情，还可以鼓励他们探索其他学科领域，从而打下坚实的创新实践基础。随着研究的深入，大学生的主动创新意识会逐步增强，且会在后续的研究活动中得到应用。

许多国内高校已经意识到这一点，因此将本科生的科研活动纳入了教育计划之中。通过为本科生提供研究学分、研究奖励等激励措施，学校鼓励大学生参与科技开发和成果转化。同时，学校为学生提供了充分的研究学习、开放的科研实践和实习机会，并支持他们暂停学业以追求创新和创业。学校通过组织科研精英为大学生开设学术讲座，确保了先进的科研成果能够为教学活动和人才培养服务。这样的教育方式鼓励学生展现他们的主动性和创新能力。当前，各种大学生科技创新活动，如数学模拟竞赛、电子工程竞赛、机械创新大赛和结构设计比赛，都为学生提供了实践探究的宝贵平台。

（三）团队协作法

团队协作法在培育主动创新意识中扮演着关键角色。尽管创新往往追求独特性和个人特点，但团队协作为培养创新素养提供了独特的机会：从团队中汲取创新思维，从队友的看法和建议中寻找启示，修正自己的认知偏见，并在集体努力中达成无法单独完成的任务。随着科学的进步，许多现代科研成果都是由团队共同努力达成的。在学生的创新教育中，也可以通过组建团队或协作小组，设立学生实践基地，为他们提供一个培养创新素养的场所。以北京航空航天大学的"北航一号"探空火箭团队为例，14名学生被分为六个子团队，分别负责火箭的不同系统。他们的团队合作精神和对创新的执着追求，不仅为中国航天事业提供了新的培养人才模式，也为其他学院提供了值得借鉴的经验。

（四）评价激励导向法

在当前的教育环境下，学生的创新能力被视为检验教学成果至关重要的一环，而这种能力的培育并不仅取决于单一的教学方法或教材内容，而与为鼓励创新而设定的评价与激励机制有着紧密的联系。有效的激励制度可以为大学生提供创新的制度性保障，确保他们在学习过程中受到鼓励并能得到相应的奖励。这一机制涉及从政府到学校的各个层面，包括人才培养、奖励制度以及知识产权制度的建设。

高等教育领域面临的挑战在于，如何构建一套能够真正刺激学生内在动力的评价与激励导向机制。这套机制应当可以全面保护学生的个性发展，对其在教学和实践过程中的每一次创新努力给予肯定，并对那些真正取得突出创新成果的学生提供物质奖励和精神鼓励。在实际的教学和研究活动中，重要的是鼓励大学生大胆尝试、敢于创新，而不是简单地模仿和重复已有的知识和方法。

评价激励制度的另一关键方面是对大学生的学习和研究成果进行适当评价。传统的评价方法，如闭卷考试，主要强调知识的考核，却往往忽视了能力的考核。这样的评价模式有时会过分强调记忆而忽视创新。因此，当今的教育评价机制需要进行改革，以更全面、更具有前瞻性地考查学生的学习状况。例如，考试内容应该重视大学生运用知识分析和解决问题的能力，增加案例分析和主观论述等题型；考核方式也应该更加多样化，不仅局限于闭卷考试，还可以包括开卷考试、撰写研究论文和文献综述等。同时，教育者对大学生的学习评价不应该仅基于期终考试的结果，而应该更加注重大学生在实际研究和问题解决过程中的主动性和创造性。

第七章　新时代大学生创业素养教育

第一节　大学生创业素养概述

一、创业素养的概念及内涵

创业素养融合了创业所需的基础技能与内在修养，是创业教育的核心部分。尽管学术界对创业素养的定义和分类存在多种观点，但基于对成功者的调查数据，研究者认为大学生创业素养主要由三大部分组成：基础知识、社会实践经验和内在的精神驱动。这三大元素相互补充，共同构建了创业素养的核心框架。

（一）基本知识是进行大学生自主创业的先决条件

想要创业成功，大学生需要融合以下三种知识：专业技能、商业管理技巧和全面的综合知识。尽管由于高校课程的设计，专业技能教育占据了主导，但大学生在经营管理和综合知识方面的教育却相对匮乏。除了主修经济学和管理的大学生，多数大学生对商业管理的了解都是有待提高的。但在创业旅程中，这种知识显得尤为关键。例如，经济学中的"效率"和"风险"概念可以潜在地培养非经济和管理专业学生的"效率意识"和"风险管理"能力，从而帮助他们更好地管理时间、资金等资源。这也会鼓励他们提前规划职业发展，增强就业和创业的意愿，以及拓展可能的机会。

（二）社会实践是大学生创业的必要条件

大学生创业已经成为一种趋势。在这种背景下，社会实践被视为大学生创业成功的必要条件。从这个角度出发，研究者可以深入探讨社会实践在大学生创业中的核心作用和意义。

社会实践包含了两个主要领域，即社会市场调查和对社会交际能力的培养。对于大学生创业者而言，进行深入的社会市场调查意味着更为确切地把握创业的方向和市场定位。市场导向的重要性在社会主义市场经济体制下尤为突出，因为市场需求直接影响到创业项目的成败。实际上，满足市场的需求是实现长期和稳定发展的关键。对市场需求的理解和分析也会促使创业者考虑到其他相关因素，如自身条件、市场竞争状况以及项目销售预测。

与此同时，对社会交际能力的培养成为大学生创业成功的重要因素。社会交际能力不仅涉及人际沟通和交往技巧，更包括如何有效利用社会经验、如何在关键时刻获取朋友或合作伙伴的支持以及如何充分利用社会资源。在创业的过程中，尤其是在遭遇困难和挑战的时候，良好的社会交际能力可以帮助大学生创业者更为迅速和有效地找到解决问题的方法，避免很多不必要的损失和弯路。

当研究者认真考虑这些方面时，就可以明白为何社会实践被视为大学生创业成功的必要条件。在现代市场经济中，对市场的敏锐洞察和强大的社交网络成为创业成功的重要资本。因此，大学生需要通过各种方式，如参与实习、进行市场调查、建立人脉网络等，积累自己的社会实践经验。

（三）精神力量是创业素养的重要组成部分

在当代社会，创业素养在大学生创业过程中的重要性日益凸显。其中，精神力量被认为是创业素养的核心组成部分。探究其内涵，不难发现精神力量主要包括坚定不移的决心与出类拔萃的胆识。在创业旅程中，大学生往往会面临各种可以预见与未能预见的困难。虽然社会力量和外部支持对于过渡困境具有重要作用，但过多地依赖外部支持并非长久之计。在多数情况下，创业者需要靠自己的坚韧不拔与持之以恒的毅力来面对并克服这些困境。这种坚持不懈的精神成了创业者在面对挑战时的主要动力，让他们在逆境中仍能前行。

创业活动本质上具有一定的冒险性，因此需要创业者拥有足够的胆识，愿意尝试和冒险。这种胆量不仅体现在敢于接受挑战，更关键的是敢于探索、敢于创新，善于发现并抓住商机，使创业者始终处于时代潮流的前沿，焕发出无穷的活力。这种胆识与创新精神的结合，为大学生创业注入了源源不断的动力，使其在不断的变革中脱颖而出。单纯的内在素养如坚持和胆识，尽管重要，但不足以保证创业的成功。外部环境中的各种因素，如市场动态、技术进步、资金支持等，都对创业活动产生直接或间接的影响。特别是在当今社会，国家和地方政府都推出了各种创业优惠政策和技术支持措施，为创业者打造了一个更为友好的外部环境，减少创业过程中可能遇到的阻碍。外部环境的支持并不能完全取代个人素养在创业中的关键作用。实际上，创业者的个人素养、经验和能力在创业过程中起到了决定性的作用。创业不仅是对商业模式、市场策略的探索，更是对个人能力和潜力的挑战。在这种情境下，坚持不懈的精神和过人的胆量成了创业者赖以生存和成功的核心竞争力。

由此可见，大学生创业素养的培养对于他们的创业活动至关重要。在高等教育领域，应重视并加强对大学生创业素养的系统培训，旨在为学生提供一个全面、深入的创业教育，使他们在未来的创业活动中能够更好地应对挑战，取得成功。

二、大学生创业素养的构成

（一）浓厚的创业兴趣

在探讨大学生创业过程中的各个要素时，浓厚的创业兴趣无疑是一个核心关键点。兴趣，被视为一个人的内在动力，是启动所有行为和思考的根源。对于大学生这个特定的群体，兴趣更像是他们决策的导航器，指引他们走向人生的某一个领域或某一个方向。

兴趣起源于人的内心，是情感、知识和经验的深度融合。在大学时期，大学生接触到的新知识、新观念和新经验最为丰富，这也为他们的兴趣提供了充足的"养分"。当大学生对某一领域产生了浓厚的兴趣时，他们往往更愿意在这个领域深入研究、不断探索，而这正是创业的关键所在。

兴趣带来的不仅是动力，更重要的是它能够使人保持持久的热情。创业不是一蹴而就的事情，需要长时间的积累、不断的试错和持续的努力。在这个过程中，如果没有一颗对创业真正感兴趣的心，那么随着时间的推移，热情可能会逐渐减退，决心可能会逐渐动摇。而真正的兴趣，可以使创业者在面对困难和挑战时，依然能够保持前进的决心和动力。

（二）坚强的创业毅力

创业已逐渐成为众多年轻人的选择，但这条道路并非坦途。尤其对于大学生这个特定的群体，他们很可能在走向创业的道路时并没有太多的实践经验。因此，坚强的创业毅力显得尤为重要。创业，本质上是一个探索未知、突破自我、不断超越的过程。在这条路上，难以预料的变数时常会出现，可能是外部的市场环境变化，可能是内部的团队矛盾，也可能是资金的短缺。对于初次创业的大学生，他们往往缺乏对这些变数的应对经验，因此，毅力就显得尤为关键。

坚强的创业毅力并不仅意味着在遭受打击时依然能够站起来，更重要的是在受到每一次的打击后，都能够从中吸取经验，调整策略，并用更明确的目标重新出发。它要求创业者具备足够的自我认知能力，能够时常反思，找出问题的根源，也需要有勇气面对自己的缺点和错误。此外，创业过程中，困难与障碍并不总是来自外部，有时也来源于内心的恐惧和不安。在这种情况下，坚强的创业毅力就体现为一种自我调适的能力，能够让创业者在心理上保持稳定，不被短暂的失败和困境所困扰，始终保持对目标的追求和热情。

（三）良好的创业沟通能力

在创业领域，技术、资金和市场策略无疑是成功的关键要素，但其中，一个经常被低估而又至关重要的因素是良好的创业沟通能力。这是因为，创业不是单打独斗，更多的是与各方协作，而良好的沟通成为连接这些要素的纽带。沟通，简而言之，就是信息的传递与交换。对于创业者来说，它意味着更多。首先，它是构建团队和组织内部和谐关系的基石。员工、合作伙伴和投资者都带着各自的观念、期望和目标参与到这个项目中，如何使所有的参与者达成共识，确保团队向着共同的目标前进，就需要创业者展现出超群的沟通能力。其次，与外部的合作伙伴、供应商、客户甚至竞争对手的沟通同样关键。只有通过有效的沟通，才能确保自己的产品或服务能够满足市场的需求，同时能在竞争中保持优势。最后，良好的沟通能力也有助于整合身边的资源。创业者需要与多方合作，整合各种资源，包括资金、技术和市场渠道。这不仅需要技巧，更需要创业者展现出真诚与信任以及对合作伙伴的尊重和理解。

为了培养这种沟通能力，创业者需要不断学习和实践。无论是团队内部的日常沟通，还是与外部合作伙伴的谈判，都为创业者提供了锻炼和提升沟通能力的机会。只有不断地深化自己的沟通能力，创业者才能确保自己的项目在众多的挑战和变数中，始终保持稳定的前进方向，最终取得成功。

（四）良好的身体素质

良好的身体素质在创业成功的过程中起到了至关重要的作用。创业通常意味着长时间的工作，无休止的会议以及持续的压力。这种高强度和高压力的工作状态对身体的要求极高。如果身体状况不佳，创业者很可能会在关键时刻因为健康问题而无法为团队作出贡献，这不仅会影响到项目的进度，更可能对整个团队的士气造成打击。创业者的身体状况也直接影响到其决策能力。研究表明，身体疲惫、缺乏休息和不恰当的营养摄入都可能导致决策能力下降，甚至做出错误的选择。在创业这条充满不确定性和变数的道路上，每一个决策都可能关乎公司的生死存亡，因此，保持身体健康以确保决策的清晰和精确尤为重要。此外，身体健康也对创业者的领导能力产生影响。一个身体健康、充满活力的领导者往往更容易获得团队的信任和尊重，而这对于团队的团结和高效工作至关重要。

（五）快速学习能力

在这个充满变革和不确定性的时代，快速学习能力已经成为创业者最宝贵的资源之一。成功的创业往往涉及探索未知领域、解决前所未有的问题，或者在高度竞争的市场中寻找新的机会。在这样的环境中，传统的教育和以往的经验可能不再适用，而能够迅速适应并吸收新知识的能力显得尤为关键。科技的快速进步意味着新的技术、工具和方法层出不穷。对于创业者来说，不仅需要迅速掌握这些新技术，还要能够洞察它们背后的趋势和潜在价值。这往往要求创业者不断地自我更新，持续地学习，以保持自己的领先优势。面对全球化的市场，创业者还需要了解不同文化、不同市场的特点和规则。这要求创业者具有开放的心态，愿意学习和理解其他文化和商业模式，从而在全球范围内寻找机会和合作伙伴。此外，企业运营涉及的领域非常广泛，从财务、营销、管理到法律等。尽管创业者不可能是每一个领域的专家，但他们至少需要具备足够的知识来做出明智的决策，或者知道在何时寻求外部专家的帮助。

第二节　大学生创业素养的培养策略

一、创设创业教育校外环境

对于大学生创业素养的培养和形成，仅依靠高等教育机构的努力是不够的，需要社会各方的共同参与和支持。尽管一些人可能认为大学生创业素养的培养主要是高校的职责，与政府关系不大，但实际上，高等教育机构在人力、资金和资源方面都依赖于政府的扶持。在大学生的就业和创业领域，政府的政策与支持也对高校的工作产生着深远的影响。因此，高校与政府之间应该形成一种协同进步、相辅相成的合作关系 ① 。

（一）完善与落实创业政策

近年来，党和政府高度重视推进全民创业和社会和谐建设，相继推出了一系列鼓励创业（特别是大学生创业）的政策措施。对于大学生创业素养的培育，政府应扮演两个主要角色。首先，政府应确保大学生对创业政策的熟知和利用。具体而言，政府可以汇总其已发布的税收优惠、创业援助、融资支持和社会保障等相关政策，并以便于理解的格式提供给大学生。为了帮助他们更深入地了解并有效利用这些政策，政府可以组织系列活动，如创业政策解读会和实务研讨会，使大学生对政策有更清晰的认识。此外，针对目前创业政策中可能存在的不足或遗漏，政府应进一步完善，如允许大学生在校创业时获得学分认证，或者提供休学创业的选择。其次，政府应努力优化整体创业环境。这包括制定公平的市场竞争法规，规范公务人员的行为，并对那些破坏市场秩序的违法行为进行严厉打击。更为重要的是，政府应倡导创业精神，通过各种手段和策略推动社会对创业的尊重和支持，从而形成一种鼓励创新和尊重企业家的社会文化氛围。

（二）加强与拓展创业培训

对于大学生创业培训，与某些国家仅在技术方面提供支持的做法相对照，政府与高等教育机构需要在创业的每个关键环节为大学生提供全面的支持与指导。面对那些尚未充分认识到创业重要性、尚未形成明确创业意向的大学生，政府和高校应筹办创业相关的论坛或研讨会，以唤醒他们的创业意识。对于那些已经产生创业意愿但在具体的创业知识与技能方面尚有不足的大学生，应提供针对性的创业培训。这包括但不限于系统性的创业素质教育、创业技能培训，并鼓励他们到高新技术开发区或创业园区进行实地考察、实习和工作，从而积累实践经验。最后，对于那些已经进入创业阶段但缺乏相关经验的学生，政府和高校应考虑为他们分配经验丰富的创业导师，

---

① 　钱强.当前高校创业教育的问题与对策探究 [J]. 中国高教研究，2005（8）：92 –93.

以提供个性化、一对一的指导和帮助①。

（三）强化与完善服务体系

为了更好地促进大学生创业，政府需要强化和完善其服务体系。创业信息的提供至关重要。政府应利用报纸、电视和互联网等媒体渠道发布和推广创业项目，并为潜在的年轻创业者提供相关咨询。考虑到创业过程中可能出现的问题和挑战，可以考虑设立专门的创业指导团队，这些专家可以为大学生提供具体的项目指导和后续跟进服务。为了实现创业资源的集中和共享，可以考虑建立一个"大学生创业集市"。这不仅是一个信息汇集的平台，还能整合各种创业相关的资源，如项目信息、政策、资金和其他必要的服务，以满足大学生的多种创业需求。法律支持同样不可或缺。设立法律援助中心能为大学生创业提供必要的法律咨询，确保他们在创业过程中的权益受到保护。为了及时解决大学生创业过程中可能遇到的问题，可以设立大学生创业协调小组。这个小组可以定期召开会议，针对创业过程中的实际问题提供解决方案。设置激励措施也是推动大学生创业的关键。政府可以制定相关的奖励政策，鼓励各级企事业单位为大学生提供实地参观、实习和培训机会。这既有助于大学生的职业发展，也能促进社会资源的有效共享，并调动各方为大学生的全面发展作出贡献。

二、优化创业课程设置结构

在高等教育中，课程设置与结构经常被视为教育教学工作的核心，因为它们直接关系到教育目标的实现。特别是在高等教育中，课程是实现学生全面素质教育的重要途径，涉及对学生主体性、创造性能力的培养，以及个性的发展与完善。因此，如何优化这一课程设置结构，以更好地培养学生的创业能力和思维，是当前教育界面临的一个重要课题。

在课程设计的过程中，培养目标的明确性是至关重要的，因为它直接决定了课程内容的选择和重点。在传统的教育模式下，强调的是大学生对既

---

① 向夕品，试析高校大学生创业素养的培养 [J]. 经济师，2004（7）：77–78.

定课程的接受和服从。这种模式下，学年制课程设置往往被广泛采用，而课程的选择主要倾向于学科课程，形式上则以必修课为主。这种模式的课程设计，虽然可以确保大学生掌握基本的学科知识，但可能在培养大学生的创造性思维和独立性方面存在一定的局限性。

相对而言，创业教育的课程设计更注重对大学生的参与和主体性的培养。在这种模式下，课程结构更趋向于学分制，课程的选择则更注重综合性，形式上以选修课为主。这样的课程设计旨在鼓励学生跳出固定的学科框架，自主选择和探索跨学科的知识，从而培养他们的综合能力和创新思维。更重要的是，这种课程设计模式可以更好地激发学生的学习兴趣和主动性，使他们在学习过程中更加积极主动。

第三节　地方高校创业素养教育模式的新探索

为解决地方高校创业素养教育模式中存在的主要问题，需对地方高校创业教育模式进行新的探索，构建结构完整、内容丰富、实操性强的创业教育新模式。笔者认为，创业教育新模式应涵盖理论指导和实践服务两大模块，将理论指导与实践服务紧密结合。地方高校创业素养教育新模式如图 7-1 所示。

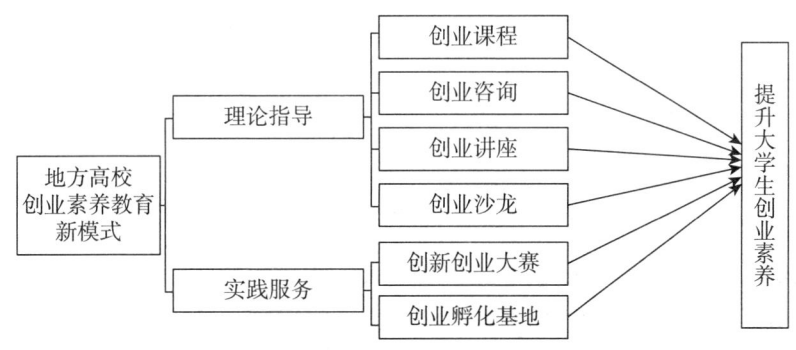

图 7-1 地方高校创业素养教育新模式

一、理论指导模块

（一）创业课程

在高等教育领域中，课程设置与结构被视为关键因素，它们直接关系到教育目标的实现。特别是对于创业素养教育，课程设计是为了引导大学生朝向既定的学习成果努力。创业素养教育的课程不仅仅是单一的学术课程，而是一个综合性的课程群，旨在帮助大学生达到创业教育的各种目标。根据教育部对创业素养教育的要求，我国高校旨在使全体大学生都具备创业意识、创业精神、创业知识和创业能力。但需要明确的是，尽管创业素养教育的目标是培养每位学生的创业特质，实际上，并不是所有学生都具备成为真正创业者的潜质。

对于创业素养教育课程的内容，考虑到学生的不同背景和需求，课程应有所区分。对于大多数学生，创业素质教育应重点培养他们的创业意识、创新精神、创业素质、主人翁态度以及正确的价值观，这可以通过开设基础的普及性课程来实现。对于那些已经具备创业特质或强烈创业意愿的学生，应在这些普及性课程的基础上进一步提供创业技能培训，并为特定的专业开设专业选修课，如为经济管理类大学生提供"网店创业"课程。还应为全校学生提供系统的创业素质教育课程，如"新企业的创立"和"企业财务管理"等以及组织创业相关的培训，如电子商务培训。考虑到大学生的学业进展和成熟度，建议从大二开始开设这些创业教育课程，因为在大一，大学生通过学习专业课程和职业生涯规划的指导，已经对专业和职业有了初步的认识和思考。从大二开始，大学生可以进行更深入的专业和职业分析，从而更深入地理解创业的各种问题。

在创业素质教育的教学方法上，综合应用各种方法是至关重要的，如理论阐述、案例分析、小组活动、角色扮演、竞赛和经验分享等。这种综合性的教学方法不仅可以确保大学生掌握所需的知识和技能，还可以更好地激发他们的主动性、想象力和创造力。通过这样的综合教学方法，创业素养教育可以更有效地帮助学生形成积极的创业意识和能力，为他们的未来创业之路打下坚实的基础。

（二）创业咨询

咨询，可以被解读为专业人士通过他们的专业知识、经验以及对多种信息和资料的综合处理，进行的一种综合性的研究和开发。这种研究开发活动生成的是智力劳动的综合效益，而其核心价值在于为决策者提供顾问、策略参考和外部思考资源。特别是在创业领域，创业咨询具有深远的意义。创业咨询师不仅能够协助创业者明确自己的创业项目构想，还能为其未来企业的产品、客户、市场前景以及商业模式提供明确的定位和发展规划。

创业者，特别是大学生创业者，常常面临诸如资金、经验和人脉等方面的挑战，这些因素往往成为他们创业过程中的阻碍。在此背景下，创业咨询师的角色显得尤为重要。他们不仅可以提供专业的创业知识、政策和法规咨询，而且能够为大学生创业者提供关于创业实践中可能遇到的各种常见问题的解答和策略建议。通过一对一的咨询模式，创业咨询师可以更加深入地理解大学生创业者的具体需求和困境，并为他们提供定制化的建议和方案。

此外，创业咨询的价值不仅可以为创业者提供策略和方案，还涉及一种智力劳动的综合效益的创造。创业咨询的根本价值在于帮助创业者系统地整合和加工各种信息，从而形成一个完整、科学和有效的创业策略。在当前高度信息化的社会背景下，创业者往往面临信息过载的问题，他们需要从大量的信息中筛选和提炼出对他们真正有价值的内容。而创业咨询师，正是这个过程中的关键参与者，他们通过自己的专业知识和经验，能够帮助创业者进行有效的信息筛选、加工和整合。

（三）创业讲座

讲座作为一种很好的学术交流与知识传递的方式，充当了传授特定领域知识、技能、态度和方法的桥梁，旨在促进听众能力与认知的提升。在创业教育领域，这种形式呈现出特殊的价值。通过创业讲座，企业家和创业教育专家与学生之间建立起直接的沟通渠道，为后者带来创业过程中的实际经验和体会。这种以身作则的分享方式对于学生具有强烈的吸引力，使其更易于接受和理解演讲者的观点和经验，从而产生深刻的影响与启示。

对于许多地方高校来说，如何吸引和邀请到合适的企业家和创业教育专家为大学生授课是一个待解决的挑战。为了克服这一困难，高校应该采取创新性策略和方法。其中，创业素养教育师资平台的建立为高校提供了一个整合和充分利用专家资源的机会。通过将各种企业家和创业教育专家纳入此类平台，并为其提供讲座的机会，高校可以为大学生提供更为丰富和多样的学习资源。

以广西为例，该地区已经建立了专为高校服务的部门，该部门成功地吸引了众多的企业家和创业教育专家，为学生提供定制化的讲座和培训。通过模块化和主题化的课程设计，确保了内容的系统性和连贯性，从而更好地满足大学生的需求。这种模式不仅能解答大学生在创业过程中的疑问，还能激发其创业意识和激情，从而为其在创业旅程中提供有力的指导和支持。

（四）创业沙龙

创业沙龙为企业家和志向成为企业家的群体提供了一个独特的、围绕创业主题的交流平台。在这样的环境中，来自不同背景的参与者可以集结于一处，围绕创业话题进行深度探讨和分享。地方高校，作为教育和研究的中心，具备组织此类活动的优势和资源，可以通过定期的方式，邀请各方参与者，在指定的场所针对创业问题展开讨论。

创业沙龙的价值在于其能够建立一个双向的知识和经验传递通道。企业家作为创业领域的实践者，可以分享其创业过程中的历程、经验与教训，为后续的创业者提供宝贵的参考。同时，对于大学生而言，他们处于创业的起始阶段，面临各种疑虑和实际问题，通过沙龙，他们可以直接与经验丰富的企业家进行沟通，寻求建议和解答，从而为自己的创业之路找到更明确的方向。

创业沙龙也为大学生提供了一个观察和了解创业现实的机会。直面企业家，听取他们的经验分享，能够更加真实地揭示创业的挑战和机遇，有助于学生更为全面和深入地理解创业的多重维度。这种直接的、人际的交流方式，往往比传统的教学方式更具说服力，能够更深入地影响大学生的心态和观念。

对于企业家和创业素养教育专家，参与创业沙龙也是一种回馈社会的方式，他们可以通过分享自己的经验和见解，培养和启发下一代的创业者。同时，与大学生的交流可能为他们带来新的视角和灵感，促进双方的共同成长。

二、实践服务模块

（一）创新创业大赛

实践服务模块中，创新创业大赛的举办有深远的意义与价值，其核心目标不仅是激发学生的创新精神或提升技能，而是期望在一个宏观层面上推进整个社会对创新创业的认知与实践，进而达到促进产学研整合、提升新常态经济发展下的创新创业水平等多重目标。

创新创业大赛的推进与实践对于创新创业文化的培育和弘扬起到了至关重要的作用。这种竞赛模式为科技创新和成果转化提供了一个实践平台，通过这一机制，可以有针对性地培育高素质的创业团队，助力国家经济的转型与升级。更为重要的是，这种竞赛环境能够鼓励更多的学生积极参与到创新创业的实践中，从而达到提升创业热情、拓宽就业渠道的双重目的。

此外，多个政府部门和高校积极地参与到创新创业大赛的组织与实施中，体现了国家与社会对创新创业教育的重视。例如，共青团中央、教育部等部门共同主办的全国性的大学生课外学术实践竞赛，其涵盖的项目如"挑战杯"全国大学生课外学术科技作品竞赛和"挑战杯"中国大学生创业计划竞赛，都是对创新创业教育的有力支持与推进。科技部、教育部等部门共同主导的中国创新创业大赛以及教育部与多家大学联合举办的中国"互联网+"大学生创新创业大赛等，都为大学生提供了丰富的创新创业实践机会，帮助他们在实践中锻炼和成长。

地方高校在这一过程中起到了关键的桥梁与纽带作用。他们不仅需要积极参与上述赛事的组织与实施，更需要建立起专门的大赛指导教师队伍，为大学生提供专业的指导与帮助，确保学生能够在竞赛中获得真实的学习与成长。参与创新创业大赛不仅能够培养学生的创新思维和技能，更能够帮助学生培养一系列与创新创业相关的必备特质和能力，如沟通与表达能力、抗压与抗挫折能力等，为他们未来的创业之路奠定坚实的基础。

（二）创业孵化基地

大学生创业孵化基地作为创业实习与成果孵化的核心载体，被认为是高校创业教育、实习和服务中的一个重要实践平台。其存在的意义不仅是提供一个纯粹的物理空间，更多的是整合校内外的多元资源，为大学生提供多方面的创业支持。这种支持涵盖了从创业前期的指导和培训，到项目实践的软硬件资源，再到项目的孵化与成果转化。

对于校内孵化基地，通常体现为高校自建的创新创业园区。这样的园区不只是为大学生提供一个工作空间，更是一个能够享受到国家和地方政府各种扶持政策、税务减免和小额贷款的窗口。此外，创新创业园也为创业者提供了与各类资源的接口，如工商注册、税务登记等流程的快捷服务以及与其他创业者的经验分享和交流。更重要的是，当创业团队遭遇困难时，园区会提供必要的技术与管理咨询，协助创业团队分析问题、规避风险，从而提高其创业成功率。

而校外孵化基地，往往是学校与外部实体（如政府、企业）的合作成果。这种合作模式使得大学生创业团队可以更方便地获得实际的市场资源和资金支持。例如，学校与当地科技局合作，有助于理工科大学生将科研成果转化为真实的产品；与人力资源和社会保障局的合作则为大学生提供了真正的创业实战机会；与企业的合作更是为大学生提供了与市场接轨的创业培训和实践平台。

事实上，许多地方高校已经在创业孵化基地的建设中取得了令人瞩目的成果，成功孵化出了一批创新创业项目，为大学生的创业素质提供了实质性的提升。但相对于全体大学生的规模，目前受益的大学生仍然相对较少。因此，高校需要进一步加强创业孵化基地的建设和管理，使更多大学生从中受益，提高其创业能力和成功率。

　　创业素养教育的道路仍然充满挑战。高校必须紧跟时代发展，推动高等教育的创新创业教育改革。这包括将专业教育与创业素养教育进行有机融合，建立协同育人的教育模式；优化教育课程，引入更具实践性和创新性的教学方法；加强实践教学平台的建设，并通过培训、挂职等方式提升教师的教育教学能力；引入校外资源，如企业家、创业教育专家等，丰富和完善教育师资队伍。通过这些措施，高校可以更好地为大学生提供一个完整、系统、高效的创新创业教育环境，为建设创新创业型强国贡献力量。

第八章　新时代大学生职业素养教育

第一节　职业素养教育概述

一、素养

在对"职业素养"的探讨中，不可避免地要讨论"素养"的内涵。古代文献对于"素养"的记载颇为深入。例如，《汉书·李寻传》中的"马不伏历，不可以趋道；士不素养，不可以重国"① 便是对于修习涵养的阐释。根据刘兰明的定义，素养代表了人们通过长期的学习和实践在某一领域达到的高度。这种定义涵盖了静态和动态的两个层面，其中静态层面强调个人的行为习惯和品质，而动态层面则更注重不断修习的过程，这一观点与学者许亚琼的理解相呼应。

与此同时，对于"素养"的讨论，总会引发对"素质"的思考。事实上，这两个词经常被学者所混用，尽管它们之间存在细微的差异。"素质"这一词汇的历史悠久，杜甫在《白丝行》中描述"已悲素质随时染"② ，张华在《励志》中写道"虽劳朴斫，终负素质"③ 。前者描述的是颜色的本质，后者则是

---

① 班固 . 汉书 · 李寻传 [M]. 桂林：漓江出版社，2018：25.
② 杜甫 . 杜甫诗集 [M]. 长春：吉林大学出版社，2011：36.
③ 萧统 . 文选 · 下 [M]. 李善，注 . 北京：商务印书馆，1936：62.

说事物的本质，现代文学中多采用后者的意思。由此可见，"素质"与"素养"在语义上是相近的，但两者所指的内容有所区别。

具体来说，当人们谈及"素质"，更多的是强调某个事物或者个体的固有属性，其表示的是一个静态的状态，即某种事物或个体所具备的基本质地或本性。而"素养"则与之有别，更强调的是一个动态的过程。这一过程涉及人们在一段时间内，通过实践、学习和努力来培养和完善自身的某些素质或能力。因此，"素养"也可以被视为"素质的养成"。

二、职业素养

职业素养的理念源远流长，受到东西方教育家的普遍关注。孔子作为春秋时期的儒家思想家，他认为成长的基础源于《诗》，并在礼的框架内塑造，最后通过乐来完善。美国教育家卡耐基的观点则是，人的成功中有15%取决于其专业知识，而剩下的85%则取决于他与人互动的能力。此外，有学者主张，职业素养的核心应围绕对工作的热爱、团队协作以及创新意识。现代教育家进一步提炼，强调职业道德、职业行为、职业技巧、职业态度、职业认知和职业作风都是构建职业素养的重要元素。其中，职业道德、职业态度、职业认知和职业作风被视为核心，也成为企业在招聘过程中的评价标准。圣弗朗西斯科被誉为职业素养的开创者，在其著作《职业素养》中明确提出，职业素养不仅是职业的基本要求，更是一个人在职业生涯中所应遵循的行为标准，体现其在工作中的整体素质。

职业素养是一个多维的概念，笔者将其解构为四个主要领域：职业意识、职业道德、职业行为和职业技能。职业意识主要描述了职业者对所从事或拟选择的职业的基础了解。它涵盖了对职业态度的形成、职业目标的设定、职业梦想和对终身学习的承诺。具有深厚职业意识的人能够根据社会的就业环境，客观地自我反思，对自己的职业路径和方法进行有根据的分析，使其与社会的需求达到一致。职业道德专注于与职业行为息息相关的职业行为规范、职业情感和职业准则。它为职业者设定了基本的行为期望，为他们提供了在工作中应遵循的道德指南。具体到日常行为，意味着持有诚信、付出奉献、展现敬业和遵循法规。职业行为关注于职业者在工作中的外部行为展现。这些行为不仅影响了工作的效率，还反映了职业者的态度和价值观，如对工作的敬重、团队合作的意愿、创新思维和主动性。职业技能包括职业者在学校学习或实际工作中所积累的技术和技能。这些技能包括专业知识、人际交往能力和就业技巧。它们保证了职业者在工作中的熟练操作，使得生产或服务任务得以完成，并为大学生提供了顺利进入就业市场的技能保障。

三、职业素养的特征

（一）职业性

各个行业因其独特性都有其特定的标准和要求。每一职位均带有其自身的操作指南，这也意味着不同职位对员工的职业素养有着各自的期望。例如，对于装修工人的职业素养标准，显然与医生的要求是有所差异的。同理，服务行业人员的职业素养与教育工作者的职业素养标准也是不同的。

（二）稳定性

职业素养的塑造是一个长期的过程，它涉及持续地学习、培训和实际的职业经验的积累。一旦建立，这种素养通常会表现为相对持久的特点。以长期从事汽车维护工作的工人为例，他们在实践中逐渐形成的严格和认真的工作习惯、对细节的高度关注以及高效的汽车维护技巧，这些特质都是具有持久性的。然而，职业素养并非一成不变，随着个人的成长和经验积累以及外界和内在因素的影响，它会持续地调整和进化。

（三）整体性

职业素养体现了一个人的全面能力，而不仅是某一方面的技能或知识。当人们赞誉某人拥有较高的职业素养时，不仅意味着其在技术层面上的卓越，还包括其在思想、政治、人文科学方面的修养，持有健全的人生观念，以及坚实的心理承受能力。

（四）发展性

在不断变革的社会中，个体的职业素养并非永恒不变，而是持续演进的。伴随着技术进步和社会变迁，对专业人士的期望也在升高。为了顺应这种变化并满足社会的需求，专业人士必须通过持续学习、实践和反思来加强和完善自己的素养，确保不落后于时代的步伐。

四、职业素养培养模式

（一）学校培养模式

学校作为培养大学生职业素养的主要场所，应当通过完备的培养策略，有效地辅助大学生在职业教育中的成长，使他们顺利地从学生身份转向专业领域，逐渐形成为企业所欣赏的高品质人才。学校在职业素养的培育中扮演着关键角色，应注重其系统性。教育内容应考虑大学生的教育背景，基于职业生涯规划和发展的视角，设计针对性强的职业教育和指导。尤其在高等教育阶段，职业素养的培养应被纳入教育的核心部分，使学生逐步建立正确的职业选择意识。因此，教育机构在高等教育中应坚定地实行职业素养的培养计划，通过系统的教育帮助学生获得关键的职业知识和基础技能。例如，学校可以为学生提供职业指导服务，定期举办家长和校友的职业分享会，从而更加完善职业素养的培育体系。

（二）社会培养模式

随着大学生就业难度的增加，除了教育机构的努力，社区和公共部门的支持也显得尤为重要。为了更好地培育大学生的职业素养，政府可以考虑成立专门的职业指导中心或推出创新项目来协助大学生的实践经验积累。同时，商业组织可以提供实习机会，使大学生能够深入了解职业日常工作的真实情境，获取更真实的职业感知。这不仅有助于学生加强自身的职业素养，还为公司未来的人才储备提供了早期的筛选机会，从而实现了共赢的局面。

（三）自我培养模式

内部驱动力在塑造职业素养上起着决定性的作用。在当今社会，竞争日益加剧，个人的职业观念、自主学习和专业技能变得尤为关键。自我塑造模式强调了个人的主动性，如在教育阶段，对自己进行深度的自我了解，寻找适合自己的职业定位。更为重要的是，在走入职场前，制定明确的职业规划，因为选择的职业路径不仅决定了日后的工作发展，还影响整体的职业满足度。因此，除了外部资源的协助，每个人都需要自主地提升自己，努力完善自己的专业能力。

第二节　不同专业大学生的职业素养教育

一、会计专业大学生的职业素养教育

会计专业大学生在高等学校的职业素养经常成为招聘企业的关注焦点。商业组织期待寻找那些技能精湛、敬业、实际操作能力强、有潜力和前景的会计人才。然而，个别高等学校培训的会计专业的学生似乎未能满足这些期望，其中一些大学生展现出理论知识丰富但实际操作能力有限的特点。为了解决这一挑战，高校应强化会计专业大学生的职业教育，着重从敬业精神的视角出发，确保职业素养教育与常规的教学活动相结合，从而全面提高大学生的职业素质和应对实际工作的能力。

（一）从"敬业教育"入手提升大学生的职业素养

敬业，作为社会主义核心价值观的重要组成部分，代表了尊重并全心全意投入自己的专业领域，努力达成工作的最优效果。为大学生灌输这种"敬业观念"意味着引导他们珍视自己所从事的职业，并在实践中展现高度的职业承诺和责任感。为此，可以通过以下四种途径来深化敬业教育：第一，依靠辅导员和班主任的影响力，在常规的思想教育中融入敬业的重要性；第二，邀请实践中的会计专业人士分享他们对于专业敬重的看法和经验；第三，充分利用学校的传媒资源，如公告板、校园广播和师生社交媒体群组，广泛传播敬业的理念、精神及实例，从而形成一个积极的敬业氛围；第四，围绕"敬业"这一核心理念，设计和实施各种班级、团组织和学生社团的活动与比赛。

（二）从职业技能提高入手提升大学的职业素养

高等教育应关注学生的全面发展，而非仅在学术上取得进步。近年来，教育部门和相关政策制定者也日益认识到此点，强调大学生职业发展与就业指导的重要性。教育部于 2007 年发布的《大学生职业发展与就业指导课程教学要求》明确指出，大学生不仅应具备自我探索技能、信息搜索与管理技能、生涯决策技能、求职技能等，还应能够通过课程提高沟通技能、问题解决技能、自我管理技能和人际交往技能等多种通用技能，这些都是职业素养教育中不可或缺的部分。

进一步地，2009 年国务院法制办公室所公布的《职业技能培训和鉴定条例》也强调了职业技能培训的重要性。根据该条例，职业技能培训应致力促进就业，须满足劳动者职业生涯发展和经济社会发展的需求，并强调其针对性和实用性。地方政府被赋予了重要的职责，鼓励和支持各种形式的职业技能培训，从而确保劳动者能够获得高质量、适应市场的培训。

在职业教育领域，常州大学会计学专业的实践为其他高等教育机构提供了有益的参考。该专业针对会计工作的不同岗位设计了独特的课程，确保大学生在毕业后能够胜任工作，并对其职业素养有明确的要求。这包括确保货币资金的安全、存货岗和固定资产的有效管理、保障职工、业主和客户的权益，以及遵守税法和编制真实的财务报表等。

显然，大学生的职业素养不只是掌握专业技能那么简单。而是一个全面的、结合了个人发展、通用技能和专业知识的综合体。高等教育机构和相关政策制定者都应该认识到这一点，并采取措施确保学生能够在毕业后顺利进入职场，成为对社会有价值的人才。

（三）将"职业素养"教育贯穿整个教学活动

高等教育的一个重要使命是为学生提供不仅限于学术知识，还有培养他们为职业生涯做准备的全面教育。近年来，越来越多的高等教育机构已经开始重视和实施职业素养教育，其实践已经证明了其在学生职业发展中的积极作用。尤其在会计领域，职业素养不仅关乎知识和技能，更是与职业道德和态度紧密相关。

在思想道德修养与法律基础课程中，敬业教育作为一个核心部分被纳入其中。会计人员的爱岗敬业精神，不仅体现在对会计工作的热爱和执着，更在于他们对工作的专注、对会计职业的道德价值的深入理解以及他们在经济和社会发展中的角色和影响。这一教育强调会计人员在工作中的道德风尚、责任感和荣誉感的培养，使他们成为真正的会计专家。

爱岗敬业不仅是一种情感，还有具体的行为要求。这包括对会计工作的热情，对职业的尊重，以及严格、细致、诚实和尽职的工作态度。为了进一步加强这一教育，教育者应该指导大学生如何做到真诚、遵守道德标准、保守商业秘密、廉洁自律、公正地办事、坚持会计准则、持续提高专业技能、积极参与管理，并强调服务职能的重要性。

在实践教学环节，高校还应该为大学生提供一系列思想品德提升训练课程，如帮助学生更深入地理解和体验他们对会计工作的热爱、满足和快乐。会计职业态度的培训则强调认真、细致、诚实、信守承诺、公正、主动和有创造力的工作态度。

此外，会计职业责任的培训要求学生深入理解对会计工作的责任感，对原则和方法的重视以及对职业的奉献精神和正确的荣誉观。会计职业作风的培训则着重于遵循规则、实事求是、节约和耐心服务，而会计职业纪律的培训则要求大学生遵守法律、保守机密、保持清正廉洁和自我约束。

（四）利用实训基地，强化技能训练

实训基地作为高校会计教育的重要环节，致力为大学生提供一个模拟实际工作环境的学习平台，确保大学生能够在毕业之前掌握基础的会计技能。

其中，校内实训基地可以细分为珠算训练室、会计分岗位综合训练室和会计ERP沙盘模拟实验室。这三种不同的训练环境各有特点，共同为学生打造了一个全方位、多层次的学习体验。

珠算训练室以传统的算盘为主要工具，培训学生进行精确快速的计算。经过一个学期的系统学习和实践，大多数大学生都能顺利通过由珠算协会组织的考核，部分大学生甚至达到了较高的技能水平。与此同时，会计分岗位综合训练室模拟了企业的实际工作环境，使大学生能够亲身参与到会计核算、事项处理和财务报告编制的全过程中。这种模拟实践使学生能够更深入地理解会计原理，更熟练地掌握各种会计技能。

会计ERP沙盘模拟实验室则为大学生提供了一个融合理论与实践的学习平台，大学生在此可以通过角色扮演和岗位体验的方式，深入了解企业的运营流程和会计工作的实际操作。这种体验式的教学方法确保了大学生在学习的过程中，能够实现从知识向技能的转化，更加深入地理解和掌握所学的会计知识。

而校外实训基地主要是一些正常运营的企业和机构，如会计师事务所、银行等金融服务机构。这些单位均遵循最新的会计政策和法规，为大学生提供了一个与实际工作非常接近的环境。在这样的环境下，大学生不仅能够提高自己的会计实务操作能力，更能够全面掌握成本计算、纳税申报和会计核算等基础技能。

更为重要的是，这种真实的工作环境能够培养大学生的职业素养，如团队合作能力、沟通交流能力和职业道德观念等。通过与企业的深度合作，高校确保了教学内容与企业实际需求之间的紧密结合，为大学生的未来职业生涯打下了坚实的基础。

二、医学生的职业素养教育

一旦步入医疗卫生职场，医学生便转化为了职业医务人员。这种身份转变要求他们展现出专业的态度、言辞与行为。然而，部分毕业生在此方面稍显忽视，仍沿用学校中的习惯和行为模式，这在职场中可能并不被看好。每位投身医疗卫生行业的工作者，当选择这一致力治病救人的崇高职业时，都应在日常生活与临床实践中努力提高自己的职业素养和专业技术。

在职期间的职业素养进一步塑造与学生时期的职业素养培养同样关键。学生时期的培训为其后的职业发展提供了明确的方向和良好的基础。可以将学生时期的培训看作"根"，而入职后的进一步成长看作"叶"。只有"根"深才能让"叶"繁茂。因此，高等教育机构在医学生的职业素养培育上应确保一个坚实的开端，并为他们指明正确的道路，具体而言，应从多个维度对医学生进行职业素养的系统培训。

（一）培养团队合作精神

在当代社会背景下，团队合作被认为是人类生存和发展的基本模式，也是评价现代人综合素质的重要指标。现代的大规模生产及快速变化的社会环境都使得人们对团队合作的要求达到了前所未有的高度。为了培养和加强团队合作意识，日常的学术与生活活动提供了无数的机会和平台。例如，学生活动、主题班会、社团活动和科研兴趣小组等都是促进学生培养团队合作精神的有效途径。这些活动不仅增强了师生间的交流与合作，也为学生在更加专业的环境下，如教学实验、科研探索设计、临床技能训练和公益志愿者活动中，提供了实际团队协作的机会。通过这些经验，大学生能够逐渐培养和强化他们的团队合作精神，进一步为未来的职业和生活打下坚实基础。这种教育模式不仅有助于提高大学生的实践能力，更对他们的人际交往和团队合作技巧有着深远的影响，从而为他们在更广泛的社会环境中取得成功提供了必要的支持和准备。

（二）培养职业意识

在对职业选择的重要性进行考察时，雷恩·吉尔森所表达的观点尤为引人深思，他强调了人们在选择影响其一生的职业方向上所投入的精力远远小于日常琐碎的选择。部分大学生对于自己的未来职业发展缺乏明确的规划和目标。统计数据显示，近半数的大学生对于毕业后的发展前景感到困惑和缺少明确的目标，而只有不到十分之一的大学生对自己的未来有明确的规划和信心。这种现象与许多大学生入学后对于学术和职业的态度密切相关。个别大学生认为，一旦进入大学，便意味着完成了学习任务，从而在大学时光中过于沉迷于休闲享乐。但这种认知忽视了大学教育的核心目的，即为大学生提供系统的知识体系和专业技能训练，以及为其未来的职业生涯做好准备。

培养学生的职业意识不仅意味着引导学生对未来职业进行合理规划，更要帮助学生对自身进行深入了解。这包括对自己的性格、能力、兴趣、动机、需要和价值观进行客观分析，并结合实际环境来确定最合适的职业发展方向。为此，高校在教学计划中已经加入了专门针对这一问题的解决方案。

从大学生涯的早期开始，大学生就应该深入了解自己所学专业的特点，并积极搜集相关的就业信息。这样，他们可以为未来的就业做好充分的准备，根据自身情况和社会需求来明确自己的职业发展方向。为了达到这一目的，学校在一年级就开始为大学生开设专门的职业生涯规划课程。大学的教学计划还在二年级为大学生提供了以职业为导向的基础课程。这些课程，如医护礼仪、医学伦理和医务人员执业法律知识等，都是为了加强大学生的职业意识，将学术知识与职业实践紧密结合。当学生涉足专业领域的后期，学校还开设了与职业紧密相关的特色课程，如护理美学、求职技巧和就业心理培训。这些课程旨在结合社会需求，培养学生积极、健康的择业观念。五年级的医学生通常需要在相关单位进行为期一年的专业实习。在这一阶段，学校不仅应及时掌握就业市场的需求情况，调整教学计划，还应通过持续的职业意识培养，确保医学毕业生能够满足用人单位的需要。为了更好地实现这一目标，每个专业都配备了专门的就业指导教师，他们负责在大学生的实习过程中提供指导，帮助大学生将所学理论知识与实践经验相结合，充分发挥其专业特长。

（三）培养职业行为习惯

培养医学生的职业行为习惯与单纯的知识教育存在显著的区别。它更注重学生实际行为的规范性、专业性以及持续性。而在医学教育中，行为习惯的培养并不局限于课堂教学，还需要大学生在实际的医学场景中不断地磨砺和修正。

为了使大学生能够更为直观地了解和掌握医务人员的职业行为标准，现代医学教育界已经开始建立职业场景，如临床技能模拟中心。在这样的模拟环境中，大学生不仅可以观看相关的教学片，更可以通过教师的直接指导，对职业行为进行感性的认识。通过这种方式，大学生可以更加深入地理解医学职业行为的内在标准和要求。

但理论学习和场景模拟并不能完全替代实际的医学实践。因此，实践教学法，如案例教学和角色扮演等，已经被广泛应用于医学教育中。通过这些方法，大学生可以亲自扮演医生或护士的角色，从而了解医护岗位的实际行为规范。这种亲身体验不仅帮助大学生掌握适合自己岗位的语言和动作，还使他们能够真正理解如何根据实际情境进行适当的医护行为。

职业行为习惯的培养并不是一个短期可以完成的任务，而是一个日积月累、不断修正的长期过程。特别是在临床实习实践中，大学生应当在每一天的实践中，不断地磨炼和践行医护礼仪，从而逐步养成稳定、专业的职业行为习惯。此外，医学生的职业行为习惯的培养必须结合实际的社会实践。因为，无论是医技的精湛，还是医德的高尚，都不能仅通过课堂教学获得。它们的形成和人的思想认识一样，都源于实际的社会实践。只有在与患者的实际互动中，医学生才能真正地磨炼自己的医德意志、培养医德情感，并树立坚定的医德信念。这样，他们才能在实际的医疗工作中，真正地体现出专业、规范、高尚的职业行为习惯。

（四）提升职业道德素质

提升医学生的职业道德素质是医学教育的核心任务之一，这不仅涉及医学生的自我修养，也涉及他们在职业活动中的实际行为。

修养，这一术语的内涵涉及"锻炼、学习、提高"与"培育、滋养、熏陶"两个方面。医学生的自我修养，特指他们在学习和生活的实践中，根据医疗卫生职业道德的基本原则和规范进行的自我锻炼、自我改造和自我提高。这一过程对于提高职业道德水平是至关重要的，因为它直接涉及人们职业道德品质的形成。关键的因素在于医学生的"自我努力"。医学生应当通过自己的实践，将医疗卫生职业道德的基本原则和规范，真正地转化为他们内心深处的需求和坚定的信仰。这样，他们不仅可以培养出高尚的职业道德品质，还可以逐渐形成稳固的职业行为习惯，并发展成为具有较高职业道德水平的医疗专业人员。

在职业活动的实践中，医学生进一步提高自己的职业道德素质同样至关重要。因为职业活动是真正考验医务人员职业道德品质和医疗职业能力的环节。在职业实践中，医学生需要将职业道德基础知识真正内化为他们的思维方式和行为准则，确保医疗卫生职业的责任和义务始终深入人心。这样，他们的职业道德行为才能持续稳定。医学生还应将内心积累的职业道德情感、决心和信仰，转化为他们在职业实践中的自觉行为。在每一个实践环节中，他们都需要始终遵循医务人员的职业道德规范，并真正担起医务工作者的职业责任和义务。

（五）提升教师的职业素养

提升教师的职业素养对于医学教育具有深远的意义。教师职业素养的核心体现在职业道德，如职业理想、态度、纪律以及职业良心等方面。在教学过程中，教师对大学生产生的影响是深远的，因为他们不仅传授知识，还对学生进行品德教育，传递价值观和信仰。为确保医学生接收到高质量的教育，教师应具备敬业精神、良好的职业道德、健康的身心状态以及创新精神。强化教师的职业道德建设，培养其社会公德，帮助其真正实现"德高为师，身正为范"的理念，为大学生提供更好的教育。

在不断变化和发展的医学领域中，专业知识的更新和丰富是教师应当持续追求的目标。医学各学科之间存在着内在的联系与融合，如外科学需要综合病理学、生理学、解剖学、影像学、肿瘤学、手术学和药理学等多个领域的知识来进行疾病的诊断、治疗和预防。教师通过不断积累教学与临床经验，可以更有效地结合医学教材进行关键知识点的传授，帮助医学生进入医学知识的高峰，使他们掌握自主学习的技巧。

除了专业知识的丰富与更新，提升教师的人文素养也同样重要。为培养医学生成为综合性人才，医学教师应该深入研究社科知识，不断提升自己的人文修养。大学生在学习和实习阶段会受到教师行为的影响，模仿其言谈举止，因此教师的人文修养和行为规范对大学生的成长起到了至关重要的作用。

此外，医学教师应注重更新自己的教学理念。尽管许多医学教师都是医学院校的毕业生，但他们可能在教育理论方面缺乏存在不足。简短的培训并不能使他们完全掌握先进的教育理念。因此，医学教师应从基础的教育理论开始学习，不断探索和实践，形成适合自己的教学方法，坚持以大学生为中心的教育理念，激发大学生的思维与创造性。

医学教师在从事教学的同时，往往会涉足临床诊疗和科研工作。教学与科研是相辅相成的，教师不断加强科研意识，充分利用现代科技资源，并与临床实践相结合，使教学、科研和临床诊疗三者得到均衡的发展，从而更好地服务于医学教育的质量提升。

第三节　大学生职业素养教育的发展策略

一、加快提升教师的业务素质和能力

（一）不断完善教师的继续教育、培训机制

在当前大学教育环境中，教师的业务素质和能力的提升已经成为确保高质量教育的核心要素。如何促进大学生的职业素养教育的发展，关键在于教师队伍的持续专业发展。在这方面，继续教育和教育教学培训对于教师而言都是不可或缺的手段，应当以教师的需求为导向，同时结合能力要求来开展。具体地说，教师继续教育的内容与形式都需要进行优化。例如，大学可以启动全面提升教师学历学位工程，确保教师的学术背景与教学能力与时俱进。这不仅是为了提升教师的专业水平，更重要的是使他们能够适应现代教

学方法和技术的快速发展。此外，各种形式的教育教学研修班可以帮助中青年教师提升他们的教育教学能力，进一步增强他们在教学中的自信和实效。为了确保教师继续教育的国际化和前瞻性，邀请具有国际视野的专家举办讲座或培训是一个值得推广的策略。这种交流与合作不仅可以拓展教师的学术领域和知识视野，还能为大学带来更多的国际合作机会，从而增强大学的整体学术影响力。

中青年教师的培养也是一个不容忽视的环节。有针对性的培养可以确保教师队伍的持续更新和专业化。这样的培养应当从个体到群体，逐步形成一个完整而全面的培养体系。这种系统化的培养策略旨在确保每一位教师都能够得到所需要的支持和机会，从而为大学的长远发展奠定坚实的基础。日常培训与专题培训的结合是另一个关键策略。日常培训可以确保教师在理论知识方面的更新，而专题培训则更侧重于实践教学的培训。这种双轨并行的培训策略可以确保教师在理论与实践两个方面都能够得到均衡的发展。同时，为提升教师职业素养而组织的各种活动和评估能够帮助教师更好地了解自己，从而进一步提升他们的职业素养。

（二）提升信息化教学能力

在当下的教育环境中，信息化教学逐渐成为高质量教学的重要组成部分。为适应这一趋势，各教育机构和高等学府应加速教师的信息化教学能力提升。例如，教育部门可以组织广泛的信息化教学培训，让教师参与由权威机构开展的"教育技术培训"，进一步增强他们的信息处理和应用能力。此外，与企事业单位的合作也为教师提供了独特的机会。共同建立的师资培训和实践基地，为教师提供了直接接触实际教育技术应用的场景，帮助他们更好地融入信息时代的教育环境。为了进一步鼓励和支持教师信息化教学的研究与实践，学校可以创建创业创新教育基地，并充分利用信息化平台。这不仅有助于增强教师在专业技能和教学研究方面的能力，还可以推动更多的"双师型"教师的培养和成长。同时，鼓励教师和教研人员深入探索教育教学信息化的各种可能性，开展相关研究，以更好地理解并应用这些技术。通过举办活动，如多媒体教学课件评比和实验实训教学技能竞赛，可以进一步促进信息技术在教育中的应用，使其更加广泛而高效。"互联网＋教育"的推进也是不可或缺的环节。这要求教师不仅要掌握先进的信息化教学工具和技术，还需要对教学方法和评价模式进行创新。利用新媒体进行教学改革，鼓励教师更新教学内容，转变教学角色，并不断吸纳现代教育理念，从而更好地适应信息时代的教育需求。

（三）加快高层次人才队伍建设

高等教育的核心价值之一是培养高质量的学术与实践人才，以满足当今复杂、多变的学术和产业需求。对于高等院校而言，建设高层次的人才队伍不仅是其发展的迫切需求，也是确保学术和教学质量的关键。在这一背景下，有必要思考并实践如何优化和加速高层次人才队伍的建设。在高等教育人才队伍的建设中，不可忽视行业内具有影响力的专家。他们在各自领域中的卓越表现和经验积累为教学和研究提供了宝贵的资源。因此，聘用此类专家作为专业带头人可以进一步加强高校的教学团队。这些专家可以作为兼职教师，为学校注入新的活力和思路，与常任教职人员合作，实现教学与研究的互补与共生。

现代社会对实践技能的需求日益增强，特别是在应用技术和工程领域。因此，引进具有专业技能和丰富实践经验的能工巧匠和技术能手，对于实操应用型课程的教学具有至关重要的意义。他们的参与不仅可以为学生提供真实的实践场景和经验，还可以促进学术与实践的紧密结合，为学生提供更为全面的学习体验。进一步来说，高校在高层次人才队伍建设过程中，应主动与外部组织和企业进行合作。依托本科教学工程、创新创业平台及协同育人平台，学校可以与企业合作，为教师提供假期顶岗实践的机会，从而帮助大学生更好地理解行业的实际需求和变化，进一步优化教学内容和方法。此外，借鉴其他成熟高等院校在高层次人才队伍建设方面的经验也是至关重要的。这种交流和学习可以为学校提供宝贵的启示，指导其更为系统和科学地进行人才培养。同时，针对中青年骨干教师和学科带头人的培养，也应该给予足够的关注和投入，确保他们在学术和教学方面均能达到高水平，为学校的长远发展提供坚实的人才支持。

二、进一步深化人事制度和管理体制改革

（一）完善考核制度

为了优化高等教育的质量与绩效，深化人事制度和管理体制的改革显得尤为关键。其中，完善考核制度成为一个中心议题。在当今快速变革的学术与社会环境下，传统的教师考核方法可能难以满足新的发展需求，因此一个科学、公正且具有前瞻性的考核制度对于推动高校发展具有决定性意义。

岗位能力要求作为考核的基础在现代管理中得到了广泛认可。这一方法以具体的职务需求为依据，对教师进行目标导向的评估，确保他们的技能与知识与岗位需求相匹配，从而提高教学与研究的质量。此外，通过建立科学有效的考核办法和评判标准，可以确保评估过程的规范性、合理性和公正性。这不仅提高了教师对考核的接受度，还为他们提供了明确的职业发展指引，促进了教师个人的进步。

教师作为学术界的中坚力量，在其职业生涯中，不仅需要拥有丰富的学术成果，还应具备高尚的职业道德。因此，在考核制度中，给予"师德"与"业绩"同等重要的位置是至关重要的。实行师德"一票否决制"意味着无论教师的学术业绩如何，只要其职业道德受到严重质疑，都可能面临失去职务的风险。这强调了学术界对道德标准的坚守。而业绩"末位淘汰制"则鼓励教师持续地提高自身的学术能力，与时俱进，不断地为学术界作出贡献。

为了确保考核制度的执行力，将考核结果与教师的职务和收入挂钩是一个有效策略。这不仅激励教师努力提高自己的绩效，还为他们提供了明确的职业发展方向。在这样一个有序、公正且激励性强的考核制度下，有望形成一个能够自我优化、持续发展的教育生态，为学术界和社会培养更多的高质量人才。

（二）完善评价体系

在教育体系中，教师的评价机制常被视为推动高质量教学与研究的重要工具。高校作为知识与技能的传递者，对于其内部的教师评价体系应投入充足的关注与资源，以保障教学与研究工作的持续优化。为此，制定一个详细、清晰且能够量化的教师评价体系，是对教师职业素养提升的重要支持。

一个具备科学性和可行性的评价体系，不仅可以全面描绘教师在教学、研究和其他相关领域的表现，还能为其提供一个明确的职业发展轨迹。这样的评价体系在多方面都对高等教育的整体质量产生影响。首先，其为教师提供了一个清晰的反馈机制，使他们能够了解自己在教学和研究中的表现，从而调整策略、完善方法，以达到更好的效果。其次，对于学校管理层来说，一个细致且量化的评价体系能为其提供决策支持，使其能在招聘、晋升等关键决策时做出更加明智的选择。

更为关键的是，这样的评价体系可以更好地将教学实践与科学研究相结合。当教师能够在评价体系的指引下，发现自己在教学与研究中的不足，并针对这些不足进行调整与优化，那么他们的职业素养将会得到显著的提高。而这种职业素养的提高，不仅限于个体层面，更会在整体上影响到学校的教学风气，从而实现教育质量的全面提升。

（三）完善合同聘用制度，打造教师命运共同体

在当代高等教育的管理体系中，完善合同聘用制度不仅是简单的雇佣关系调整，更体现了对于教育共同体建设的深入思考。命运共同体的理念将教育的参与者们紧密地联系在一起，确保教育机构的核心目标和教师个体的职业发展目标同步。这一整合观念的构建，尤其在教师与学校及教师与教师之间的关系建构上，显得尤为关键。

对于教师与学校之间，如何构建一个命运共同体的问题，需要细致考虑。学校作为一个组织体，与教师存在着明确的利害关系。一个有效的合同聘用制度应确保学校的长远发展与教师的职业成长相互促进。具体来说，通过制定精细化、具有前瞻性的合同内容，可以将学校的策略目标与教师的个

人职业规划有效结合，形成相辅相成的关系。这样，学校和教师不再只是简单的雇佣与被雇用关系，而是形成了深度的合作伙伴关系。

而在教师与教师之间，命运共同体的建构更多地体现在知识传承与技能辅导上。在这里，合同制度的运用同样不可或缺。特别是在中青年教师与资深教师间，合同可以规定某种形式的导师制或其他形式的交互式培训，从而实现双方的共同成长。例如，通过合同明确规定资深教师对中青年教师的指导职责，既能为新入职的教师提供稳定的职业发展支持，也为资深教师提供了传承自己经验、实现更高人生价值的机会。

这样的命运共同体构建不仅仅是形式上的，更是内容上的融合。它强调的是学校、资深教师和中青年教师三者之间的相互依赖、相互促进。通过这种方式，可以确保学校的持续、稳健发展，也为每一位教师提供了实现自己职业目标的平台。最终，这种命运共同体的建构，无疑为整个教育体系注入了更加稳健、持久的活力。

（四）完善并落实教师工资福利待遇稳步增长计划

教师作为教学和培训的主要推动力，其福利待遇与工资计划不仅关乎其个体的职业满足，也直接影响学校教育质量的持续提高和人才的培养效果。为此，确保教师获得与其努力和贡献相符的回报，显得尤为关键。

遵循"多劳多得"的分配原则是现代管理理论中对于员工激励的核心观念之一，它强调按照员工的努力程度和实际产出进行相应的回报，从而实现公平与效率的平衡。在教育机构中，这一原则也有其独特的应用价值。通过适当拉开分配差距，使得努力工作、对学校做出积极贡献的教师能够获得更为丰厚的奖励，可以有效地调动教师的工作积极性，促进其持续改进教学方法，提升教学质量。此外，确保工资和福利待遇的稳步增长，更是对教师长期坚守岗位、积极从事教育工作的重要保障。

然而，单纯的经济激励并不能满足教师对于职业发展的全方位需求。学校在考虑教师工资和福利待遇时，也应综合考虑教师在社会保障、职业发展等方面的需求。对于那些与同等水平院校在教师平均工资、社会保险费和住房公积金上存在差距的学校，应当立足于长远的发展策略，逐步调整其政策，以实现与同等水平院校的水平。这不仅有助于维护教师的基本权益，也能够增强学校在人才市场上的竞争力，吸引更多优秀的高层次人才加盟学校。对于那些在工作中表现出色、为学校做出了突出贡献的教师，除了提供经济奖励，学校还应为其提供更为广阔的发展空间。这可以通过为其提供更为宽松的学术环境、更多的研究资源、更为广阔的国内外交流机会等方式来实现。

三、进一步加强师德建设

（一）加强职业道德教育

在现代教育体系中，师德建设是确保教育质量和培育出高素质公民的基石。教师作为学生认知、价值观和行为模式的主要塑造者，其职业道德水平直接关系到学生的成长和社会的未来。对于教师而言，树立正确的教育观不仅是其职业责任，更是其所承担的社会责任。教育不仅是传授知识的过程，更是对学生进行价值观引导、人格塑造的关键时期。因此，教师应不断追求职业道德的提高，确保其在教育实践中始终秉持高尚的职业道德标准。饱满的工作热情、坚定的责任心和深沉的荣誉感是教师在教育工作中所应展现出的基本态度，这些品质不仅可以帮助教师更好地完成教育任务，也会为学生提供一个积极向上、充满激情的学习环境。成为"四有"好老师，即有道德、有学识、有爱心、有方法，是每位教师应追求的目标。这意味着，教师在传授知识的同时，需要关注学生的个性化发展，关心其情感与心理健康，为其提供全面而有深度的教育体验。

当代社会的快速变革与发展，为教师提供了更加广泛的教育资源与机会，也给其带来了更大的挑战。如何将社会主义核心价值体系真正地融入日常教学中，使之与学生的实际生活经验相结合，进而培育学生的正确世界观、人生观、价值观、荣辱观，是每位教师所需要面对的核心课题。广博而深刻的知识修养，结合独特的人格魅力，能为学生提供更为丰富、多元的教育体验，引导其在知识的海洋中不断探索，积极寻找属于自己的价值与意义。教师是每一位大学生健康成长的指导者和引路人，他们的行为与态度会直接影响大学生的成长轨迹。因此，加强职业道德教育，确保每位教师都能真正地承担起培养祖国栋梁的重要任务，对于保持社会的长远健康发展具有不可估量的意义。

（二）完善师德建设制度

在当代的教育环境中，师德的地位日益受到广泛关注，尤其是在数字化和信息化背景下。互联网，作为现代教育的重要载体，为师德建设提供了广阔的平台和无限的可能。通过网络的渠道，学校有机会为师德建设找到新的出路和创新点。

师德建设不仅是道德的修养或行为规范，更是与教育实践紧密相关的深层次的价值取向。因此，激励机制的完善显得尤为关键。一个健全的激励机制可以对教师进行正面引导，使他们更有动力去追求教育事业的崇高境界。通过学生评教，可以更为真实、直接地了解到教师在教学中的表现和短板，从而为师德建设提供有力的参考和指导。

师德考评制度的健全同样不容忽视。传统的师德考核可能只着眼于教育的行为和态度，而在当前的教育环境中，应当更为全面地看待教师的多方面能力。例如，教师的科研成果不仅是他们专业能力的体现，更是对学术探索和真理追求的热情的反映。此外，教师的教学能力和教学评价也应被纳入师德的评价体系中。因为一个真正的优秀教师，不仅是传授知识，更是引导学生、激发大学生的兴趣和热情，帮助他们成长为有责任、有追求的人。

为了进一步强化师德教育，学校还应加大对教师学术诚信制度建设的力度。在当前的学术环境中，学术诚信成为学术界的核心价值。对于教师而言，学术诚信不仅是他们自身的责任和义务，更是对大学生的示范和引导。只有当教师能够坚守学术的底线，遵循学术的规范，才能真正培养出具有正确学术观念和行为的大学生。

此外，学校学风的建设也是师德建设不可或缺的一部分。一个良好的学术氛围可以为教师和大学生提供更为宽松、自由的学习和研究环境，有助于培养他们的学术热情和创新精神。为此，各个学校应该结合自身的实际情况，制定出合适的学风建设办法，旨在促进学术的健康发展，提高学术的质量和水平。

四、利用新媒体提升大学生的职业素养

（一）构建大学生职业教育的新媒体课堂

在当代社会，新媒体的快速发展正在深刻地改变人们的学习方式和获取信息的渠道。这种转变对于高校教育，特别是大学生的职业素养教育，提供了新的思考和机遇。新媒体不仅有助于构建更为开放、互动的学习环境，还能为学生提供更为丰富、前沿的职业资讯。

高校及其各个院系的门户网站与主页，作为信息的主要发布平台，有其独特的价值。通过在这些平台上设立职业素养教育专栏，可以为学生提供及时、准确的职业资讯，强化其职业意识和方向。这种方式不仅可以丰富职业素养的教育内容，更能及时地为大学生提供最新、最前沿的职业资讯，从而有效地弥补传统课堂教学资源的不足。

网络电子课堂是另一个充分发挥新媒体优势的平台。利用新媒体技术，教师可以将传统的课程内容转化为生动、形象的课件，为大学生创造一个更为直观和互动的学习体验。通过这种方式，大学生不仅可以在任何时间、任何地点进行在线学习，还可以与教师和其他学生进行实时交流和讨论，从而极大地提高学习的兴趣和效果。

与此同时，大学生的手机使用率极高，这为职业素养教育提供了一个新的、及时的信息传递渠道。教师可以通过各种移动通信工具，如飞信、手机报、校讯通等，向大学生发送相关学习资料和信息，确保大学生能在任何地点、任何时间都能够获取到所需的学习资源。此外，通过 QQ、微信等交流工具，教师和大学生可以建立一个共享的学习和交流空间，从而为大学生创造一个更为开放、互动的学习环境，促进学生间的交流与合作。

新媒体的应用不仅为大学生的职业素养教育提供了新的方式和手段，更为大学生创造了一个更为开放、互动的学习环境。在这种环境中，大学生可以更为方便地获取到所需的职业资讯和学习资源，更能够与教师和其他学生进行实时的交流和合作，从而更好地提高自己的职业素养和能力。因此，新媒体对于高校的职业素养教育具有不可替代的价值和意义。

（二）利用QQ、微信等加强学生与教师的实时沟通

在教育领域，尤其是职业素养教育中，师生之间的即时沟通和交流是实现教育目标的重要环节。由于职业素养教育涉及的知识内容相对抽象和概括，教师往往需要具体的例子来加深学生的理解。受传统课堂时间和结构的制约，难以对每个教学点进行深入和详尽的讲解。因此，如何在课堂之外建立一个有效的沟通机制，以满足学生的学习需要和答疑解惑的需求，成为教师和学者关注的焦点。新媒体技术，特别是社交通信工具等，为解决这一问题提供了可能性。在新媒体背景下，通过这些工具，教师和学生可以建立一个跨越时间和空间的交流平台，实现即时的互动和沟通。例如，利用QQ或微信的语音通信功能，教师可以及时为学生解答疑惑，为抽象概括的教学内容提供具体实例，进而加深学生的认识和理解。

值得注意的是，参与这种沟通和互动的教师不仅是专业课的授课老师，还可以是其他的教育工作者，如就业指导中心的教师。他们可以为学生提供与职业选择、发展趋势和市场需求等相关的专业建议和指导，从而帮助学生更好地规划自己的职业生涯。此外，新媒体技术还为师生之间的沟通提供了更多的方式和手段。除了语音通信功能，教师和学生还可以通过文字、图片、视频等多种形式进行交流和分享，从而使教学内容更加丰富和生动。

新媒体背景下，教师和学生之间的沟通不再受到传统课堂的限制，而是可以随时随地进行。这种高频率、高效率的交流方式不仅有利于满足大学生的学习需要，更有利于师生之间的相互了解和信任，进而促进双方的交流和互动，实现真正的教学相长。

（三）利用电子邮箱来实行大学生职业素养的个性化教育

在高等教育领域中，因应不同学科和专业的多样性，大学生在职业素养上的需求和困惑亦随之呈现出多样化的特点。21世纪的教育趋势强调个性化教育的重要性，意在满足每位大学生的独特需求，以提高教育的针对性和效果。而在众多可供选择的教学互动方式中，电子邮件成为一个高效且便捷的沟通工具。

利用电子邮件进行个性化的职业素养教育，允许大学生根据自己的专业背景或具体问题主动与教师建立联系。此种模式鼓励大学生明确表达自己的学术和职业困惑，这不仅有助于大学生自我认知的深化，也为教师提供了更为精准的教育目标。通过电子邮件的方式，大学生可以自由选择信赖的教师进行咨询，无论该教师是不是其所在专业的授课老师，这种灵活性进一步强化了教育的个性化。

与此同时，对于教师而言，他们可以在合适的时间，对学生邮件中的问题进行反思和回复。这种非即时性的交流模式，给予了教师更充足的时间来思考和整合知识，从而为大学生提供更加深入和精准的指导。此外，这一模式亦有助于提高教育资源的利用率，通过电子邮件的沟通和指导，教师的知识和经验得以更广泛地传播，从而达到高校师资的高度共享。

新媒体环境下，电子邮件不仅为高等教育中的个性化教育提供了可能性，更在实际操作中证明了其效果和价值。它突破了传统教育的时空限制，为大学生和教师之间的沟通搭建了一个持续、灵活且深入的平台。在此背景下，可以期待电子邮件在高等教育中的应用会得到进一步的推广和深化，为未来教育带来更多的创新和变革。

（四）利用微博资源来说明职业素养对大学生的影响

在高等教育领域中，职业素养的培育与传授是关乎大学生未来职业发展的关键要素。而面对当今大学生群体的独特性格和心理特点，单一、传统的正面教育方式可能难以取得预期效果。微博，作为现代社交媒体的代表，兼具信息广泛性和实时更新的特点，为职业素养教育提供了一个与众不同的角度和平台。

　　微博中所涵盖的众多案例，不仅有展现出高职业素养所带来的正面影响，更有揭示缺乏职业素养可能导致的不良后果。这些生动、真实的案例，能够更直观地为大学生展示职业素养在职场中的重要性。而反面教学，通过分析那些违反职业道德的事件，能引导学生深入思考职业素养的重要性，使他们更为积极地提升自身的相关能力。

　　大学生的职业素养与其未来的就业和职业发展紧密相连，这不仅是大学生自身的责任和追求，更是教育者和相关部门应当高度关注的问题。随着时代的进步，教育的方式和手段亦应该进行相应的更新和改革。目前，大家正身处于一个信息技术迅速发展、互联网高度普及的时代，其中互联网的平均更新周期短至八个月，这意味着新媒体的应用方法、平台特点和影响范围都在不断变化。因此，教育者在职业素养教育中必须紧跟时代步伐，灵活运用新媒体资源来实现教育目标。

第九章　新时代大学生法治素养教育

第一节　大学生法治素养概述

一、法治的概念

法治的概念在历史的演进中饱受辩论和解释。卢梭对法治的理解为："法律乃是公意的行为"，通过这一观点，他强调了法律与公共意志的紧密联系，强调其作为"全社会的最大力量"。这种认识为人们打开了一个窗口，展现了法治的核心内涵，即根据公共意志对社会进行规则治理，这正是现代法治的核心理念。

现代法治，无论是在理论还是实践中，都与西方的现代化进程息息相关。西方法治理论的发展轨迹主要沿着实质法治与形式法治两条主线前进。从亚里士多德开始，西方学者对法治的内涵进行了持续的探讨和阐释。关于实质法治与形式法治的争论，为法治的理论基石注入了更丰富的内涵。《牛津法律大辞典》对"法治"给出的解释主要集中在实质法治，它突出了法治所要达到的目标，即保护人的权利和尊严。《布莱克法律词典》则更多地从形式法治的角度对法治进行解释，这种解释更偏向于分析法治的形式、制度

和运行 ①。

我国的学者在研究法治的内涵时，也多结合了形式法治和实质法治的思想。高其才教授的观点反映了法治的多层次内涵，从治国策略到社会理想，都能在法治这一概念中找到其影子 ②。孙笑侠教授更是认为法治的概念包括形式和实质两个层面，它们是一个不可分割的统一体。这种观点进一步强调了法治的丰富性和多样性 ③。对于法治的理解，不仅要注意其形式要素，更要深入挖掘其背后的价值和内涵。

法治作为一个概念，其内涵是丰富而深刻的。它不仅是一个治国的方略或是一个依法办事的原则，更是一种追求法律秩序的理念。这种法律秩序的追求既有形式价值，也有实质价值。法治不仅追求形式上的秩序，还追求具有正义、公平和道德内涵的秩序。这种内涵体现了法治的实质价值。此外，法治也是一种追求理想社会模式的社会理念，代表了人们对于富裕、民主、文明和安全等理想的追求。

综上所述，法治的概念不只是一个简单的定义或一个固定的框架，它是一个涵盖了丰富内涵和多重价值的概念。在不同的历史背景和社会语境中，法治都会发挥其独特的作用和价值，为人类社会的进步和发展提供重要的理论指导和实践参考。

二、新形势下大学生应具备的法治素养

（一）坚定的社会主义法治理念

党的十七大、十八大都明确提出"树立社会主义法治理念"，党的十八届四中全会的决定进一步明确了全面推进依法治国的"建设中国特色社会主义法治体系，建设社会主义法治国家"总目标，党的十九大进一步明确了"坚持依法治国"的基本原则，丰富和深化了社会主义法治理念。党的二十

---

①　赵雪舟.大学生法治素养培养问题研究 [D].上海：上海师范大学，2018：15.

②　高其才.当代中国的习惯法世界 [M].北京：中国政法大学出版社，2018：45-63.

③　孙笑侠.法的现象与观念 [M].北京：群众出版社，1995：1-20.

大报告首次将全面依法治国作为专章进行论述和专门部署，强调全面依法治国是国家治理的一场深刻革命，提出在法治轨道上全面建设社会主义现代化国家。这充分体现了以习近平同志为核心的党中央对全面依法治国的高度重视，进一步丰富和发展了习近平法治思想，凸显了法治建设事关根本的战略地位，强化和拓展了新时代法治建设服务保障党和国家工作大局的战略任务，是党在新时代坚持全面依法治国、推进法治中国建设的纲领性文件。当代大学生应当明确的社会主义法治理念，包含六个方面的基本内容：一是明确坚持"党的领导是中国特色社会主义最本质的特征，是社会主义法治最根本的保证"的基本理念；二是明确"坚持走中国特色社会主义法治道路，建设中国特色社会主义法治体系"是社会主义法治建设的基本目标和战略内容；三是明确"坚决维护宪法法律权威，树立宪法法律至上"是全面依法治国的重要前提；四是明确坚持"人民是依法治国的主体和力量源泉，坚持依法维护人民权益"是全面依法治国的重大使命；五是明确"公平正义"是中国特色社会主义的内在要求；六是明确"五个坚持"是确保实现"法治中国建设的根本保证"。这五个坚持是"坚持以中国特色社会主义道路、理论体系、制度为根本遵循，全面推进依法治国；坚持从我国基本国情出发，推进国家各项工作法治化；坚持依法治国、依法执政、依法行政共同推进；坚持法治国家、法治政府、法治社会一体建设；坚持依法维护国家安全稳定"。

（二）完善的社会主义法治知识

法治素养，相较于纯粹的法律知识，具有更为深远的意义和更广泛的应用范围。在新的时代背景下，要培养大学生的核心法治能力，不仅要持续更新他们的法律知识，还需拓展其法治视野，提升法治思维方式。首先，大学生应深刻认识并掌握中国特色社会主义法治的核心理念、理论框架、发展趋势以及实践案例。这能帮助他们在理论与实践之间建立桥梁，更为深入地了解我国的法治建设进程。其次，学生还需要系统地学习和掌握与社会主义法治相关的宪法、法律及其他相关领域的基础知识。这为他们提供了在多种情境下正确运用法律规则的能力，使其在实际工作中能够做到既守法又善用法。最后，大学生应熟知与自己所学专业和未来职业发展紧密相关的法律内容。这要求他们能将法治知识与其他学科知识，如思想道德、科技文化等有机结合，进一步将这些知识转化为自身的专业技能和职业操守，以满足未来社会的法治建设需求。

（三）健全的法治意识

健全的法治观念对于当代大学生而言，不仅是遵循社会规范的外在要求，更是内化于心、转化为行动的精神支撑。在深入理解宪法及各项法律的基础上，大学生应持续培养对宪法的敬畏之情。这种敬畏，不仅是对文字的尊重，更是对一个国家法治秩序和公正、公平原则的真诚信仰。在日常的学习、工作和生活中，法治观念的健全体现为对各项规则和法律的深入了解与不偏离的尊重，绝不触碰法律的明确界限。

法律程序的公正性是法治的核心。对程序公正的理解与重视，要求大学生在实际行动中不仅尊重法律的字面意义，更要深入挖掘其背后的程序和公正精神。这一点不仅关乎法律规定的明确步骤，更与维护社会公正、确保法律权威有着直接的联系。一个健全的法治社会中，每个人都在法律面前享有平等的权利。这种平等，远非简单的文字表述，它要求每个公民，无论其社会地位、经济条件或其他个人背景如何，都应当坚信并维护每个人在法律面前的平等权利，并反对任何形式的特权和不公。

权利保护的意识也是法治观念的重要组成部分。大学生既要学会维护和保护自己的合法权益，也要具备尊重并保障他人权利的能力。这一点不仅关乎个体的权益，更体现了一个人对社会公正、公平原则的深入理解与真诚信仰。面对任何形式的侵权或违法行为，运用法律的武器，捍卫公平与正义，是每位公民应尽的责任。

对于当代大学生，培育坚实的法治观念，不仅有助于他们更好地融入社会，成为有责任、有担当的公民，也是对国家法治建设的坚强后盾和基石，对社会和谐稳定的重要保障。

（四）严谨的法治思维

在现代国家治理中，确立法治思维被视为基础和核心。当代大学生身为新时代国家建设的关键参与者，必须具备深入的认知和高度的运用能力。法治思维模式，就是运用法律的思维，是依靠法治本身固有的运行特性和对法治的信念来认识事物、判断是非、解决问题的思维方式。与此不同，其他如道德、政治、经济和行政等思维模式在治理过程中侧重不同的维度，但法治思维在社会治理和决策中的特色表现为对法律规则的坚定信仰和对法律工具的娴熟运用。

法治思维的内核包含对法律权威的敬畏以及对按法律行动和办事的坚持。这一思维并不仅是对法律文本的理解，而是将法律原则和精神内化于心、转化为行动的能力。对于大学生而言，这意味着他们不仅要有对法律知识的掌握，更需要理解和践行法律背后的哲学和原则。这包括如何确保权力在法律的监管下行使，如何在权利行使中保持理性和平等以及如何确保各种事务都遵循正确的法律程序。

为此，大学生需要深入探究"权力服从于法律的权力思维、理性平等的权利思维、依法办事程序思维、自觉主动的法律责任思维"，并将这些法治思维逐步内化为自己的行为模式。这不仅有助于他们在个人生活中作出合理和合法的决策，更是为他们在未来参与国家和社会治理提供了坚实的思维基础。

（五）自觉维护社会主义法治文化

社会主义法治文化的维护与促进是新时代国家治理的重要内容。社会主义核心价值观将法治视为其核心之一，而法治精神的本质，在于确保人们从内心深处尊崇并拥护法治，让法律不仅成为外在的约束，更是内在的信仰和行动导向。对于大学生，他们所应践行的社会主义核心价值观，正是这种法治的精神内核。

大学生作为新时代的先锋，有责任成为推广社会主义法治文化的领军者。这不仅是对法律的理解和遵守，更是将法治信仰、法治观念、法治态度和法治实践深深植入日常生活中，体现出对法治的坚定信仰和对法律的真挚尊重。他们在未来的社会主义法治建设中，不仅是遵循法治、实践法治的行动者，更是推动法治、宣传法治的重要力量，为构建公正、公平、有序的社会主义法治国家贡献自己的智慧和力量。此外，大学生应成为社会主义法治的坚定支持者、忠实实践者和坚决守护者，不仅是为了自己的利益，更是为了整个社会的和谐与进步。

第二节　大学生法治素养教育的机制

在新时代背景下，大学生法治素养教育的机制建设呼唤一个更加科学、系统和具有前瞻性的方法。为确保大学生法治素养的健康、持续和高效发展，教育管理部门与高校应加强组织领导，构建包括顶层设计、协同推进、资源共享、合作交流与监测评价在内的综合性机制。此机制不仅要保障大学生的法治素养科学发展，还要进一步促进其全面发展。

在构建此机制的过程中，法治性与引领性的统一是基础的首要任务。强化法治教育，要确保大学生深入理解并坚守法治思维的底线，从而筑牢法治自信和制度自信。这不仅涉及对法律的尊重与遵守，更是对法律背后的价值观和法治文化的传承与发扬。为确保高校依法治教、依法治校，需要在法学学科体系、法律课堂教学体系、法学法律教材体系以及高校治理服务体系中体现法治教育的引领作用。

开放性与共享性的统一也是构建大学生法治素养培育机制的关键。开放性确保了机制的活力与创新，鼓励从多学科、多领域汲取法治元素和养分。与此同时，共享性原则旨在破解法治素养培育中可能出现的"壁垒效应"和"孤岛现象"，确保法治教育资源、技术和政策的全方位、全过程的共享与协同。

大学生法治素养培育机制的建设还需强调时代性与创新性的统一。随着时代变迁，大学生的思想观念、成长需求及法治期盼也在发生变化。因此，法治素养培育工作必须因时而进，确保其内容、方法与手段都与时代发展同步。创新性作为推动机制发展的动力，也是确保法治素养培育工作更加精准、高效的关键。

一、顶层设计机制

在当今社会，培养具有法治素养的大学生已成为教育的重要使命。为实现这一目标，教育部门和高校需对大学生法治素养培育进行深入研究，制定科学的规划与顶层设计，确保其与新时代高校法治教育的发展规律相适应。

教育部门在组织领导上的作用至关重要。加强党对法治教育工作的全面领导，不仅涉及方向的正确性，更关乎政治保障的坚强有力。构建党委领导、政府主导、部门统筹、社会参与、上下联动的大学生法治素养培育领导体制与运行机制，可以确保法治教育工作的顺利进行。此外，教育部门可以制定与颁布系列的法治教育政策与文件，明确各部门的职责与责任范畴，依据教育实际制定相应的教育目标、标准与教学实施方式。这样，不仅能确保法治部门、教育部门、司法部门之间的协同合作，还能鼓励更多的部门与人才加入大学生法治素养培育的行列。

对于高校而言，作为培养和提高大学生法治素养的主要场所，其责任尤为重大。根据马克思的观点，教育不仅是提高社会生产的方法，更是造就全面发展的人的途径。因此，高校在推进大学生法治素养培育的过程中，应确保法治思维与教育核心素养理念的有机结合，从而推动大学生法治素养培育的现代化。需要做到以下三点。

一是高校应全面加强法治教育管理水平。在确立"德法兼修"的人才培养目标的基础上，根据教育部门的宏观规划，绘制年度发展蓝图，并将其纳入学校的长远规划中。为确保教育目标的持续性和连贯性，学校应不断更新人才培养策略，并在大学生法治素养培育的每一步中进行明确的布局、监督和评估。此外，法治教育也应与学校的其他核心任务，如教学、科研和社会服务，紧密结合，实现"统一规划、同步监控、一致评估"的管理模式。

二是全面提高师资力量培养水平。教师不仅是学术知识的传播者，更是社会价值和法治理念的推广者。特别在当前时代背景下，教师应当成为法治教育的坚定拥护者和实践者，以自己的行为为学生树立遵纪守法的典范。为了更好地实现这一目标，高校应强化对青年教师的培训和支持，使他们不仅具备深厚的法律知识，还能将这些知识与日常教育实践相结合，成为法治教育的模范。在此背景下，教师资质管理成为高校教育规划的重要环节。高校应根据新时代大学生法治教育的要求，实施教师资格认证制度，确保教育工作者都经过严格的考核和认证。同时，借助现代技术手段，建立教师信息管理系统，对教师进行全方位、多维度的管理和服务。这不仅包括对教师的选拔、培训和评估，还涉及对他们教学质量的持续反馈和改进。此外，高校还应启动专门的教师培训计划，注重提高教师的基本教育知识、法律理论、专业素养以及情感态度等各方面的能力。这样的培训不仅有助于提高教师的教学水平，更能使他们在法治教育中发挥更大的作用，为培养有法治思维的学生提供坚实的支撑。

三是全面创新大学生法治素养培育教育教学方式。高校在培养大学生的法治素养时，必须不断探索和创新教育与教学方法。例如，利用在线教育平台，结合翻转课堂等先进的教学策略，可以为学生提供更加丰富和多样的学习体验。这种教学模式的融合不仅能满足在学生的个性化学习需求，更能激发他们的学习兴趣和积极性。此外，网络和新媒体技术在大学生法治素养教育中也起到了至关重要的作用。通过互联网技术，可以增强法治教育的互动性、个性化和普及性，使之更加贴近学生的实际需求和兴趣。而且，这种技术导向的教育方式不仅能够提高大学生的学习效果，更能为他们的法治素养培育注入新的活力和创新动力。

二、协同推进机制

在新时代背景下，推动大学生的法治素养培育，协同合作与资源整合显得尤为关键。协同不仅是协调与配合，更在于有效地汇聚各方力量，推进共同的教育目标。大学生的法治素养培育已经成为高等教育中思想政治工作的核心部分。通过以思想政治教育和法律基础课为主导的方式，追求一个全员参与、全程实施、全方位覆盖的教育模式，以确保每一位大学生都能受益于这一培育体系。

一是理念协同。青少年时期是个体成长的关键阶段，它需要得到细致的关注和指导。在大学生法治素养培育中，更应注重培养学生坚定的法治理念和信仰，使他们深入理解和拥护中国特色社会主义的法治思维。随着新时代的到来，对大学生法治素养的培育理念也应当发生相应的转变。为此，各教育部门和学校应确保在法治教育的理念上达到统一，共同为学生树立明确的法治价值观。

二是主体协同。教育管理部门和高等学校应携手整合各个领域和环节中的教育资源，确保教育的连贯性和高效性。这需要强化学校内部各部门，如学生事务部、各教学单位、教职工队伍以及马克思主义学院和法学院之间的沟通与合作。这种协同作战的方式能确保在法治素养培育的各个层面，无论是价值观念的塑造、能力的培养、知识的教授还是行为习惯的培育，都能得到全方位的支持和推进。更进一步地，这种协同努力有助于在各参与方中树立坚定的法治信仰、明确的法治观念和统一的法治理念。

三是目标协同。整合资源的要义在于促进合理利用的最大化，以保证教育目标的实现。以大学生的法治素养培育为核心，需要对所有可用资源进行高效整合，确保与教育目标的同步推进。这要求学校构建一个"人本"导向的资源整合体系，确保每一项资源都能为大学生法治素养的提升服务，进而实现法治教育的现代化目标。

四是制度协同。制度的存在确保了行为的规范和统一，而法治的核心即是这种规范性，它有助于统一人们的行动和思考。为了更好地培养大学生的法治素养，需要不断地创新制度机制，整合现有的教育资源，并将法治素养的培育融入日常的教育实践中。建立一个既有活力又高效的制度体系是关键，这样可以确保大学生法治素养的培育在各个层面都能得到协同的推进。

三、资源共享机制

高等教育机构应采取措施解决大学生法治素养培育中出现的"孤岛现

象"。这要求高校充分利用各种法治教育资源，确保其在培养学生方面能够充分发挥作用。通过优化资源配置，可以激活各种教育要素，为学生创造一个充满法治氛围的育人环境，最终实现法治教育资源的最大价值。

一是打破壁垒，实现平台共享。这种平台强调各方的参与，而第三方有责任激励各方主体积极投入。然而，由于各种体制和机制原因，不同地区和高校的法治教育平台可能变成信息孤岛，这会阻碍法治教育信息的流通。这种情况会导致参与者数量减少，受众范围缩小，从而形成信息壁垒。随着时间的推移，这可能会影响到资源供应和需求的平衡，进而妨碍教育平台的发展目标和成果。为了解决这一问题，政府、高等教育机构、企业和媒体需要共同参与并分享大学生法治教育资源。借助现代信息技术，如大数据、云计算、虚拟技术和人工智能，以及现有的互联网技术和校园网络，可以共同建立一个完善的大学生法治素养教育资源共享网络平台，从而消除传统高校资源共享的障碍。此外，还需要加强平台的信息技术基础建设，确保资源共享平台的高效运行，为各方提供坚实的技术支持。

二是统一规划，实现标准共享。这意味着在质量、内容和保密等方面，必须有统一的资源共享准则。这不仅要求制定详尽的标准共享机制，还要确保这些机制能够在各个高等教育机构中顺利实施。教育管理部门应主导此项工作，与高等教育机构、思想政治部门、教职员工、社会组织、教育研究者以及媒体等各方共同参与，以制定和维护统一的标准。这些标准不仅需要反映当前的需求，还应考虑到新时代大学生法治素养培育的持续演变，确保其与时俱进，适应不断变化的环境。

三是博采众长，实现内容共享。为了实现大学生法治素养的全面提升，高校应该更加广泛地分享法治教育资源。当前，一些高校在资源共享上的内容和方式仍显单调有限。为此，需要摒弃传统的资源共享模式，积极创新，更加广泛地整合和分享法治学术资料、法学课程内容、教师专长和学生能力等多方面资源。只有当拥有一个全面、多元化的内容共享机制时，大学生法治素养的培育才能真正实现高效和广泛的影响。

四是百花齐放，实现激励共享。目前，由于技术、资金和平台等因素的制约，一些教育机构和教师并未能够将其教学成果进行有效的数字化和信息化分享，造成了资源的内部积累和外部输出不足。为此，高校应加速构建激励机制，鼓励法治教育资源的共享。可以通过如精神鼓励、实物奖励和品牌推广等多种方式，将资源共享与各个部门、团体、教师和管理人员的绩效评价挂钩，从而刺激和鼓励更多的法治教育资源在高校间得到有效的共享和利用，进一步激发大学生法治素养培育的活力。

五是做好保障，实现安全共享。首要的是提供全方位的技术和产权保障。技术上，采纳前沿科技来优化资源共享，如通过大数据技术为每位大学生提供定制化的学习内容和策略，实现教学内容的多样化展现，更精确地满足大学生的学习需求。此外，为确保资源的知识产权安全，必须明确资源在共享过程中的权属问题，确立明确的知识产权归属，同时加强对共享资源的保密管理。这样既可以降低资源共享中的法律风险，也有助于减少因利益分歧而引发的纷争，进而为大学生法治素养培育资源共享创造一个稳定、安全的环境。

四、合作交流机制

大学生法治素养培育的交流合作机制主要针对国内高校之间的交流与合作、国际区域合作交流、人才与人才之间的交流。

高校应积极塑造与众不同的教育品牌，通过互学互鉴，推出具有独特魅力的大学生法治素养培育项目。这些项目不仅体现出各自学校的独特价值，还能激发其他学校的兴趣，促使他们学习、采纳并推广。重点学校应主动发挥领导作用，策划并建立一个合作与交流的平台，以便各高校间分享和传递各自的特色法治教育项目，并通过生动的故事形式，展现各学校在大学生法治素养培育方面的特点和成果。此外，高校的德育部门可以作为一个研究和交流的中心，采取问卷、采访、文献分析等多种方式，对大学生法治素养培育进行深入研究。这样，不仅可以整合和传播各高校在法治教育上的成功经验和先进观念，还能为大学生法治素养培育的持续进步提供强有力的支持。

在对外交流与合作中，高校应重视建立互信机制，确保大学生法治素养培育的顺利进行。遵循"求同存异"的原则是构建这种机制的关键。双方在交流中应相互尊重、相互借鉴，着重于寻找共通之处，同时避免触及潜在的分歧或敏感议题。此外，高校应着力展现中国的法治文化、特色和理念，并通过生动的案例和故事，展示我国大学生法治素养培育中的独特之处。这不仅有助于外部了解并认同我国的法治教育理念，还能加深各方之间的理解和互信。

为了更好地推进大学生法治素养的培育，高校应重视人才培养合作交流机制的构建，特别是针对教师和学生这两大核心群体。首先，应确立教师间的合作交流计划，让他们定期参与互学互鉴的活动，从而探讨并吸取彼此的教学方法和特点。此外，为深化国际及各高校之间的友好关系，应促进教师团队的互访，使他们能够直接交流、深化了解和互相学习。同时，定期组织教师教学技能比赛，不仅可以展现和奖励教学能手，还能激发广大教师的教育热情和教学创新。最终，结合现代技术，高校可以打造"双师型"课堂、实施不同的教学策略和分享丰富的课程资源，确保教学活动的高效与高质。

五、监测评价机制

自中国共产党第十一届中央委员会第三次全体会议以来，依法治国已逐渐确立为治国理政的基本方略，历经四十余年的坚定推进，我国在此领域取得了显著成果。对于高等教育领域，法治教育的发展也经历了从强调法律基础知识教育到法律意识教育，再到现阶段的法治素养教育的历程。这一进程中的转变反映了我国法治教育的日趋深化与完善，也为大学生群体的全面发展和我国法治建设做出了积极贡献。

令人关注的是，尽管在教育内容与形式上都有所创新与进步，但在法治素养评价机制的建设与实施上，我国仍面临一些挑战。近年来的一系列大学生犯罪案件，如药家鑫案、复旦投毒案等，无疑都敲响了警钟，反映出一些大学生在法治素养上的缺失以及现有教育体系中法治教育存在的某些短板。这些事件的发生，并非单纯地受某一方面的影响，而是社会、家庭、学校与学生个人因素综合作用的结果，其中，学校在法治素养教育上的不足较为明显。

针对这一现状，为了更好地推进大学生法治素养的培育，必须进一步完善相关的评价机制。例如，建立完善的大学生网络法治素养评测体系，可以有效评估大学生的网络行为，对于违法违纪违规的学生可以及时处理，对于有此类倾向的学生可以进行及时的排查与疏导。此外，加强大学生违法违规违纪档案的信息化建设，强化法治素养评价的可视化与实践性，也是一种有效手段。完善大学生法治素养教育的督导评估机制也至关重要，可以有力地推动高校法治素养教育工作的全面贯彻与落实。

（一）监测评价的基本内涵

需要完善公民和组织的守法信用记录，加强对守法诚信行为的奖励制度和对违法失信行为的惩罚制度。这种制度构建的理念对于大学生的法治素养教育同样具有重要意义。在培育大学生的法治素养时，应该着重考虑：监测的内容是什么、如何进行有效监测以及如何应用这些监测结果。这三个方面构成了大学生法治素养培育的评估机制的核心逻辑。

一是明确监测内容。根据教育实践的需求，学校应综合考虑并确定标准，从而为大学生的法治素养评估提供明确的方向。鉴于各高校的体量、特色、发展目标和教育层次都存在差异，管理者应设计具有差异性和多维度特点的评价标准和方式，确保在多种标准下进行统一评估。针对大学生法治素养培育的具体内容时，还需考虑如教学方法、目标群体、使用工具和实际场景等多种维度来制定评价标准。这样，同一维度下的评价将具有统一性，能够避免评价的单一化和刻板化，更加精确地反映大学生法治素养培育的实际情况。

二是严格监测管理。为确保大学生法治素养培育的质量，需要建立一个严格的监测机制。这涉及针对具体的教学实施和针对大学生法治素养培育的调查研究，从而明确培育过程中的教育品质及其发展方向。通过深入剖析大学生法治素养培育的各个要素，从政策指导到实际教学操作，以及从教育过程到成果评估的全流程，应综合收集各种数据、行为和心理信息。这为管理者提供了一个科学且有效的数据基准，使管理者能够全方位地监控并深入分析大学生法治素养培育的质量和效果。

三是运用监测结果。大学生法治素养培育不仅是大学生德育的一个维度，更是一种深入的教育体验。在评价中，不能仅以表面的科研数据、研究成果数量或课题多少为评价依据。真正的评价标准应以学生为中心，重视在学术核心建设、课程设计及创新人才培养模式上的突出成就和优秀人才的培育。而在效果评估上，除了看到的实际效益，更应注重其对学生在法治素养、德育和整体发展上的影响，以及其对教师在专业知识、技能和情感培育上的贡献。

（二）不断优化大学生网络法治素养测评体系

大学生正处于人生观、价值观的塑造阶段。在这一关键时期，互联网的普及和影响力可能对他们尚未完全成熟的心智产生不良效应。考虑到互联网法律体系仍在完善中，大学生既有可能成为网络犯罪的受害者，也可能误入网络的不良区域。一些学生可能涉及散布网络谣言、侵犯他人隐私、侵权或网络欺诈，进而成为违法者。因此，网络法治素养已经上升为大学生法治素养评估的关键要素，它也是法律教育者必须高度重视的领域。为此，需要进一步完善大学生的网络法治素养评估体系。

网络法治素养实际上是法治素养在数字空间的表现，它建立在日常互联网使用的基础上，重点关注与网络相关的法律知识、网络法治的思考方式、实践方法和网络法治意识。

基于上述因素，笔者设计了一个大学生网络法治素养的评估框架，该框架包含四个主要维度。

1.网络法治观念维度

这一维度主要涉及思维层面，包括对规则的尊重、权利意识和程序正义的理解。大学生对网络法治的理解和态度，体现了他们对网络环境中法律规定的看法和观点。考虑到网络空间与现实生活相比具有其特有的后发性和时代性，其法律约束相对较少，大学生的网络行为更为多元化，身份地位更加平等，言论表达也更为自由。参与网络舆论，对于他们来说，也是一种表达和实践民主的方式。对网络法治的深厚信仰不但是学习法律知识的基石，而且是对法律知识的进一步认同和情感价值的体现。在推进法治中国的大背景下，加强大学生的法治信仰培养，无疑是提高其整体素养的核心要素。

2. 网络法治行为维度

尽管大学生在网络中获取法治知识并积极宣传法治理念，但他们的某些行为可能无意中侵害他人的合法权利，或者直接违反相关法律法规。对此，实践维度可以分为网络失范行为和网络法治积极行为两个主要方面。网络失范行为涵盖了传播虚假信息、侵犯个人隐私、侵权行为、参与网络的不良行为如赌博、网络欺诈以及可能损害国家安全的网络行为等方面。网络法治积极行为则主要包括网络法律学习、关注网络法治动态、辨别网络信息的真伪、自我约束及在网络中积极宣传法治等方面。

3. 网络法治评价维度

网络法治观念评估是指个体在网络环境中，通过学习、反思和个人经验，对网络法治进行的综合判断和分析。为了构建完整的大学生网络法治素养体系，此处的评估主体是大学生，而评估的焦点则是网络法治。这一评估维度涵盖了网络法律的评估、网络法治行为的评估，以及对网络司法的评估。

在网络法律的评估中，尽管国家已经制定了相关的网络法律法规以确保网络空间的秩序，但对某些网络违法行为的处理仍然存在争议。对于网络法治行为的评估，既包括对网络失范行为的评估，也涉及对网络合规行为的评估。大学生对网络的消极和积极行为的主观评估，结合其实际行为，有助于进一步完善其法治素养的评估机制。而网络司法评估则关注"互联网+"模式在司法领域的应用，这种新的审判方式旨在更有效地解决网络违法行为，从而推动大学生的网络法治素养与时俱进。

4. 网络法治期盼维度

网络法治的愿景体现了个体在网络环境中学习、体验后，对网络法治未来发展的期望和理想。这是大学生对网络法治发展的个人展望。这里，主体是大学生，而他们的愿景目标则是网络法治的未来走向及其在这一空间中的行为期望。他们对网络空间的展望涉及对未来网络法律制定的期待，以及对网络法治氛围的希望。

（三）加快大学生违法违纪违规档案体系建设

在完善大学生网络评估体系之后，如何将评估的结果全面地呈现给公众是一个重要的问题。数字化地构建大学生的违规违纪记录，不仅可以帮助学校在进行政治审核时得到一个客观、精确且直观的评价，还有助于激励大学生更加关注法治知识的学习，积极培育并提升自己的法治意识，从而成为一个真正遵循法律、有责任感的公民。

1. 建立全面、系统、科学的档案内容管理制度

档案建设主要有量化方式与描述方式，这里的档案体系以描述方式为主，对学生的法治素养进行档案建设。档案的内容主要分为四部分。

一是个人基本信息管理。记录个人的基本情况是初步的步骤，这有助于更全面地了解学生的学习背景和生活情境，内容主要涵盖了学生的基本资料。为了完善和优化大学生的法治素养评估机制，大学生的法治素养评估结果（包括其网络法治素养）应被明确地反映在其个人资料中。上述信息的收集工作由相关学院或部门负责，班级委员协助，并由学生本人完成填写，以确保所录入的信息是准确和有效的。

二是加强违法违规违纪记录管理。违法、违规、违纪的记录涵盖三个层次，按照其严重程度，依次为违反宪法和法律的行为、违反学校纪律和规定的行为。每位公民都有遵守宪法和法律的责任，大学生若违反宪法和法律则属于这三类行为中最为严重的一类，这样的行为必须被准确记录下来。对于未成年者的违法行为，是否记录在个人档案中需根据国家的相关规定。学校的纪律和规定是基于法律以及学校的实际情况制定的，大学生必须严格遵循。对于违反这些规定的学生，应依照相关条款进行处罚，而违反学校纪律的未成年学生的行为则应记录在其个人档案中。尽管本记录中没有列出违反道德规范的行为，但高校有责任对那些违反道德但未触法律红线的行为进行法治和道德教育，特别是对大学生党员应严格执行党的纪律。对于违反党纪

的大学生党员，其行为应被记录在其他违规行为中。所有的记录都需得到大学生本人的签字确认，并得到记录者的签字验证。

三是加强院系审核与大学生申诉管理。三是强化学院审核与学生申诉流程。首先，学院的审核机制作为确保记录准确性的关键步骤，应采用"内容＋格式"的审查模式。当大学生因违法行为受到评价和处罚时，这些信息应当准确地被纳入其个人档案，并进行格式审查。对于那些违反学校规定的行为，应依据实际情况进行记录。学校和学院在这方面必须严格执行，并确保每一个记录的准确性，因为不正确的信息可能对学生的未来造成不良影响。其次，为了维护学生的权益，学生申诉制度是一个关键的机制。若学生对某项记录持有不同意见，他们可以向"学生法治素养监督组"提出申诉。为了确保公正，审核和监督权应分开。监督组对学生的申诉进行内容审查，如发现错误，应将其退回至相关学院重新处理。在此过程中，监督组成员应进行全程监督。对于再次提出的合理申诉，监督组可以直接进行审查。对于未成年的学生申诉，学校应提供特殊保护，由校级"学生法治素养监督组"直接复审和调查。对于轻微违规的行为，给予大学生一次改正的机会：在一个学期内，如果没有其他违规行为，大学生可以申请删除该记录。此外，错误的记录可以通过学院向监督组提交申请，并由记录者进行解释后进行更正或删除。

四是加强遵纪守法承诺书管理。根据我国宪法，遵循宪法和法律是每位公民的基本职责。作为成年公民，大学生应在入学前主动学习法治知识。为此，学院可以在新生入学时组织他们签署法律遵守承诺书。这样的承诺书应被视为大学生违规档案的重要部分，并放置在档案的首部。这不仅代表了大学生对自己在学期间行为的约束，而且签署的过程也有助于强化大学生对法律的尊重和认识。当大学生有违法或违规行为时，展示其签署的承诺书可以明确他们事先已经了解违法或违规行为面临的后果，并同意学校的记录方式。对于表现出色的学生，他们的承诺书也应被放在档案的首部，从而进一步强化他们的法治观念。

2.创新"互联网+"档案形式

采纳电子档案与传统纸质档案相结合的形式，主体依赖电子档案的管理和运行，同时纸质档案作为备份留存。随着网上办公逐渐成为学校的常态化操作，学生的违法违纪记录亦需数字化。这些记录应整合进学校的信息门户，在"学生用户"区域的个人档案中展现。学生在开始填写基本信息前，需在线上签署遵纪守法的承诺书，确认其对所有规定的了解和接受。只有完成签署后，学生才能继续填写其他信息。

完成的信息提交后，将被转发至"学院用户""班委用户"和"导师用户"进行审核和确认。在信息核实后，大学生需将电子版承诺书和其他表格打印并交给学院。一旦大学生出现违规行为，相关信息将由学院输入并发送至学生、导师和班委的系统进行核查。对于涉及未成年学生的记录，出于隐私考虑，班委将不会收到通知。大学生在查看记录后，需要在线上确认或提出异议。确认无误后，导师和班委将完成最后的审核；如有异议，将组织面议解决。所有的结果将被纳入大学生的电子档案，并汇报给学校的监察组。考虑到记录的敏感性，学生在一定期限内可以在线上提出申诉。申诉结果将在系统内公示，最终由大学生在线确认。超出申诉期限的，将默认为大学生同意所给处罚。鉴于这些记录的重要性和敏感性，学校在进行数字化档案建设时必须确保信息的安全性和保密性。

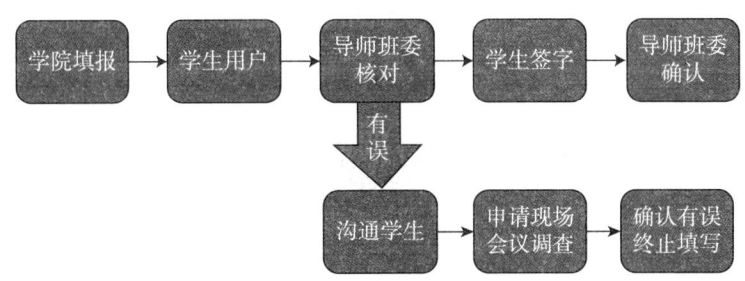

图9-1 大学生违法违纪违规档案处理流程图

虽然部分高校还没有引进区块链技术，如果确实因为大学生违法违纪违规档案管理保密工作的需要，可引进有关技术，这样的记录可以保障安全性。作为学生的可验证信息，可跟随学生从一个机构到另一个机构，增强可信度、高效性。大学生违法违纪违规纸质档案，应及时装入学生人事档案中，毕业或退学时与电子档案信息一同移送。

3.持续完善档案管理运行机制

违规违纪档案信息化建设过程中，必须由学校法治部门成立的校级大学生法治素养监察小组，具体负责档案的申诉与监督。班委主要负责校对、监督与审核。

档案的建立过程包括建档 → 档案的记录 → 档案的保存 → 档案的移送。大学生法治素养状况纪实档案运行流程图如 9-2 所示。

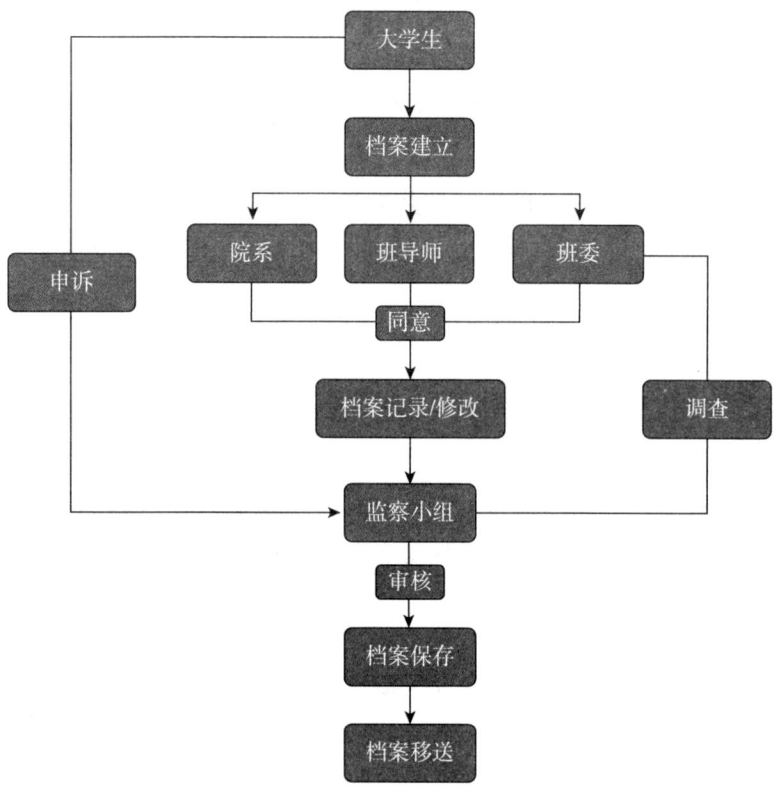

图 9-2 大学生法治素养状况纪实档案运行流程图

（四）健全完善大学生法治素养教育督导评估机制

在近年来，随着我国教育改革的深入，教育督导制度得到了更为重视和完善。2012 年，国务院颁布的《教育督导条例》为我国教育督导工作提供了更加明确的法律依据，实现了对各级各类教育的全覆盖。在此背景下，大学生法治素养教育作为高等教育中的一个重要环节，其督导评估机制也应得到相应的关注和加强。

大学生法治素养教育是我国高等教育中的核心内容之一。它涉及学生的价值观、行为习惯、法律意识等多个方面，对于培养学生的法治观念和法律素养具有重要意义。为了更好地推进大学生法治素养教育，建立一套完善的大学生法治素养教育督导评估机制显得尤为重要。这一机制可以为高校、教育部门以及社会提供一个依据，确保大学生法治素养教育的质量和效果。

国务院的《教育督导条例》为我国高校提供了一个宏观层面的法律依据，使其能够在大学生法治素养教育中实现"督政""督学"和"监测"的三位一体。其中，"督政"主要是政府进行宏观统筹，确保大学生法治素养教育的方向和目标得到实现；"督学"则是高校依法实施，确保大学生法治素养教育的具体内容和方法得到有效实施；而"监测"则是社会对大学生法治素养教育的监督和建议，确保教育的质量和效果。

为了更好地实施大学生法治素养教育督导评估机制，高校需要根据自身的特点和实际情况，建立相应的分层级的督导小组。这些小组的组成人员应该是经验丰富的教师或管理人员，他们可以对学校内部的教学进行有效的监督和指导。学校还应该制定相关的奖惩机制，确保督导任务的有效执行。在实际操作中，学校可以依据各校的特点设置分层级的督导小组。这些小组的组成人员可以是经验丰富的教师或管理人员，他们可以对学校内部的教学进行有效的监督和指导。学校可以制定相关的奖惩机制，确保督导任务的有效执行。

一是点面结合，全专合一。督导分为综合督导和专项督导。鉴于不同高校的办学特色和侧重点，以及学生的法治基础差异，督导活动需具有目标性和针对性。例如，对于主修文史的学生，由于他们较早地接触了思政和法治教育，并具备较强的法治基础，其专项督导应更多地聚焦于实践性教育的实施。而对于那些法治素养相对较弱的学生，专项督导应更注重加强其法治意识的培养和教育。

二是挖掘特色，优势互补。在督导策略中，应深入挖掘各高校的特色和优势，实现优势互补。对于顶尖的高校，由于其丰富的资源和强大的科研实力，它们在督导方面应当起到领军的作用，为其他高校提供经验和参考。这也促进了"点对点辅导"和"互助－反馈"督导模式的形成。此外，高校间的相互协作和互助可以通过各种形式实现，如举办研讨会、专家讨论和互相学习。特定的顶尖高校可以通过"一对一辅助"策略，为地方普通高校或职业学校提供精确的指导和帮助。这种经验交流和问题反馈的机制不仅能够促进高校间的合作，还能推进内部督导模式的进一步创新和完善。

三是线上线下，共同发力。在网络法治素养测评体系中，不仅要落实传统的线下督导，还需探索与应用"互联网＋督导"的新模式。大学生在网络法治素养教育中无疑会与互联网产生交互，因此，高校的督导团队需要加强对此的关注。通过线上的数据监测和实时反馈，可以更加有效地进行教育质量的评估和指导。

四是全面检测，科学督导。监测是促进高校自主治理的监督方式，第三方社会机构的评估，因其客观和独立的特性，为监测提供了有力支撑。然而，为保证评估的公正性，该机构应在政府的授权下，根据既定的评估体系进行操作。此外，高校自我评估和高校间的互评也不可或缺，这有助于确保评估的全面性和深度。综合各方评估结果，第三方机构应按照政府指引进行整合统计，并及时向各高校和政府反馈，确保监测工作的高效与准确。

第三节 大学生法治素养教育的路径

一、多措并举深化大学生的法治认知

导致大学生法治认知存在偏差的原因，包括学校的培育作用未充分发挥、不良的家庭教养方式的影响、传统人治观念的历史性残留，以及个体思维方式简化，针对这些原因，提出深化大学生法治认知的多种举措。

（一）优化法治认知的课堂以提升培育效果

思想政治理论课是对大学生进行法治认知培育的主渠道，应该通过科学安排课程的内容以及加强教师队伍建设来优化大学生法治认知培育的课堂，增强思想政治理论课对大学生法治认知的培育作用。

第一，科学安排课程的内容。首先，推进课程教材改革一体化。这需要推动课程与教材的一体化改革，构建一个既考虑纵向各学段之间的层层递进，又能确保横向各课程间相互衔接和支持的体系。特别是在思想政治理论课中，应强化课程间的内在联系，避免内容重复，确保后续课程能在之前的基础上进行更为深入的探讨，从而使知识构建形成螺旋式的进阶。其次，对于涉及思想道德和法治的课程，要加强课程、教材和教学评价之间的交互性研究。这不仅能为教师提供更为具体的教学指导，还有助于更有效地提升大学生的法治觉悟。

第二，加强法治认知培育的教师队伍建设。深化教师培训与协作，实施全员培训和专题研修，覆盖各级学段的思政课教师，确保知识和策略的全面传递。通过不同学段间的教师交流，促进各阶段法治教育的有机衔接，增强其科学合理性。同时，建立法学院与马克思主义学院教师的协作机制，充分利用两者的专业优势，以提升课程的理论深度和针对性。教师队伍的配置也需注重专业背景的多元化，增聘具有法学背景的道德与法治课教师，为教育培训注入新的活力。通过在大学层面推广法治教育本科专业，形成一个健全的法治认知培养人才渠道，从而提升教师队伍的专业化水平。法治认知的培育工作涵盖了专业性、理论性和政治性的多个层面，因此，需要专业化的人才来执行。推动法治教育本科专业的设立，便是确保人才持续供给的核心途径。

（二）以家庭氛围为突破改进家庭教养方式

家庭作为大学生提高法治认知的重要场所，其内部教养方式与氛围无疑对学生的法治观念形成起到了重要作用。家庭氛围与家庭教养方式是相互影响、相互塑造的。特别是在中国传统文化背景下，家庭对个体的价值观、行为方式等有着深远的影响。通过构建民主和睦的家庭氛围，可以更有效地促进大学生的法治认知深化。家庭成员间的和睦关系是构建良好家庭氛围的基石。这需要家庭成员之间建立起互相尊重、彼此关心的关系，通过沟通和交流来解决家庭中的问题和矛盾，从而确保家庭的和谐稳定。而家长在其中起到了关键作用。家长应抛弃封建家长的思维模式，避免在与子女的交往中过于强势或放任，而是应该坚守民主和平等的原则，尊重子女的权利和选择。这样的亲子关系不仅有助于子女的健康成长，更能为其初步的法治认知打下坚实的基础。此外，提高家长的教育素质也是另一个关键之处。家长学校作为一个有效的平台，可以为家长提供系统的教育培训，帮助他们掌握正确的家教方法，提高家教能力。通过开展如何对孩子进行爱国主义教育、素质教育和法治素养教育等主题活动，家长可以更加科学、系统地进行家庭教育，确保孩子在成长过程中获得健全的法制认知。

（三）以纠正认知偏差为重点开展法治宣传

在当前的法治教育体系中，法治宣传的目标并非仅限于对法律知识的传递，更重要的是对法治观念的引导与塑造。尤其是对于大学生这一特定群体，其法治观念的形成不仅会影响其个人的行为选择，还会对整个社会的法治环境产生深远的影响。因此，如何更加科学、有效地进行法治宣传，成为当前法治教育的重要议题。

对于大学生的法治教育，其难点在于如何纠正其现有的法治认知偏差，真正实现从"知道、了解"到"懂得"的转变。这需要法治宣传不再满足于对已知、普遍接受的法律知识的传播，而是要针对性地解决大学生在法治观念上的误区。具体来说，目前大学生在权力制约、程序正义以及权利保障的认知上存在偏差，这为法治宣传提供了明确的方向。

权力制约是现代法治的核心理念之一，它要求权力的行使必须受到法律的制约和监督。对于大学生，需要鼓励他们积极行使合法权利，成为权力运行的监督者。同时，法治宣传部门可以进一步普及权力制约的相关知识，帮助大学生明确部门职能，实现对权力的有效监督。与此同时，程序正义作为法治的另一核心理念，其在法治教育中的地位不容忽视。尽管大学生对实质正义的认知相对充分，但对于程序正义的了解还存在一定的不足。因此，法治宣传部门应当加强对程序正义的宣传，帮助大学生建立正确的程序正义观念，消除其对国家机关工作的误解与怀疑。

权利保障是法治的基石，关系到个体与法治的紧密联系。只有当个人权利得到切实维护时，个体才会真正认同法治，而法治也才能真正融入社会生活。因此，法治宣传部门应当重视权利保障的宣传工作，提供相关的法律途径和手段，帮助个体更好地维护自身权益。

（四）警惕思维惯性并掌握科学的认知方式

在对法治的认知过程中，大学生应深度思考，避免因思维惯性导致的简化判断，确保其认知方式具有科学性。对于法治，其复杂性和多维度性要求大学生采用综合、开放和批判性的思维方式，而非依赖于有限的信息或单一的经验来形成判断。这是因为，简化的思维方式很容易导致认知偏差，误导大学生对法治的认知和评价。

当人们在进行法治认知时，常常会将某些具有代表性特征的事物或事件联系起来，从而基于这些联系进行判断和推测。然而，这种判断往往忽略了事物之间真正的内在联系，导致认知失真。例如，将个人的犯罪行为与权利不被保障相联系，可能导致对权利保障的认知偏差。此外，社会中存在的不公正现象，如收入差距和教育不公，也可能影响人们对法治的评价，容易使人们过于批判或怀疑法治的公正性和效力。

此外，小样本推理也是导致认知偏差的一个重要原因。当人们基于有限的个人经验或某一个特定的案件来对法治进行评价时，可能会忽视了大量的其他相关信息，从而导致认知失真。为了避免这种情况，应努力积累更多的经验，关注更多的案件信息，并尝试从更宏观、更全面的角度来看待法治。同时，应注重从官方渠道获取更为准确和权威的信息，如国家官方网站发布的统计数据、裁判文书和庭审记录，以确保个人的认知更为科学和客观。

二、多路并进提升大学生的法治信仰

校园环境中的法治元素有限、家庭在情与法中侧重于讲情、媒体在法治信仰培育中缺位以及大学生提升法治信仰的自主性不强是大学生法治信仰提升渠道不通的主要表现，应该针对以上这些原因，指出提升大学生法治信仰的多重路径。

（一）法治元素植入校园环境以培育信仰

法治信仰的培养，与校园环境中的法治元素紧密相关。正如马克思所言，环境与人之间存在双向影响，人在创造环境的同时，也受到环境的塑造。校园环境不仅包括物质空间，还包含文化、情感和思想等方面的内容。在此背景下，培育大学生的法治信仰显得尤为关键。

为了更好地培养大学生的法治信仰，需要将法治思想融入校园的每一个角落，从而形成一种持续、深入的法治教育和熏陶。例如，可以在校园中建立法治文化长廊，这不仅是一个物理空间，更是一个充满法治气息的文化场所。长廊中的图片、文字和社会热点问题都能引起大学生的关注，使他们在日常生活中不断地感受到法治的存在。此外，利用现代技术手段，如网站、电子屏、广播和报纸，将法治信息传递给大学生，也是一个有效的方式。这些载体的多样性和广泛性可以确保法治信息覆盖每一个大学生，从而增强他们的法治意识。围绕特定的时间节点，如法治教育周或法制宣传月，组织系列的法治活动，也能够提高大学生的法治认知。这些活动因其主题明确、组织有序，能够在短时间内集中展示法治的魅力，帮助大学生深入理解法治的真谛。

（二）家庭对法治观念和家国情怀的引导

家庭作为社会基本单位，在培养法治观念和家国情怀方面具有不可替代的作用。法治信仰，超越于对法律的简单信仰，更多地体现在对背后的自由、平等、公正和人权等核心价值的追求。这些价值观念不仅是法治的内核，也是家庭教育的重要内容。家国情怀作为中国文化的核心，不仅体现在对国家的忠诚，更多的是对国家法制的尊重和维护。

中国文化中的家国情怀决定了国家在每个人心中的地位。在这一背景下，家庭教育的任务不仅是培养孩子的道德观念，更是培养他们对国家和法律的尊重。家庭教育应该超越于日常的人际交往，更应该聚焦于法治观念的培养，确保孩子在成长过程中深刻理解法律的权威性和公正性。而这种教育不仅是教导孩子遵守法律，更是引导他们认识到，当遇到争议和冲突时，依法解决问题是最为公正和公平的方式。

在法治观念的教育中，家庭应该强调法律在社会规范中的地位和作用。而在家国情怀的教育中，家庭更应该强调国家在个人和家庭中的地位，让孩子认识到，没有稳定的国家，就没有和谐的家庭，没有法治的国家以及没有公正的社会。因此，家国情怀不仅是对国家的忠诚，更是对国家法制的尊重和维护。

家庭在大学生法治信仰的培养中，扮演着至关重要的角色。通过家庭教育，大学生可以更好地理解法治的真谛，更能够深刻体会到法治与家国情怀之间的内在联系。这种联系不仅是法律与国家之间的联系，更是法治与国家建设之间的联系。因此，家庭教育在培养法治信仰和家国情怀方面，具有不可替代的重要作用。

（三）通过媒体的理性传播促成法治信仰

在当代社会，媒体已成为信息传播的主要渠道，对于公众，特别是大学生的法治信仰塑造起到了至关重要的作用。为确保媒体能够理性、公正地进行信息传播，对其进行有效监管与自我管理是必要的，以确保其在提升大学生法治信仰中的作用得到最大化发挥。

为实现对媒体信息的有效监管，必须采取多元化的策略。随着新媒体的迅速发展，制定具有前瞻性的新媒体信息监管法律法规显得尤为重要，这将为政府部门的监管行为提供明确的法律依据。同时，考虑到新媒体的技术特性，监管部门必须不断更新其技术手段，以适应新媒体产业的快速变化并确保其监管能力得到持续提升。除了政府部门的监管，社会团体和公众也应参与到媒体监管中来，通过及时举报不实信息，共同维护一个健康、真实的信息传播环境。

而对于媒体本身，加强自我监管，自觉地履行社会责任是其不可回避的使命。确保报道内容的真实性是媒体的基本职责。只有在坚持客观、公正的原则，对事实真相进行充分核实的基础上，媒体才能真正地为公众提供有价值的信息。此外，媒体还应积极传播法治理念和法治精神。这不仅是通过新闻报道和评论，更是通过深入浅出的方式，将法治的专业知识转化为大学生和公众容易理解和接受的内容，从而真正实现提升大学生法治信仰的目标。

（四）个体进行对法治和信仰价值的思考

在现代社会，特别是在大学生这一群体中，信仰选择往往显示出一种功利和实用的倾向。这种趋势可能导致大学生对法治持冷漠或疏远的态度。为了确保大学生真正理解并领会到法治信仰的深远意义，需要引导他们对法治及其信仰价值进行深入的思考。

法治不仅是一种治理工具或制度安排，更是人类对自由、平等、正义、秩序和人权深远追求的具体体现。法治所蕴含的这些价值观，使其成为一种具有崇高性的信仰。大学生通过关注和研究各种社会法治事件，能够深入理解国家在处理这些事件时所坚持的原则，从而加深对法治如何维护社会公平正义的认识。在这个过程中，大学生被鼓励深入挖掘法治的内在价值，而不仅是停留在其表面功利性和实用性上。这要求他们在生活中对自己的精神世界给予足够的关注，真正体会到法治的深远意义。

同时，信仰的价值并不仅是外在的或表面的，它更与个体的内在世界和生活经验紧密相连。对信仰的内在价值进行思考，实际上是对信仰与个体自身关系的探索，涉及信仰在社会和人生中的地位、作用以及为何人们需要信仰等核心问题。经过这样的思考，大学生应能够认识到信仰不是某种神秘的、遥远的存在，而是与他们每天都在思考的生存和发展问题密切相关的科学无神信仰。明确信仰在人生中的重要性，能够帮助大学生更好地感受到信仰的必要性，从而提高他们树立法治信仰的自觉性和主动性。

三、多策并用形塑大学生的法治意志

学校对大学生法治意志培育工作的重视不足、家庭培育观念和能力的欠缺、不良社会风气形成的冲击力以及大学生法治意志锻炼的自觉性不够是大学生法治意志形成中的实际困难，应该针对这些困难，提出形塑大学生法治意志的多重策略。

（一）构建全方位的学校培育模式

在当前高等教育环境中，对于大学生的法治意志的培育仍显不足，未能充分挖掘和培育他们的法治精神和意志。为了有效地培养大学生的法治意志，必须构建一个全方位的学校培育模式，融合思想道德与法治课堂教学、法治实践活动和党团组织的法治宣传。

课堂是培育大学生法治意志的主要场所。特别是在思想道德与法治课程中，教师应将注意力转向社会现实，尤其是当前的热点法治事件。通过让大学生对这些事件表达自己的看法，教师可以了解他们的认知，并针对这些认知进行回应和引导。面对大学生存在的误解或偏见，教师应充分利用教育机会，辩驳错误观点，并在此过程中引导大学生确立正确的法治观念，并培养他们坚定的法治意志。

法治实践活动也是锻炼大学生法治意志的重要途径。通过设计具有挑战性和针对性的实践活动，如情境演练，可以帮助大学生了解在现实生活中如何应对各种法治挑战。鼓励大学生在实践中设定明确的法治锻炼目标，并记录自己的实践经验，可以进一步加深他们对法治的理解和实践。

党团组织在培养大学生的法治意志中也起到了关键作用。针对大学生法治意志的薄弱点，党团组织应加强对法治勇气和智慧的宣传，帮助他们掌握应对法治挑战的策略和方法。同时，通过宣传坚守法治的典型事例，可以让大学生更加深入地认识法治的价值和意义。党团组织还应强调大学生在法治建设中的重要角色和责任，鼓励他们不断提高自己的能力，以应对时代的挑战。对于可能存在的对法治的误解或困惑，党团组织应进行深入的分析和解答，消除大学生的疑虑，并帮助他们建立坚定的法治意志。

（二）家长增强培育观念以及能力

家庭在大学生的法治意志培育中占据了关键地位，然而当前家长的培育观念及能力存在一定的不足，从而限制了家庭在此过程中的作用。为更有效地推动大学生的法治意志成长，有必要深化家校合作的协同观念并提高家长的培育能力。

家校合作是法治意志培育的基础。为形成家庭与学校之间在培育法治意志上的合力，双方需建立紧密的合作机制。家庭的环境、教育模式以及家风对大学生的法治意志形成具有深远的影响。在这一过程中，家校沟通成为确保双方共同努力方向一致的前提。家庭环境的构建则关乎家庭文化与价值观的培育，其中，家长的参与成为法治意志培育的核心支撑，而家风的传承则确保了这一过程的持续性和深度。家长的法治意志培育能力亦是关键。家长不仅是大学生的生活指导者，更是他们法治意志成长的引导者。因此，家长需深知自己在这一过程中的责任，主动提升自己的法治认知和改进教育方法。这需要家长积极地学习，不断提高自己的法治知识储备，并通过参与相关的培训来强化其培育能力。同时，在日常生活中，家长应时刻关注大学生的思想状态和法治意志的表现，以便根据大学生的具体情况进行有针对性的教育和引导。

（三）以核心价值观引领社会风气

社会主义核心价值观，作为当代中国精神的集中体现，承载着全体人民的共同价值追求。其在塑造社会风气、促进社会和谐方面的作用不容忽视。

当前，社会风气的形成与发展受到多重因素的影响。拜金主义、享乐主义和极端个人主义等现代思潮对于社会风气产生了深刻的挑战，而社会主义核心价值观正是与这些观念相对立的价值取向。对此，强化对社会主义核心价值观的教育引导显得尤为重要。新媒体平台，以其广泛的覆盖面和强大的传播力，为社会主义核心价值观的普及和推广提供了有力支持。学校作为传播社会主义核心价值观的教育基地，应发挥其在铸造灵魂、育人方面的核心作用，确保每一位学生都能深刻理解并践行社会主义核心价值观。

然而，仅靠教育引导还不足以确保社会主义核心价值观在社会中的广泛实践。实践养成，即将价值观转化为行动，是确保社会主义核心价值观深入人心的关键。社区活动，如文明家庭建设、党政机关的组织建设以及各种道德实践活动，都是对社会主义核心价值观的具体实践，它们不仅帮助公众理解和接受这一价值观，还在社会中营造了良好的风气，为社会和谐与进步提供了有力保障。

（四）借助道德素质滋养法治意志

社会主义道德与法治精神在构建和谐社会中的关系被中国共产党第十八届中央委员会第四次全体会议所明确：法治体现道德理念，而道德又滋养法治精神，此观点为提升大学生法治意志提供了新的启示。大学生作为社会的新兴力量，他们的道德素质与法治意志是未来国家法治建设的基石。因此，如何通过提升道德素质来滋养大学生的法治意志，使他们成为德法兼修的新一代，是一个值得深入探讨的课题。

道德与法治是人的整体素质中不可或缺的两个方面，它们在个体中相互作用、相互影响。一个具有很强道德素质的人在面对法律与道德的冲突时，能够做出合理的判断，遵循正确的社会道德规范进行行为，并能有效地抵制与法律或道德相悖的冲动。这样的个体不仅拥有对善恶的明确判断，还能在遵循道德时获得满足感，具备克服困难的意志品质，并在遇到挑战时展现出坚韧不拔的毅力。这种道德意志无疑对其在法治领域的行为产生积极的潜移默化的影响。

与此同时，具备法治素养的大学生在行为规范上会主动以法律为准绳，不仅能够利用法律来为自己的道德行为提供支撑，还可以在遵守法律时培养起对规则的敬畏感，这种敬畏感进而影响其对道德规范的态度，使其更加重视并积极践行。

基于上述认识，倡导大学生进行道德内省，增强其法治意志锻炼的自觉性显得尤为重要。只有当他们能够深刻理解并认同德法互济的理念，才能在日常生活中自觉地进行道德与法治的双重修炼，进而形成坚定的法治意志。同时，大学生在遵循法治时应充分发挥其道德素质，确保在法律与道德之间达到恰当的平衡，从而真正实现德法兼修，为社会的和谐与进步作出积极贡献。

四、多管齐下促成大学生的法治实践

学校法治实践活动的实效有限、家长不良法治表现的影响、社会负面行为方式的误导以及个体因多样需求忽视法治实践是阻碍大学生法治实践的内外干扰，应该着眼于这些干扰性因素，提出促成大学生法治实践的多种方式。

（一）提升法治实践活动的广度和质量

法治实践活动在大学生法治教育中占据着至关重要的位置，然而现阶段的实践活动存在形式简单、受众有限和迁移性不足等问题，这些问题在一定程度上制约了大学生的法治实践效果。为了增强大学生的法治实践积极性，提高实践活动的广度和质量变得尤为关键。

在加强法治实践基地建设方面，完善基地建设标准是保障实践活动质量的前提。基地应具备规范的教育培训流程和质量要求，从而确保实践活动的运营效果与教育质量。实践基地还应注重实践内容的标准化、课件资源的丰富和管理方法的规范化，从而为大学生提供更高效的学习环境。同时，采用多种教育方式，如知识讲授、体验教学、现场观摩和实践模拟等，可以增加学生的体验感，并使他们在实践中深入了解法治的发展历程和成果。结合课堂教学，引导学生将实践活动中获得的感性认识上升为理性认识，形成知行合一的教育模式，有助于提高法治教育的整体效果。

党团组织在开展法治实践活动中也扮演着重要的角色。党团组织应以解决大学生实际问题为导向，注重实践活动的实效性，确保活动内容与大学生的实际需求紧密结合。同时，抓住重要的时间节点，如节日、纪念日以及党和国家重大活动，开展与之相关的法治宣传，不仅可以提升法治教育的实效性，还能在重要时间点吸引大学生的关注，从而更好地满足他们的学习需求。

（二）家长以正确的行动引导法治实践

在家庭教育中，家长的角色不仅是生活的组织者和情感的提供者，更是法治教育的重要推动者。这意味着家长的行为和态度对孩子的成长和形成法治观念具有深远的影响。为了确保孩子在家庭中得到正确认知和良好的法治习惯的培养，家长需要做到以下几点。

家长应认真学习法律知识，增强自己的学法主动性。只有充分了解法律，家长才能更好地教育和引导孩子。这不仅是对法律条文的学习，更是对法治精神和法律的基本原则的理解。家长具备基本的法律常识，不仅能够为孩子提供准确的法律指导，还能够在日常生活中为孩子树立一个守法的榜样。

在家庭生活中，家长应该坚守法律的底线，展现出守法的自觉性。这需要家长在每一次面对选择时，都能够根据法律的要求来决策，从而确保自己的行为始终在法律的框架内。这种守法的自觉性不仅能够为家庭创造一个和谐的氛围，更是一个对孩子重要的教育示范，使其形成守法的习惯。

当家长的权利被侵犯时，他们不仅要知道自己的权利有哪些，还要知道如何维护这些权利。因此，家长应该积极地采用法律途径来维护自己的合法权益。这种用法维权的能力，不仅是家长自身的需求，更是对孩子的一种示范教育，使其了解在面对权益受损时如何通过法律途径寻求公正。家长还应敢于捍卫法治的尊严。这意味着家长在面对任何违法行为时，都要有勇气站出来与之斗争。这种勇气和决心，不仅是对自己的一种负责，更是对孩子的一种言传身教，使其在成长过程中始终坚信法治的力量。

（三）以惩恶扬善推进学生的法治实践

在法治教育中，对大学生进行法治实践的引导和激励具有至关重要的作用。要确保大学生能够在日常生活中自觉地进行法治实践，就必须从两个方面入手：一是坚决打击和防范社会中的负面行为，确保大学生在生活中能够明确法律的红线；二是通过榜样的力量，为大学生提供正面的法治实践参照，使他们能够在模仿和学习中提高自己的法治素养。

对于社会的负面行为，如钻法律的漏洞、公然违法等，必须给予严厉的打击。这不仅是为了维护社会的正常秩序，更是为了对大学生进行法治教育。大学生是国家的未来和希望，他们的行为会受到社会风气的深刻影响。如果社会上存在大量的负面行为，且这些行为得不到应有的处罚，那么大学生可能会对法律产生怀疑，从而影响到他们的法治实践。因此，加强对社会负面行为的惩罚，使每一个违法行为都受到应有的处罚，是确保大学生能够在日常生活中进行正确的法治实践的前提。

要确保大学生能够在日常生活中进行正面的法治实践，就必须树立值得他们模仿的榜样。这些榜样不仅包括历史上的伟大人物，如革命先烈、领袖人物等，也包括当代的模范人物，如社会各领域的先进人士、大学生中的积极分子等。这些榜样具有朴素性和崇高性两个特点。朴素性是指这些榜样都是大学生日常生活中能够接触到的，他们的行为和思想都与大学生的实际生活密切相关；崇高性则是指这些榜样都具有一定的道德高度，他们的行为和思想都是值得大学生学习和模仿的。通过这些榜样的力量，可以使大学生在日常生活中得到正面的法治实践启示，从而提高他们的法治素养。

（四）体悟法治实践对个体需要的满足

法治实践的深入体验对于满足个体的多方面需求具有重要意义。借鉴马斯洛的需求层次理论，可以看到法治实践与个体需求之间的紧密联系。马斯洛把人类的需求从低到高分为生理需要、安全需要、社交需要、尊重需要和自我实现需要。这五个层次的需求构成了一个完整的需求层次体系，反映了人的发展和成长的过程。在此背景下，大学生应当体会到法治实践对于满足个体需求的重要作用。

学法与知识的掌握和应用相结合，有助于确保个体处于秩序状态中，预防由于不知法而犯法的风险。当大学生系统地学习与自己生活密切相关的法律后，不仅可以确保自己知道相关行为在法律上的具体规定，更能够为自己的行为提供明确的法律指引。这种法律知识的掌握和应用，有助于满足大学生的安全需要。

守法体现了个体对他人权利的尊重，也为个体赢得了他人对其权利的尊重。这种相互尊重的状态满足了大学生的社交需要和尊重需要。在这个过程中，大学生不仅可以在法律范围内行使个人权利，还能够履行相应的义务，这样的互动关系有助于建立一个公正、和谐的社会环境。

用法则是个体主动地运用法律手段来维护其正当权益。当大学生面对权利被侵犯时，选择通过法律途径来维权，并成功维护了自己的权益，这种经验不仅有助于满足其尊重需要，而且会进一步增强他们对法治的信心和对自身权利的维护意识。

护法则涉及对社会公共秩序的维护，这是一个更为宏观的法治实践。大学生通过护法行为，不仅能够为社会创造一个良好的交往环境，还可以赢得他人对自己的尊重，从而满足其社交需要和尊重需要。

第十章　新时代大学生素养教育的展望

第一节　面临的新挑战与机遇

一、全球化背景下的跨文化交流挑战

在新时代背景下，大学生作为国家和社会未来的中坚力量，其素养不仅关乎个人的发展，更关乎整个国家和社会的未来走向。跨文化交流能力，作为大学生综合素养的重要组成部分，显得尤为重要。事实上，它不仅是一种沟通技巧，更是一种全球视野下的思维方式、一种跨界的知识结构和一种多元的价值观念。

跨文化交流能力可以增强大学生的国际敏感性和全球竞争力。在全球化的大背景下，大学生未来可能会在多国、多地区、多文化的环境中工作和生活。他们不仅要与来自不同文化背景的人进行日常沟通，更要在跨国公司、国际组织和全球市场中展现自己的能力和价值。这就要求他们不仅要具备跨文化沟通的技巧，更要具备跨文化的思维方式和知识结构。这种跨文化素养的提升，将使大学生在全球化的竞争中更具优势，能够应对各种复杂的挑战。

跨文化交流能力也是大学生文化自信的体现。在全球化时代，文化交流和碰撞日益频繁，各种文化和价值观都在寻求自己的定位和表达。对于大学生而言，跨文化交流不仅是了解和学习外部文化，更是反思和加深对自己文化的理解。只有真正了解和珍视自己的文化，才能在跨文化交流中展现出自信和魅力，赢得对方的尊重和认同。

增强跨文化交流能力对于提升大学生的人文素养和道德修养也有积极的促进作用。在跨文化交流的过程中，大学生不仅可以丰富自己的知识和视野，更可以锻炼自己的人文情怀和道德判断。他们将学会在不同的文化背景下，既坚持自己的价值观念，又尊重和理解对方的差异和特点，实现文化的和谐共生。

二、日益激烈的职场竞争与多样化的职业选择

在经济全球化的背景下，大学生所置身的职场环境愈发复杂和多变。传统的职业路径已不再是大多数大学生唯一的选择，多样化、专业化和个性化的职业前景在逐渐被大学生接受。这种日益增长的多样性为大学生提供了广阔的职业机会，但也使他们面临前所未有的竞争压力。

技术的进步和经济的蓬勃发展不仅给各行各业带来了生机与活力，而且为大学生创造了从传统产业到新兴技术领域的各种职业机会。这种职业生态的变革要求大学生在选择职业时，必须具备更高层次的自我认知，深入了解自身的兴趣、特长及价值取向，并能够对所选行业进行深入研究和分析。

随着职业选择的多样化，仅凭学历已很难保证大学生在职场上的成功。在现代职场环境中，除了对所学领域的深入理解，如跨领域知识、团队协作、领导才能以及批判性思维在内的综合素养，都被视为大学生在职场上取得成功的关键因素。大学生需要在校期间培养这些综合素质，以应对职场中的多种挑战。

面对激烈的职场竞争，大学生需要具备的不仅是丰富的专业知识，更要有持续学习和自我更新的能力。解决问题的技能、跨文化交流能力、创新思维以及与人合作的能力等，都被认为是大学生在未来职场中脱颖而出的必备素质。这些素质不仅有助于他们在传统行业中实现自己的价值，而且可以使他们在新兴领域，如科技、互联网和创意产业等，发挥其创新潜力，为社会创造新的价值。

此外，多样化的职业选择为大学生开辟了广阔的发展前景。他们可以根据自己的兴趣和专长选择最适合自己的职业方向。这种多样化的职业选择为大学生提供了无尽的可能性，使他们有机会找到能够真正体现自己价值的职业方向。

三、快速发展的社交媒体对人际关系和沟通方式的影响

在 21 世纪社会文化背景下，社交媒体的兴起和普及无疑为人际关系和沟通方式注入了新的活力。这种变革，尽管为大众带来了沟通的便捷性与广泛性，但也引发了一系列与传统沟通方式截然不同的挑战。

社交媒体已经渗透到现代人们的日常生活中，使个体的社交网络不再局限于有形的实际空间，而是延伸到了无边界的虚拟领域。这一变革在大学生中尤为明显，因为他们正是在数字时代长大的，他们习惯于在这样的环境中寻找信息、表达自我和建立人际关系。这种不受地理限制的沟通方式极大地丰富了人们的社交体验，使得跨文化和跨地域的交往变得更为便捷。对于大学生而言，这不仅意味着与世界各地的朋友和家人的即时沟通，更为他们提供了一个窗口，通过社交媒体可以深入了解、学习以及与各种文化背景的人进行互动，进而培养其跨文化交往能力。

社交媒体的普及也带来了一些负面的问题。传统的面对面交往日益被线上沟通替代，可能导致在处理复杂的人际关系时，缺失了情感交流的深度。尤其在处理冲突和误解时，线上沟通可能无法为双方提供足够的情境来彼此理解。社交媒体上的信息经过筛选和加工后，可能会为用户呈现一个美化或扭曲的现实，引发所谓的"滤镜效应"。这对于大学生来说尤为关键，因为在形成世界观和自我认知的关键时期，他们更容易受到这种扭曲现实的影响。

但是，社交媒体在信息传播上具有的高效率的特点也为沟通方式注入了新的元素。信息的即时传播和多样性为人们提供了前所未有的消息来源。在这种环境下，大学生必须培养自己对信息的筛选、辨识和判断的能力，以避免受到虚假或误导性信息的干扰。社交媒体为个体提供了一个展示自我的舞

台，这有可能加强了人们对外部评价的依赖性。对于正在形成自我认知的大学生而言，他们在追求社交认可的过程中，容易受到来自社交媒体的过度关注和评价的压力，这种压力会对他们的心理健康和自我成长造成障碍。

四、机遇：跨学科学习与合作的广阔前景

在新时代背景下，大学生的学术及职业前景正经历着前所未有的转变。其中，跨学科学习与合作展现了特别显著的机遇。跨学科学习不仅是简单地涉足多个学科领域，而且是在整合、创新和应用中寻求深度与广度，为当代大学生开辟了新的学术和职业路径。

新时代的问题和挑战常常超出了单一学科的范畴，如气候变化、健康医疗、人工智能等，都需要多学科的知识和方法来综合研究和解决。对大学生而言，拥有跨学科的学习经验，使他们更有可能在这样的复杂问题前提供有影响力的策略和解决方案。这种学术经验不仅能够加深他们对于各个领域的理解，还能给他们未来的职业生涯带来更大的机会和选择空间。

另外，跨学科学习与合作不仅促进了学术研究的深度与广度，还促进了大学生在沟通、协作、批判性思维和创新能力等方面的综合素养的提升。在多元化的学习环境中，学生需要与不同背景和领域的同学或教授交流，这需要他们具备高效的沟通和协作技巧。他们在合作中也会遇到各种观点和方法的碰撞，这会激发他们的批判性思维，促使他们对已有知识和认知进行反思和挑战。

对于大学生而言，跨学科学习与合作的广阔前景也为他们提供了更为丰富的教育资源和学习体验。许多高等教育机构已经认识到这一点，并开始在课程设计、教学方法和研究项目中加入跨学科的元素。这不仅有助于提高学生的学术水平，还有助于培养他们的全球视野和跨文化沟通能力。

同时，随着科技的快速发展，尤其是数字化技术的普及，大学生在跨学科学习与合作中有了更多的展示机会和平台。在线课程、虚拟实验室、协作工具等，都为学生提供了更为便利的条件，使他们可以自由地选择学习路径，深入研究感兴趣的领域。

在这样的背景下，应该更加注重对大学生跨学科能力的培养，这不仅是

知识和技能的积累，更是一种综合能力和素养的体现。跨学科学习与合作为大学生提供了一个理想的平台，使他们能够更好地适应未来社会的需求，为未来的发展做好充分的准备。

五、机遇：数字化技术在教育与职业发展中的应用潜力

进入 21 世纪以来，数字化技术迅速蔓延，深刻地重塑了教育和职业领域的格局。对于大学生来说，这一技术变革带来的不仅是学习和工作方式的巨大转变，更有机会在此基础上提高自身的综合素养，以更好地应对未来的挑战。

数字化技术为大学教育注入了活力和创新。传统的教学模式被线上课程、互动教学平台和虚拟实验室等刷新。这些技术为大学生提供了前所未有的学习体验，让他们能够跳出时间和空间的限制，接触到更广泛的知识资源。例如，远程学习系统使得大学生可以随时随地接受优质教育，打破了地域和经济条件的束缚。这种学习模式要求大学生具有更高的自我管理和独立学习的能力，这无疑对他们的自主性和学术素养提出了更高的要求。

数字化技术也极大地扩展了大学生的交往圈和知识视野。社交媒体、在线研讨会和数字化协作工具使大学生能够轻松地与全球的同龄人、学者和专家建立联系，分享知识和经验。这种跨文化和跨学科的交流对于培养大学生的全球视野和跨文化沟通能力具有重要意义。与此同时，大数据和人工智能技术为教育研究提供了新的工具和方法，使教育者可以更加精准地了解大学生的学习习惯和需求，为他们提供更为个性化的学习体验。

在职业发展方面，数字化技术同样为大学生带来了广阔的前景。许多传统的行业正在经历数字化转型，这为具有数字化技能的大学生提供了大量的就业机会。数字化技术也催生了许多新的职业领域，如数据分析、用户体验设计和数字营销等。这些新兴领域对大学生的创新能力、批判性思维和跨学科知识有着很高的要求。

然而，数字化技术带来的机遇和挑战并存。为了充分利用这些机遇，大学生需要不断地提高自己的数字素养，掌握相关的技能和知识。同时，他们

需要培养自己的批判性思维和创新能力，以应对技术变革带来的不确定性和复杂性。从这个角度看，数字化技术不仅为大学生提供了学习和选择职业的新机会，更为他们的综合素养培养提供了新的方向和路径。

第二节　未来大学生素养教育的趋势与方向

一、从知识型向能力型的教育转型

在当今的教育背景下，大学生素养教育正经历着从知识型向能力型的深刻转变。随着社会、经济和技术环境的快速变革，单纯的知识传授已经不能满足大学生在未来职场和社会生活中的需求。大学教育体系正在逐步从传统的知识输出模式转向更加注重能力培养和实践应用的模式。

以前，大学教育的核心目标是传递知识和文化传统。然而，随着信息技术的快速发展，知识的获取途径已经不再局限于传统的课堂教学。在这个信息泛滥的时代，知识的价值并不仅在于其数量，更在于如何筛选、分析和应用这些知识。未来的大学生需要具备更加丰富和复杂的技能，如批判性思维、创新能力和团队协作能力等，以应对日益复杂和不确定的未来环境。这种转型的背后，是对教育目的和教育价值的深入反思。教育不仅是为了传递知识，更是为了培养能够应对各种挑战的全面发展的个体。在这个背景下，能力型教育被看作更加适应未来需求的教育模式。这种模式强调将知识与实践相结合，鼓励大学生主动参与、探索和实践，以培养其综合能力和应对未知挑战的能力。

随着经济全球化和多文化背景下的挑战日益加剧，大学生需要具备跨文化交往和沟通的能力。这不仅要求大学生掌握丰富的文化知识，更需要他们具备开放的心态、包容的态度和有效的沟通技巧。未来的大学教育需要在课程设计、教学方法和评估体系上进行相应的调整，以更好地满足这些需求。

从更广泛的角度看，这种从知识型向能力型的教育转型也与当前社会对于人才需求的变化相吻合。在一个快速变化的世界里，企业和社会不仅需要掌握大量知识的人才，更需要具备创新思维、团队协作和问题解决能力的复合型人才。这也意味着大学教育需要与社会和产业的需求更加紧密地结合，以确保其培养出的学生能够适应未来的挑战。

二、个性化与定制化学习路径的发展

随着教育技术的进步和学习理念的更新，个性化与定制化学习路径的发展已经逐渐成为大学教育的焦点。在多样性和差异性日益被重视的今天，如何在大学教育中充分挖掘和满足每一位学生的独特需求和潜力，确保其获得最为适宜的学习体验，成了教育者和研究者共同关注的课题。

在过去的教育模式中，教育往往采取"一刀切"的方式，为所有学生提供相同的教学内容和方法，这种方法很难满足不同学生的个性化需求。随着大数据、人工智能和学习分析技术的应用，教育者有了更多的机会和能力来深入了解每一位大学生的学习特点、兴趣和需求，从而为他们提供更加符合个性的学习体验。

个性化学习不仅是提供个性化的学习资源和内容，更重要的是为大学生提供一个能够按照自己的节奏、兴趣和目标进行学习的环境。这种学习环境允许学生自主选择学习的内容、方式和速度，从而确保他们能够在最适合自己的条件下进行学习。这对于大学生来说尤为重要，因为他们在学习过程中不仅需要掌握知识和技能，更需要培养自主学习、批判性思维和创新能力，这些能力都需要在一个开放、灵活和支持个性化的学习环境中才能得以培养。定制化学习路径则进一步将个性化学习的理念具体化。通过对大学生的学习数据和反馈进行深入分析，教育者可以为大学生提供一套完全定制的学习方法，这套方法不仅考虑了大学生的学习目标和兴趣，还考虑了他们的学习习惯、能力和潜在挑战。通过这种方式，大学生可以得到更加精准和有效的学习支持，从而确保他们能够更加高效和深入地进行学习。这种个性化与定制化的学习路径对于大学生的素养培养具有重要意义。在一个快速变化的世界里，每一位大学生都需要具备独特的知识、技能和素养，以应对不同的挑战和机会。个性化与定制化的学习路径为大学生提供了一个更加贴合实际需求的学习体验，从而确保他们能够在未来的职业和生活中取得成功。

这种学习模式也为大学教育提供了一个机会，那就是从传统的知识传递模式转向更加注重大学生的全面发展和素养培养的模式。通过个性化与定制化的学习路径，大学可以为大学生提供更加丰富和多样的学习体验，从而确保他们不仅掌握知识和技能，还能够培养出批判性思维、创新能力和跨文化沟通能力等重要的素养。

三、强调批判性思维与解决问题的能力培养

在当今社会，大学教育的核心已经从单纯的知识传授转向了为学生提供一系列的综合能力培训。其中，批判性思维与解决问题的能力无疑是最为关键的两个领域。这两种能力的培养不仅可以帮助大学生更好地理解、分析和评价各种信息，还能够为他们提供在面对复杂现实挑战时所需的关键工具。

批判性思维被广泛认为是 21 世纪的核心素养之一，它涉及对信息和观点的独立、深入和客观的分析和评价。在数字化时代，学生面临的信息量是空前的，但这些信息的质量和可靠性却是参差不齐。因此，能够批判性地评估信息来源、质疑现有的知识和观点、并基于逻辑和证据进行独立思考，对于大学生来说是至关重要的。解决问题的能力也被看作大学教育的核心目标之一。面对复杂、多变的现代社会，大学生需要具备创新性地识别、定义和解决问题的能力。这包括了分析问题的根源、提出有效的解决策略、并实施这些策略的全过程。批判性思维与解决问题的能力的培养并不是孤立的。实际上，这两种能力是相辅相成的。批判性思维为解决问题提供了必要的分析和评价工具，而解决问题的过程则可以进一步锻炼学生的批判性思维能力。因此，教育者应该将这两种能力的培训融合在一起，为大学生提供一个综合的学习体验。

为了有效地培养这两种能力，教育者需要采取一系列的教学策略。例如，可以通过案例分析、小组讨论和模拟实验等教学方法，引导学生进行深入的分析和讨论，锻炼他们的批判性思考和解决问题的能力。同时，应该鼓励学生主动寻求和评价各种信息来源，培养他们的信息素养和独立思考能

力。此外，与其他学科和领域的跨学科合作也是培养这两种能力的关键。例如，人文学科可以提供对社会和文化背景的深入理解，而自然科学和工程学科则可以提供解决具体问题的方法和工具。通过跨学科的学习和合作，学生可以获得更加全面和深入的知识和技能，从而更好地发挥他们的批判性思维和解决问题的能力。除了教学策略和内容的创新，教育者还应该注重培养学生的学习动机和兴趣。只有当学生对学习有强烈的兴趣和动机时，他们才会主动参与到批判性思维和解决问题的过程中，从而获得更加深入和持久的学习效果。

参考文献

[1] 毕宏，陈怡冰. 大学生信息素养教程［M］. 大连：大连海事大学出版社，2015.

[2] 曹荣瑞. 大学生网络素养培育研究［M］. 上海：上海交通大学出版社，2013.

[3] 陈秉公. 当代大学生的品格和素养［M］. 天津：天津人民出版社，1986.

[4] 方伟，刘锐. 中国大学生创业素养研究［M］. 北京：中国青年出版社，2021.

[5] 高亚军. 大学生职业生涯规划：职业素养与能力篇［M］. 北京：北京理工大学出版社，2015.

[6] 耿莉. 转型期大学生素养研究［M］. 北京：煤炭工业出版社，2018.

[7] 侯士兵，杨薛雯. 大学生职业发展素养［M］. 上海：上海交通大学出版社，2016.

[8] 黄娟. 大学生创新创业素养的培养路径与策略［M］. 昆明：云南大学出版社，2021.

[9] 黄钰新. 大学生信息素养能力与教育研究［M］. 长春：吉林出版集团股份有限公司，2022.

[10] 贾灵充，周卫娟，赵艳娟. 当代大学生核心素养与思想政治教育研究［M］. 北京：新华出版社，2018.

[11] 江东，李根珍，惠钢行. 大学生职业素养提升［M］. 北京：新华出版社，2009.

[12] 蒋南. 大学生信息素养能力与教育探索［M］. 延吉：延边大学出版社，2020.

[13] 康桂英. 大数据时代大学生信息素养与科研创新［M］. 北京：北京理工大学

出版社，2019.

[14] 李兰. 新时代大学生素养研究［M］. 北京：中国政法大学出版社，2020.

[15] 李文亮，张建利. 责任 诚信 合作 服务：大学生核心职业素养培养［M］. 上海：上海财经大学出版社，2014.

[16] 李勇. 大学生法学常识与法治素养教育研究［M］. 北京：中国原子能出版社，2019.

[17] 刘东岳. 大学生基础素养［M］. 保定：河北大学出版社，2013.

[18] 刘芳，朱沙. 大学生信息素养与创新教育［M］. 武汉：华中科技大学出版社，2017.

[19] 罗源. 大学生信息素养教程［M］. 北京：光明日报出版社，2019.

[20] 那春光，毕宏，陈怡冰. 大学生信息素养教程［M］. 大连：大连海事大学出版社，2010.

[21] 南京信息职业技术学院. 起点与跨越：大学生信息素养入门［M］. 南京：江苏科学技术出版社，2009.

[22] 孙淑卿，邹国文，朱丹. 大学生职业素养［M］. 天津：天津科学技术出版社，2018.

[23] 孙佐，陈建兵. 大学生创新创业素养［M］. 南京：江苏凤凰美术出版社，2015.

[24] 邰乐. 大学生音乐素养教育研究［M］. 长春：吉林人民出版社，2019.

[25] 唐伦刚，储冬红. 大学生信息素养教育［M］. 武汉：华中科技大学出版社，2015.

[26] 唐祥云，黄静. 发展视野下的大学生综合素养培育［M］. 天津：天津人民出版社，2022.

[27] 土巍. 大学生素养与创业教学教育［M］. 沈阳：沈阳出版社，2018.

[28] 王欣. 大学生基本素养［M］. 北京：北京理工大学出版社，2021.

[29] 王雄伟. 大学生素养教育［M］. 北京：化学工业出版社，2019.

[30] 翁菊梅. 大学生信息素养［M］. 广州：华南理工大学出版社，2011.

[31] 吴平，刘琦. 高校大学生素养与思想政治教育研究［M］. 成都：电子科技大

学出版社，2017.

[32] 吴晓兵，康桂英，蒋敏蓉. 大学生科研创新与信息素养［M］. 北京：北京理工大学出版社，2013.

[33] 吴贻晖，梁慧刚，徐大林. 大学生体育素养研究［M］. 哈尔滨：哈尔滨地图出版社，2010.

[34] 伍大勇. 大学生职业素养［M］. 北京：北京理工大学出版社，2011.

[35] 谢芸. 高校大学生素养与思想教育教学研究［M］. 太原：山西经济出版社，2021.

[36] 闫颖. 高职大学生职业人文素养［M］. 天津：天津大学出版社，2014.

[37] 杨家燕，杨颖，汤伟. 大学生信息素养［M］. 成都：电子科技大学出版社，2014.

[38] 杨珂，王安东，冯广余. 大学生的职业素养与就业竞争力［M］. 北京：光明日报出版社，2021.

[39] 杨玲. 大学生职业素养教育与提升［M］. 北京：北京工业大学出版社，2022.

[40] 袁敏. 大学生职业生涯规划：职业素养与能力篇［M］. 北京：北京理工大学出版社，2020.

[41] 袁正光，陆莉娜. 大学生综合素养导论［M］. 北京：中国协和医科大学出版社，2004.

[42] 张翠凤. 大学生创业素养教育与能力培养课程体系研究［M］. 天津：天津科学技术出版社，2018.

[43] 张基温. 大学生信息素养知识教程［M］. 南京：南京大学出版社，2007.

[44] 张健. 新时代大学生劳动教育与职业素养教程［M］. 北京：北京理工大学出版社，2021.

[45] 张姝. 高校大学生素养与思想政治教育工作创新研究［M］. 北京：中国华侨出版社，2021.

[46] 朱艳军. 大学生职业素养提升研究［M］. 北京：中国纺织出版社，2021.

[47] 庄善洁，朱翙，迟秀丽. 泛在知识环境下的大学生信息素养教育［M］. 北京：知识产权出版社，2012.

[48] 程梦君,曹潇.融媒体时代下大学生媒介素养的提升[J].大众文艺,2021(11):196–197.

[49] 程扬,张汗青.应用型本科高校大学生人文素养提升途径研究［J］.黄山学院学报,2023（4）:120–122.

[50] 董珍兰.自媒体视域下大学生媒介素养的培养策略［J］.宁夏师范学院学报,2021（6）:104–107.

[51] 杜红.大学生科学素养的内涵与结构［J］.吉林省教育学院学报,2021（4）:63–68.

[52] 傅永梅,陈建建,陈锐,等.新时代大学生信息素养教育研究[J].黑龙江科学,2022（11）:55–57.

[53] 高莹.新时代大学生法治素养培育的新思考［J］.北京青年研究,2021（2）:95–101.

[54] 胡军.为全球基础教育课程改革导航:经合组织《教育2030学习指南》解析[J].小学教学（数学版）,2020（1）:71.

[55] 黄薇,李军,杜亚婷.高校辅导员开展大学生网络文明素养教育研究［J］.北京教育（德育）,2022（10）:93–96.

[56] 李禄禄.全面依法治国背景下新时代大学生法治素养提升途径［J］.法制博览,2021（17）:187–188.

[57] 刘爱玉.互联网背景下大学生媒介素养的提升路径［J］.现代交际,2021（8）:124–126.

[58] 刘丹鹤,白忆菲.智能时代大学生信息素养的内涵本质和培养路径［J］.佳木斯职业学院学报,2022（6）:123–125.

[59] 刘雪花,黄红日.优秀传统文化与大学生人文素养培育研究［J］.文化创新比较研究,2021（31）:25–28.

[60] 罗朝猛.经合组织:面向2030,教育应侧重培养"融合技能"[J].教书育人,2020（8）:39.

[61] 马春香.艺术教育在当代大学生人文素养中的作用和培育途径［J］.青海师范大学民族师范学院学报,2022（1）:80–82.

[62] 莫逊. 新时代大学生核心素养培育优化路径研究［J］. 中国多媒体与网络教学学报（上旬刊），2022（3）：130–133.

[63] 彭文，林秀莲. 自媒体时代高职大学生法治素养价值层次与培育对策［J］. 太原城市职业技术学院学报，2022（10）：167–169.

[64] 石晓岚. "未来学校"蓝图下大学生信息素养培养策略［J］. 哈尔滨职业技术学院学报，2022（4）：63–65.

[65] 石雪怡. "教育2030"背景下联合国教科文组织促进教育信息化的动力、策略和行动[J]. 中国远程教育，2023（5）：24–34.

[66] 孙刚成，许航. 基于教育2030行动的中国公民教育取向和实践策略[J]. 教育文化论坛，2022（2）：109–115.

[67] 唐科莉. "教育2030"视域下OECD的倡议与行动[J]. 上海教育，2019(26):31–33.

[68] 吴洁. 大学生心理健康素养培育的实现路径［J］. 岳阳职业技术学院学报，2021（3）：22–26.

[69] 肖静. 基于高校图书馆的大学生学术素养培养[J]. 山西财经大学学报，2022(增刊2)：97–99.

[70] 余泽龙，刘苡希. 习近平法治思想融入大学生法治素养的思考［J］. 赣南师范大学学报，2022（5）：7–12.

[71] 袁兴华. 大学生法治素养培育现状研究［J］. 法制与经济，2021（4）：48–51.

[72] 袁兴华. 依法治国背景下提升大学生法治素养的路径［J］. 法制与经济，2021（5）：49–52.

[73] 臧平. 以社会主义核心价值观培育大学生人文素养的探讨［J］. 吉林工商学院学报，2022（3）：116–118.

[74] 张曦予，王宇. 大学生法治素养提升模式研究［J］. 法制与社会，2021（13）：159–160.

[75] 张宇博，梁艳. 全媒体视角下高校大学生法治素养提升对策研究［J］. 湖南工业职业技术学院学报，2021（3）：125–129.

[76] 朱敏，匡颖，张伶俐，等. "可持续发展教育2030"实施框架解析及我国行动建议[J]. 成人教育，2023（8）:11–17.